Projektmanagement

Marcel Schütz · Pia Lehmkuhl
Heinke Röbken · Etienne Witte

Projektmanagement

Eine Einführung aus sozial- und organisationswissenschaftlicher Sicht

Marcel Schütz
Northern Business School
Hamburg, Deutschland

Pia Lehmkuhl
Carl von Ossietzky Universität
Oldenburg, Deutschland

Heinke Röbken
Carl von Ossietzky Universität
Oldenburg, Deutschland

Etienne Witte
BA Business Advice GmbH
Oldenburg, Deutschland

ISBN 978-3-658-34840-3   ISBN 978-3-658-34841-0 (eBook)
https://doi.org/10.1007/978-3-658-34841-0

Die Deutsche Nationalbibliothek verzeichnet diese Publikation in der Deutschen Nationalbibliografie; detaillierte bibliografische Daten sind im Internet über http://dnb.d-nb.de abrufbar.

Springer Gabler
© Springer Fachmedien Wiesbaden GmbH, ein Teil von Springer Nature 2022
Das Werk einschließlich aller seiner Teile ist urheberrechtlich geschützt. Jede Verwertung, die nicht ausdrücklich vom Urheberrechtsgesetz zugelassen ist, bedarf der vorherigen Zustimmung des Verlags. Das gilt insbesondere für Vervielfältigungen, Bearbeitungen, Übersetzungen, Mikroverfilmungen und die Einspeicherung und Verarbeitung in elektronischen Systemen.
Die Wiedergabe von allgemein beschreibenden Bezeichnungen, Marken, Unternehmensnamen etc. in diesem Werk bedeutet nicht, dass diese frei durch jedermann benutzt werden dürfen. Die Berechtigung zur Benutzung unterliegt, auch ohne gesonderten Hinweis hierzu, den Regeln des Markenrechts. Die Rechte des jeweiligen Zeicheninhabers sind zu beachten.
Der Verlag, die Autoren und die Herausgeber gehen davon aus, dass die Angaben und Informationen in diesem Werk zum Zeitpunkt der Veröffentlichung vollständig und korrekt sind. Weder der Verlag noch die Autoren oder die Herausgeber übernehmen, ausdrücklich oder implizit, Gewähr für den Inhalt des Werkes, etwaige Fehler oder Äußerungen. Der Verlag bleibt im Hinblick auf geografische Zuordnungen und Gebietsbezeichnungen in veröffentlichten Karten und Institutionsadressen neutral.

Planung/Lektorat: Ulrike Loercher
Springer Gabler ist ein Imprint der eingetragenen Gesellschaft Springer Fachmedien Wiesbaden GmbH und ist ein Teil von Springer Nature.
Die Anschrift der Gesellschaft ist: Abraham-Lincoln-Str. 46, 65189 Wiesbaden, Germany

Vorwort

Mit diesem Buch wird der Versuch einer organisations- und sozialwissenschaftlichen Perspektive auf das Projektmanagement unternommen. Darunter verstehen wir eine solche Betrachtung, die den ‚sozialen Faktor', also insbesondere Verhaltensangelegenheiten, Führungsstrukturen und Beziehungen in Projekten und Organisationen akzentuiert. Dabei haben wir einen größeren Zusammenhang an Einzelthemen im Blick, die nach und nach vorgestellt und anhand ihrer Projektrelevanz diskutiert werden: Wie geht man in Projektarbeiten mit dem Inoffiziellen um? Wie entstehen und festigen sich Netzwerke zwischen Personen? Welche Rolle spielen das Wissen und der Lernprozess in Projekten? Wie werden Projekte durch institutionelle Vorgaben und Erwartungen beeinflusst?

Eine solch ‚bunte' Themenzusammenstellung lässt sich, etwas salopp, sicher mit einem Begriff beschreiben, der in der Sozialforschung einige Prominenz erfahren hat: der losen Kopplung. Die verschiedenen Optiken der Projektarbeit folgen in ihrem Aufbau keiner fixen Reihung. Die Anordnung hätte auch ganz anders realisiert werden können, da die Themenabschnitte keine sukzessive Entwicklung ergeben, sondern für sich stehende und abgeschlossene (Teil-)Einführungen bieten wollen. Gewisse Ähnlichkeit mit einer Überblicksvorlesung ist durchaus nicht unbeabsichtigt gewesen. Das Buch kann – in der Hand von Lehrenden – passend als Semesterlektüre eingesetzt werden und von Woche zu Woche in einzelne Dimensionen sozialwissenschaftlicher Betrachtung von Projekten einführen. Oder die einzelnen Kapitel werden selektiv herangezogen; etwa wenn es um besondere didaktische Vertiefungen oder um einen bestimmten Aspekt der Projektarbeit in Organisationen geht – zum Beispiel die Personalführung, der Umgang mit Wissen, die Abläufe der Vernetzung oder die Organisationskultur im Mittelpunkt stehen. Somit kann das Buch auch für verschiedene Studienmodule bzw. -fächer als Nachschlagehilfe herangezogen werden. Daraus folgt, dass feststehende Lesewege nicht bestehen. Es ist ohne Weiteres möglich, in der Mitte, zum Ende oder mit dem Anfang der Lektüre zu beginnen.

Unser Anliegen war es, aus unserer Sicht wichtige Aspekte des umrissenen Themenfeldes zusammenzutragen und mit der Form der Projektierung von Organisationen gewissermaßen in Dialog zu bringen. Eine solche Auswahl im Team ist eine soziale Setzung. Sie ist unmöglich komplett, nicht mal im weiteren Sinne. Persönliche, fachliche und theoretische Schwerpunkte kommen hierbei ebenso zum Tragen wie Überlegungen, die sich auf die Prägnanz und eine geeignete Vermittlung des Wissensstoffs beziehen. Drei der AutorInnen forschen maßgeblich über/in Organisationen, insbesondere Bildungs- und Sozialeinrichtungen sowie Firmen und Verwaltungen. Die dafür genutzten Methoden und Erkenntniswege spiegeln sich auch in diesem Buch wider, wenngleich die AutorInnen ihr Vorgehen bezüglich Umfang, Anschaulichkeit und Verständlichkeit des Inhalts didaktisiert haben und individuell unterschiedliche Handschriften einbringen, die insoweit angeglichen wurden, wie es zur Kompatibilität erforderlich schien. Eigene Stile und Hervorhebungen bleiben erhalten, in Teilen auch in der Bewertung einzelner theoretischer und praxisbezogener Annahmen, denen – wie für Autorenteams nur verständlich – auch unterschiedliche Sichtweisen und Einschätzungen zugrundeliegen können, die nebeneinander stehen. Bei alledem wurde darauf geachtet, die Ausführungen für ein breites, vor allem (noch) lernendes Publikum aufzubereiten. Schließlich ist die Erstellung eines solchen Projektbuchs ja selbst als Projekt aufzufassen, da mit erhöhtem Aufwand verschiedene, interdisziplinäre Sichtweisen und Expertisen miteinander abgestimmt und auf die Erstellung eines gemeinsamen Produkts ausgerichtet werden müssen. Dies erfordert Kompromissfähigkeit, gegenseitige kritische Wahrnehmung und die Bereitschaft, die eigenen fachlichen Darstellungen im Sinne einer nachvollziehbaren Aufbereitung einzupassen.

Das Buch ist als ‚sozial interessierte' Ergänzung bestehender betriebswirtschaftlicher und technischer Einführungen angelegt. Dies erfordert unseres Erachtens genauere Anpassungen in der didaktischen Struktur. Mit Blick auf eine heterogene Leserschaft an Projekt-EinsteigerInnen im Bachelor- und Masterstudium wurde jedem Kapitel ein kurzes Abstract vorangestellt, das Grundzüge des jeweiligen Thementeils kurz zusammenfasst. Eine solche Auswahl bietet einen Einblick, sie kann aber natürlich die vollständige, zusammenhängende Lektüre nicht ersetzen. Ferner wurden zu jedem Kapitel Vermittlungspunkte definiert. Mit diesen sprechen wir unsere LeserInnen direkt an, indem wir hervorheben, was nach der Lektüre mindestens verstanden worden sein sollte. Die LeserInnen können hiermit selbst prüfen, ob sie den aufgestellten Punkt nachvollziehen können oder ggf. nochmals in die Lektüre einsteigen. Die Vermittlungspunkte bieten also einen gewissen Abgleich bezüglich des beabsichtigten Lernergebnisses. Hieran anschließend ergänzen in jedem Kapitel Fragen zur Festigung (Reproduktion) und Vertiefung (Vernetzung und Transfer) des erworbenen Wissens. Die Fragen sollen zentrale Aussagen der Kapitel in Erinnerung rufen und mit kleinen Übertragungen auf die Praxis und Denkanstößen die weitere Reflexion zum Projektmanagement anregen. Alle Kapitel sind mit Merkstellen („Kurz gefasst ..."") versehen, um ausgewählte zentrale Aussagen des Textes durchgängig noch einmal punktuell abzuheben.

Auch aufgrund der unterschiedlichen Wirkungsbereiche der AutorInnen und dementsprechend eingeschränkter zeitlicher Verfügbarkeiten waren wir selbst mit einigen Umplanungen und Verzögerungen beschäftigt, wie sie in Projekten nur allzu oft anzutreffen sind. Nicht zuletzt hatte eine sattsam bekannte pandemische Lage den Arbeitsfortschritt erlahmt und vorübergehend anderweitige Prioritätensetzungen erzwungen. Das Spannende beim Erlernen und Vermitteln der Projektarbeit könnte insofern nicht zuletzt darin bestehen, die weiteren Ausführungen gelegentlich auch auf die eigene Erarbeitung und manche Konfrontation mit dem Unerwarteten und erforderliche Planänderungen zu beziehen. Allzumal, wenn eine bis dahin unübliche gruppenförmige bzw. Team-Konstellation erforderlich wird und ein gewisser Harmonisierungsaufwand anfällt. Mit dem vorliegenden Buch hoffen wir, dem Interesse an der Projektarbeit trotz oder vielleicht gerade wegen manch markanter Tücken und Fallstricke zumindest nicht im Wege zu stehen. Bestenfalls kann sogar weit mehr als das erreicht werden. Für Rückmeldungen und mögliche Anregungen werden die AutorInnen dankbar sein.

Hamburg und Oldenburg, Deutschland Marcel Schütz
Oktober 2021 Heinke Röbken
Pia Lehmkuhl
Etienne Witte

Inhaltsverzeichnis

1 **Projektmanagement: Einführung in eine organisations- und sozialwissenschaftlich konturierte Perspektive** 1
  Marcel Schütz, Heinke Röbken, Pia Lehmkuhl und Etienne Witte

2 **Strukturelle Grundlagen der organisatorischen Projektierung** 5
  Marcel Schütz
  2.1 Zusammenfassung 6
  2.2 Elementare Merkmale von Organisationen 6
  2.3 Etymologische und historische Aspekte 11
  2.4 Programmatisch-konzeptionelle Aspekte 17
  2.5 Koordination und Disposition: Grundformen des Projektmanagements ... 22
  2.6 Personalfragen: Mitgliedschaftserwartungen und Mitarbeit in Projekten 27
  2.7 Fazit 32
  Literatur 33

3 **Klassische und neuere Grundlagen des Projektmanagements: Konzepte, Methoden und Instrumente** 39
  Etienne Witte
  3.1 Zusammenfassung 39
  3.2 Hinführung und Kapitelüberblick 40
  3.3 Einordnung: Projekt und Kernmerkmale 42
  3.4 Aspekte und Dimensionen des Projektmanagements 45
  3.5 Projektmethoden 50
  3.6 Projektablauforganisation und -phasen 53
  3.7 Aufbauorganisation und Kommunikationsstruktur 58
  3.8 Projektmanagement-Werkzeuge 66
    3.8.1 Phasenübergreifende Projektwerkzeuge 68
    3.8.2 Projektvorbereitung 71
    3.8.3 Projektumsetzung 72
  3.9 Fazit 75
  Literatur 77

4 Lernen, Wissen und Innovation in Projekten........ 79
Pia Lehmkuhl
- 4.1 Zusammenfassung........ 79
- 4.2 Projekte als Katalysatoren von Innovationen: Lernverhalten in projektierten Organisationen........ 80
- 4.3 Organisationstheoretische Fundierung: Projektverständnisse im Vergleich.... 84
- 4.4 Innovation vs. Stabilität: Die ‚Janusköpfigkeit' der Projektorganisation....... 86
- 4.5 Fallskizze: Über projektinitiiertes Lernen und Wissen der deutschen Hochschullandschaft........ 90
- 4.6 Fazit........ 92
- Literatur........ 93

5 Informale Ordnung: Organisations- und Projektkultur(en) 95
Marcel Schütz
- 5.1 Zusammenfassung........ 96
- 5.2 Einstieg........ 96
- 5.3 Erwartungsbildung: Aneignung organisationaler Kultur........ 99
- 5.4 Symbol- und Bildsprache rund um Organisationskultur........ 101
- 5.5 Organisatorische Regelabweichungen........ 103
- 5.6 Einschränkungen und Hürden........ 104
- 5.7 Kultur und Organisations- bzw. Projektrisiken........ 106
- 5.8 Rahmenbedingungen und Gestaltungszugriffe........ 108
- 5.9 Fallskizze: Organisations- und Projektkulturen im Reibungsprozess...... 110
- 5.10 Fazit........ 111
- Literatur........ 112

6 Personal im Projekt: Besonderheiten und Anforderungen........ 115
Pia Lehmkuhl und Marcel Schütz
- 6.1 Zusammenfassung........ 115
- 6.2 Personalmanagement als Projektfunktion........ 116
- 6.3 Führung und Motivation in Projekten........ 119
- 6.4 Personalbeschaffung........ 126
  - 6.4.1 Quellen der Personalbeschaffung........ 127
  - 6.4.2 Beschaffungswege........ 130
  - 6.4.3 Auswahlinstrumente........ 133
  - 6.4.4 Zur eignungsdiagnostischen Qualität von Personalauswahlverfahren........ 136
- 6.5 Personalentwicklung........ 137
- 6.6 Projektgerechtes ExpertInnenmanagement........ 140
- 6.7 Fazit........ 143
- Literatur........ 145

7	**Soziale Netzwerkanalyse und ihr Beitrag in der Projektarbeit** 147
	Heinke Röbken
	7.1 Zusammenfassung 147
	7.2 Besonderheiten von Netzwerken 148
	7.3 Konzepte der sozialen Netzwerkanalyse 150
	7.4 Soziales Kapital 157
	7.5 Die Stärke schwacher Beziehungen 159
	7.6 Steuerung von Projekt-Netzwerken: Die 4 R's 161
	7.7 Spannungsfelder in Projekt-Netzwerken 164
	7.8 Fazit 166
	Literatur 167

8	**Globale Angleichung von Projektstrukturen und die Rolle der institutionellen Effekte** 169
	Heinke Röbken
	8.1 Zusammenfassung 169
	8.2 Instrumentelle versus institutionelle Projektperspektive 170
	8.3 Institutionalisierung von Projekten 173
	8.4 Projekte als Legitimitätsfassade 175
	8.5 Isomorphismus 176
	8.6 Entkopplung von Projekten 179
	8.7 Zum strategischen Umgang mit Erwartungen, Pflichten und Zwängen im Projektmanagement 181
	Literatur 184

9	**Fazit – Projekte als organisatorische Binnensysteme und der Blick auf den ‚sozialen Faktor'** 187
	Marcel Schütz, Pia Lehmkuhl, Heinke Röbken und Etienne Witte

Projektmanagement: Einführung in eine organisations- und sozialwissenschaftlich konturierte Perspektive

Marcel Schütz, Heinke Röbken, Pia Lehmkuhl und Etienne Witte

Projekte sind zeitlich befristete Arbeitsformen, die der Erledigung eines bestimmten exponierten Zwecks bzw. Auftrags dienen, mit erweitertem Aufwand an organisatorischen Ressourcen einhergehen und vielfach interdisziplinäre Beteiligungen erforderlich machen. Das grundlegende Merkmal eines Projekts ist ferner, dass es gewöhnlich gar nicht im Rahmen bestehender Mittel und Abläufe geleistet werden kann, sondern eigener planerischer, d. h. methodischer und instrumenteller Umkleidungen bedarf. Ist es heute üblich geworden, nahezu überall in der Gesellschaft von Projekten zu sprechen – man denke an die Organisation einer Party, den Versuch langfristiger Eheschließung oder Gewichtsreduktion als gutem Vorsatz zum neuen Jahr –, sind damit in diesem Buch Projekte im engeren Sinne, also ausschließlich Ordnungen in einem betrieblichen Zusammenhang gemeint. Hierbei können entweder verschiedene Organisationen an Projekten beteiligt sein (interorganisationale Projekte), Projekte *als* Organisationen (Projektorganisation) verwirklicht werden oder, dies zumeist, episodenförmig – gelegentlich, lokal und ressortspezifisch – in einzelnen Bereichen einer Organisation zum Einsatz kommen (Projektsequenzen).

Ähnlich wie die Projekte ist auch das Projektmanagement, also Anleitung und Aufsicht in diesen Formen, in aller Munde. Allein in der deutschsprachigen Version der Suchmaschine Google findet sich bei Recherche des Begriffs eine schier unüberschaubare Fülle an

---

M. Schütz (✉)
Northern Business School, Hamburg, Deutschland
E-Mail: marcel.schuetz@nbs-hochschule.de

H. Röbken · P. Lehmkuhl
Carl von Ossietzky Universität, Oldenburg, Deutschland
E-Mail: heinke.roebken@uni-oldenburg.de; pia.lehmkuhl@uni-oldenburg.de

E. Witte
BA Business Advice GmbH, Oldenburg, Deutschland
E-Mail: etienne.witte@ba-gmbh.com

Seiten. Auch die Anzahl der Lehr- und Übersichtswerke zum Thema der Projekte ist Legion. So stellt sich die Frage, wozu ausgerechnet ein neues Buch zum Projektmanagement auf den Markt muss? Die vorliegende Schrift steht in der Tradition klassischer Einführungen, versucht jedoch einen alternativen, einen ergänzenden Zugang. Der Schwerpunkt liegt auf einer organisations- und sozialwissenschaftlichen Betrachtung des Projektmanagements. Mit ihr soll es möglich werden, einschlägige Perspektiven wie Führung und Personalwesen, Interaktion und Gruppenbildung sowie den Umgang mit Risiken und Störungen in den Blick zu nehmen und all dies auf die Umstände der Projektarbeit zu beziehen.

Der Untertitel verweist dazu auf eine Kompromissformel: Weder kann das Buch eine ökonomisch-instrumentelle Einführung in das Projektmanagement ersetzen noch ist hiermit eine vollständige Einführung in die Sozialwissenschaften oder die Organisationsforschung zu leisten. Sozialwissenschaftlich orientiert ist diese Einführung, da sie Handeln und Entscheiden unter sozialen Bedingungen zum Ausgangspunkt nimmt; organisationswissenschaftlich ist sie orientiert, da Projekte als besondere Ordnung der Organisation (und diese wiederum als besonderes soziales System) betrachtet werden. Damit sollen, kurz gesagt, zwei Ziele verfolgt werden: *Erstens* gilt es, ein elementares Bild der Arbeits-, Betriebs- und Managementform Projekt zu entwerfen. *Zweitens* ist beabsichtigt, dieses Bild um eine sozial- und organisationswissenschaftliche Vertiefung zu erweitern und in Teilen auch zu irritieren.

Studierende unterschiedlicher Fächer können aus diesem Buch Vorteile ziehen. Doch es wird Unterschiede geben. Sozialwissenschaftlich Studierenden werden viele der verwendeten Begriffe und Denkfiguren teilweise schon bekannt sein; für sie mag sich die Arbeit zum Nachschlagen und Vertiefen anbieten. Für betriebswirtschaftlich und technisch-ingenieurwissenschaftlich Studierende werden viele der genutzten Beschreibungen wahrscheinlich sehr neuartig erscheinen und sie werden sich erstmals hiermit vertraut machen. Für beide Gruppen musste ein geeigneter Kompromiss gefunden werden, der zwischen disziplinärer Tiefe und interdisziplinärer Anschlussfähigkeit die ‚gute Mitte' findet. Erst im Einsatz wird das Buch zeigen, wie es genutzt werden kann und welche Weiterentwicklungen in Betracht zu ziehen sind.

Mit einer dezidiert *sozial- und organisationswissenschaftlichen* Projekt-Perspektive gehen wir einerseits von der Annahme aus, dass die Form des Projekts wie jede andere in einem betrieblich-organisierten Kontext geplant, entwickelt und gesteuert werden kann. Andererseits wollen wir den Umstand erhellen, dass Projekte unter zeitlichen, sachlichen und personellen Aspekten charakteristische Abweichungen, Unterbrechungen und Umstellungen gegenüber der üblichen Normalorganisation zur Folge haben. Bereits die Form der Projektierung begründet methodisch und instrumentell bisweilen einen außerordentlichen Aufwand der Koordination, Taktung und Abstimmung. Diese Komplexität hebt sich häufig aus einer gleichmäßiger gewohnten Ordnung ab, weshalb bestimmte Besonderheiten und auch Grenzen im Hinblick darauf bestehen, wie Projekte aufgesetzt und zum erfolgreichen Abschluss geführt werden können. Unter zeitlich (Zeitdruck), sachlich (Lösungs- und Entscheidungsdruck) und personell (Erledigungsdruck) verschärften Erwartungen und Restriktionen, können sich die Diskussions-, Bewertungs- und Entscheidungsprozesse in Projekten auch als herausfordernd und nicht immer barrierefrei erweisen. Interessenkonflikte müssen überwunden, Argumente für etwaige abweichende Pläne gefunden, Vorstellungen geeigneter Lösungen einander angeglichen, Teilaufträge und Beschlüsse für nächste Schritte im erforderlichen Zeitrahmen erledigt werden. Dabei liegt auf der Hand, weshalb Projekte in besonderer Weise vom Risiko des Scheiterns überschattet werden: die sozialen Kosten ihrer Anbahnung, Aushandlung und der Entscheidungsfindung gehen potenziell mit kleineren und größeren Störquellen einher. So wie das Projekt von der gewohnten Organisation abweicht, so gilt dies auch für die Aktivitäten, die im Projekt verrichtet und unter Bedingungen einer oftmals dynamischen Lage auch kurzfristig wieder verworfen bzw. neu angepasst werden müssen. Projektgeschäft, so wissen Insider, ist allererst Termingeschäft – und d. h. auch: ‚Stressgeschäft'.

Aber nicht nur diese organisatorischen Bedingungen spielen eine wichtige Rolle; ebenso die Erwartungsbildung im Hinblick auf die Eignungen und Qualifikationen, die für die Mitarbeit in Projekten erforderlich werden und die vor allem durch methodisches Handwerk und bestenfalls reichhaltige betriebliche Erfahrungen internalisiert worden ist. Gewachsene Kompetenz in fachlicher Hinsicht und in der des Führens von Gruppen sowie Eigenschaften, die mit Zügigkeit, Wendigkeit und Improvisationstalent umschrieben werden können, sind, wie man landläufig wissen dürfte, in projektierten Arbeitsumgebungen besonders gefragt. Nicht ohne Grund wird betrieblich nach verschiedenen personellen Senioritätsstufen und Leistungsniveaus unterschieden, die von ersten assistierenden Unterstützungen in Projekten über eine spezifische Verantwortung von Teilprojekten bis hin zur Übernahme gesamter Projektarchitekturen reichen können. Je größer die Organisation, desto feingliedriger folgen weitere Differenzierungen nach Risikograd, Finanz- und Größenvolumen, Dauer und Umfang der Projektvorhaben.

Bei der thematischen Gliederung dieses Buches wurde darauf geachtet, möglichst vielfältige Facetten einer sozial- und organisationswissenschaftlichen Beschreibung aufzunehmen. Dabei haben wir uns für insgesamt sieben maßgebliche ‚Optiken' entschieden. Die Erarbeitung der jeweiligen Beiträge erfolgt direkt durch die AutorInnen des Buches, die sowohl praktisch-betriebliche als auch theoretisch-empirische Erfahrungen einbringen. Marcel Schütz und Heinke Röbken, von Haus aus Sozial- und WirtschaftswissenschaftlerInnen, lehren u. a. Projektmanagement in verschiedenen Studiengängen und verfügen über Erfahrung speziell aus Projekten im Bereich der Forschung und der Organisationsentwicklung. Ebenso wie sie hat die Wirtschaft- und Rechtswissenschaftlerin Pia Lehmkuhl über Projekte in verschiedenen Organisationen und besonders im Wissenschaftsbereich geforscht. Lehmkuhl ist heute als Expertin im Bereich der Personal-, Kultur- und Organisationsentwicklung in einem norddeutschen Unternehmen der Energieversorgung tätig und begleitet dort Transformationsprozesse. Der Wirtschaftsinformatiker und Unternehmensberater Etienne Witte bringt in das Buch eine systematisch-methodische Sicht ein; er ist als Projektmanager für ein auf IT-Lösungen spezialisiertes Beratungshaus tätig.

Mit Kap. 2 wird das Projektmanagement zunächst in einer breiteren organisationstheoretischen Verortung betrachtet. Wie sind Projekte in betriebliche Strukturen eingebunden, welche Voraussetzungen können aus einer organisationstheoretischen Perspektive beobachtet werden? Notwendigerweise bleiben die Ausführungen hierbei auf der Ebene allgemeiner organisatorischer Merkmale und Entscheidungsstrukturen. Mit Kap. 3 wird in die klassische Modellierung des Projektmanagements eingeführt. Dieses Kapitel dient einer Einführung in eine zunächst primär ökonomische und praktisch-instrumentelle Sicht, die insbesondere in gut strukturierten und mit klaren Problemlösungen versehenen Projekten zum Tragen kommt. In Kap. 4 geht es um die Dimension des Lernens, Wissens und der Innovation – kurzum also kreativ-kollaborative Aspekte. Die Rolle der Informalität, also der ungeregelten und eigenförmigen Ordnung in Projekten, beleuchtet Kap. 5 mit Ausführungen zur Entwicklung von Informalität und Projektkultur. Kap. 6 widmet sich den Personalfragen der Projektarbeit. Auswahl, Besetzung und Entwicklung von Personen stehen in dieser Arbeitsform unter besonderen planungs- und steuerungsmäßigen Herausforderungen, auf die kursorisch eingegangen wird. Es folgen mit Kap. 7 netzwerktheoretische Überlegungen, da Projekte mit diesem ‚Klassiker' einer sozialwissenschaftlichen Analyse in enger Verbindung stehen. Kap. 8 dient einer theoretischen Gesamteinordnung, wie es überhaupt zur enormen Ausweitung der Projektarbeit in Wirtschaft und Verwaltung gekommen ist. Vorgestellt wird hierzu der institutionale Ansatz, mit dem die Art und Weise einer Strukturangleichung von Organisations- und Managementkonzepten nachvollzogen werden können. Mit Kap. 9 werden die verschiedenen Optiken der Projektarbeit in ein abschließendes Fazit überführt. Teilweise bleibt es nicht aus – und bietet sich sogar aus inhaltlichen Gründen an –, dass einzelne Punkte zwischen den Kapiteln wiederholt aufgegriffen werden. Eine punktuelle Dopplung nimmt der Band in Kauf; was, wie gesagt, im Übrigen auch dem Lektürecharakter insgesamt entspricht: Jedes Kapitel kann prinzipiell voneinander unabhängig gelesen werden. Kurze Vor- und Rückbezüge sollen die Übergänge erleichtern.

Mit Kap. 2 wird zunächst die Projektstruktur innerhalb von Organisationsstrukturen eingeordnet.

Strukturelle Grundlagen der organisatorischen Projektierung

Marcel Schütz

Vermittlungsziele dieses Kapitels
- Sie haben sich einen strukturellen Überblick zum Thema der Projektarbeit in Organisationen verschafft und kennen diesbezüglich herausstechende Merkmale und Feststellungen aus sozialwissenschaftlicher Sicht.
- Sie können anhand von Beispielen und Bezügen nachvollziehen, inwiefern das projektförmige Arbeiten den jeweiligen Rahmenbedingungen der Organisation folgt bzw. hiervon beeinflusst wird – sowohl strukturerweiternd als auch -begrenzend.
- Sie kennen nähere organisatorische Zusammenhänge über die Mitgliedschaft von Personen, die Prämissen der Entscheidungsbildung und die Möglichkeiten der Arbeitsmotivation.
- Sie können die nachfolgenden, spezielleren betriebswirtschaftlich-instrumentellen und sozialwissenschaftlichen Ausführungen in einen breiteren Organisationskontext verorten.
- Sie kennen die drei hauptsächlichen Grundformen des Projektmanagements und wissen um ihre Bedingungen und die Vor- und Nachteile im Vergleich.

Bei diesem Kapitel handelt es sich um eine auszugsweise verwendete Erweiterung meines Textes „Projektierung und Informalität: Strukturelle Grundlagen der organisatorischen Projektierung" (Univ. Oldenburg, 2021; Working Paper).

M. Schütz (✉)
Northern Business School, Hamburg, Deutschland
E-Mail: marcel.schuetz@nbs-hochschule.de

2.1 Zusammenfassung

Die Projektierung von Organisationen stellt vielerorts keine Selbstverständlichkeit dar. Nur bestimmte Organisationen sind Projektförmigkeit in ihren Arbeitsprozessen bereits über viele Jahre und intensiv gewohnt. Verbreitet entstehen projekthafte Strukturen erst mit der Zeit, wobei zu klären ist, in welcher Ausprägung das Projektwesen überhaupt institutionalisiert werden soll. Hierüber müssen Verständigungen zwischen Organisationsführung, ProjektmanagerInnen und den Fachbereichen erfolgen, die allerdings nicht von vornherein immer reibungsfrei verlaufen. Grundsätzlich zu klären ist die jeweilige Rolle, die das Projektmanagement für die Organisation übernehmen kann. Dieses Kapitel führt nach einer kurzen Besprechung der übergreifenden Merkmale einer Organisation in drei grundlegende Dimensionen der Projektarbeit ein. Mit dem Modell der sog. Entscheidungsprämissen werden programmatische, kommunikative und personale Aspekte entfaltet, anhand derer das Projektmanagement in einem organisatorischen Zusammenhang verstehbar gemacht werden kann. Über die Programm-Dimension kann verstanden werden, inwieweit Projekte auf eine planerische Gestaltung angewiesen sind. Mit der Dimension der Kommunikation ist zu zeigen, wie die Projektarbeit hierarchisch in die Organisation integriert ist. Die personale Dimension verweist schließlich auf Fragen der Eignung und Befähigung von ProjektmitarbeiterInnen sowie ihre mögliche Entwicklung in der Organisation.

2.2 Elementare Merkmale von Organisationen

Gegenstand einer organisations- und sozialwissenschaftlichen Analyse können so unterschiedliche Organisationstypen sein wie bspw. Behörden, Vereine, Kirchen, Militär, Krankenhäuser, Schulen oder Unternehmen (vgl. Apelt und Tacke 2012). In der Sprache der soziologischen Systemtheorie etwa werden all diese Ausprägungen unter dem Begriff der *organisierten oder organisationsförmigen sozialen Systeme* gefasst (vgl. Baraldi et al. 1997, S. 129). Unternehmen sind – wohl auch durch ihre Diversifizierung in globalen Märkten – ein besonders intensiv beforschter Typ von Organisationen. Unternehmen sind aber auch die am ehesten projektaffinen Organisationen, da mit Projekten insbesondere betriebswirtschaftliche Vorteile hinsichtlich der unternehmerischen Refinanzierung (diese ist das charakteristische Merkmal eines Unternehmens, dazu Kette 2018) erwartet werden. Über die Jahrzehnte der Organisationsforschung haben sich basale Merkmale einer Beschreibung herausgebildet, die mit folgender Gliederung aus der soziologischen Systemtheorie umrissen werden können: Mitgliedschaft, Zweck und Hierarchie (vgl. Kühl 2014, S. 343; Kühl 2011).

Mitgliedschaft und Mitgliedschaftsregeln
Der Begriff Mitgliedschaft (Kühl 2014, S. 343; Luhmann 1999) wird üblicherweise kaum auf Unternehmen, dafür aber für Vereins-, Partei- oder Kirchen- und Konfessionszugehörigkeiten angewandt. Er steht damit in enger Verbindung zu sog. Neigungs- oder Interes-

2 Strukturelle Grundlagen der organisatorischen Projektierung

senorganisationen (vgl. Apelt und Tacke 2012), also Gesellschaften/Körperschaften, die üblicherweise gegen Entgelt Zugehörigkeit gewähren und die aufgesucht werden, da ihre Anhänger einer bestimmten Neigung oder einem Interesse – religiöser Glaube, sportliche Betätigung, politische Affinität etc. (sog. Zweckmotivation, Luhmann 1999, S. 100 f.) – nachgehen möchten.

Im engeren wissenschaftlichen Sinne sind aber auch Beschäftigungsverhältnisse in Unternehmen und Verwaltungen aller Art (Arbeitsorganisationen) per Anstellungs- bzw. Dienstverträgen Mitgliedschaften; wenn auch in der genau umgekehrten Form: dass nämlich hier Personen nicht (gegen Teilnahme) ein Entgelt zahlen, sondern ein Entgelt (gegen Arbeitsleistung) erhalten. Die übliche Form der Motivation zur Arbeitsverrichtung sind entsprechend monetäre und monetär gleichwertig nutzbare Mittel (vgl. Schütz und Bull 2017, S. 6 f.). Da sie eine weitreichende Kategorie der Beschreibung von Organisationen darstellt, wird Mitgliedschaft in Teilen der Organisationsforschung nicht nur als irgendeines, sondern als ein zentrales Bestimmungsmerkmal von Organisationen benutzt (vgl. Kühl 2011, S. 18 f.).

Abhängig davon, ob es sich ‚nur' um eine Mitgliedschaft in einem Verein oder einer Kirche handelt, oder um eine solche, die eben typischerweise der existenziellen Sicherung dient (Arbeitsbetriebe), sind auch unterschiedliche Projektformen anzutreffen. Interessen- und Neigungsorganisationen können und wollen ihren (ehrenamtlichen) Mitgliedern für Projekteinsätze häufig keine nennenswerte Vergütung gewähren und können daher auch nicht eine (zu) hohe Standardisierung vornehmen; sie sind im Wesentlichen auf gutes, aber eben freiwilliges Engagement angewiesen. Demgegenüber erfolgt die Projektarbeit in einem dienstlichen Umfeld mit rigideren Erwartungen an die Mitgliedschaft bzw. die Arbeitsleistung. Ohne eine monetäre Kompensation erweist es sich üblicherweise als sehr schwierig, harte Leistungsforderungen und Sanktionierungen umzusetzen.

Mitgliedschaften werden durch *Mitgliedschaftsregeln* (Luhmann 1999, S. 44 f.) begründet, die zugleich die Mitgliedschaftsgrenze; also die Grenze zur Umwelt der Organisation – außerhalb einer (arbeits-)vertraglichen Bindung – markieren. Innerhalb einer Mitgliedschaft in einem Unternehmen oder einer Verwaltung (üblicherweise auf Stellen als den kleinsten betrieblichen Einheiten, vgl. Baraldi et al. 1997, S. 129 f.) können verschiedene Rollen bzw. Aufgaben mit der Ausübung einer Tätigkeit anfallen. So können bspw. MitarbeiterInnen in ganz verschiedene Projekte involviert werden und weiterhin eine Kernaufgabe verrichten. Gerade im Projektmanagement werden solche ‚Zerteilungen' des Öfteren vor dem Hintergrund möglicher Belastungen und widersprüchlicher bzw. konfligierender Anforderungen beklagt.

Verstöße gegen die Regeln der Mitgliedschaft können mit Verweis auf die arbeitsvertraglichen Pflichten abgemahnt und notfalls sogar durch Ausschluss aus der Organisation (Kündigung) sanktioniert werden. Eine Grundbedingung moderner Organisationen ist generell die Freiwilligkeit des Eintritts und (zumindest teilweise) des Austritts (vgl. Huf 2020, S. 4, 132; Luhmann 1999, S. 39–53). Es kann gefolgert werden, dass erst Freiwilligkeit organisatorischer Mitgliedschaft auch eine relativ hohe personelle Mobilität bzw. Fluktuation zwischen Arbeitsorganisationen innerhalb weitgehend freier Märkte ermöglicht hat und damit wesentlich zum modernen globalen (organisierten) Wettbewerb und Verkehr beitragen konnte.

▶ **Kurz gefasst: Mitgliedschaften begründen vertragliche und persönliche Bindungen an eine Organisation, aus denen wechselseitige Erwartungen und Pflichten herrühren. Mitglieder, d. h. Beschäftigte, die in Projekten tätig werden, befinden sich häufig in einer Doppelrolle zwischen Projekt und Regeltätigkeit.**

Die Bedeutung von Zwecken

Das zweite Merkmal der Organisationen findet sich in ihren Zwecken. Zweckfreie Organisationen sind nicht denkbar. Erst über Zwecke definieren Organisationen ihren gewissermaßen funktionalen Kern. Für Unternehmen besteht dieser in Produkten und Dienstleistungen, die über Preise auf Märkten veräußert werden. Hierzu dienen *Entscheidungen* als wesentliche Form der Kommunikation in Organisationen (vgl. Baecker 2008, S. 45; Baraldi et al. 1997, S. 129). In nicht-gewinnorientierten Organisationen werden Zwecke deutlich stärker als Werte realisiert (vgl. Schütz und Bull 2017, S. 7 f.). Mit ihrer Zweckorientierung grenzen sich Organisationen von ihrer Umwelt ab; schon dadurch, dass sie die Aufgabenverrichtung auf bestimmte definierte Angelegenheiten reduzieren.

Intensive Zweckbindung lässt sich am Beispiel von Unternehmen illustrieren und dort dann weiter am Beispiel von Projekten. Projekte, die hier auf die Produktentwicklung oder auf das Marketing einer Dienstleistung, auf einen bestimmten Veränderungsprozess (Change Management) oder die Einrichtung eines neuen Karrieremodells im Personalwesen (Human Resources) ausgerichtet sind, werden zumeist in zeitintensiven Verfahren zwischen verschiedenen Stellen abgestimmt. Für die Besetzung dieser Projekte wird Personal mit bestimmten Expertisen und Qualifikationsnachweisen benötigt. Die inhaltliche Projektbewältigung richtet sich also in wesentlichem Maße nach den schon längere Zeit bestehenden zweckgerichteten Spezialisierungen. Viele Unternehmen diversifizieren ferner die verschiedenen Leitungs- bzw. Steuerungsrollen in den Projekten in eine fachliche Verantwortung und eine Prozessverantwortung. Während eine Prozessverantwortung, also das grundlegende Management des Projekts, eventuell auch durch branchen- und produktfremde, aber ausgewiesene FührungsexpertInnen übernommen werden kann, ist dies für eine fachliche Verantwortung schon weniger vorstellbar. Hier werden Personen benötigt, die schon über längere Zeit im Unternehmen oder bei einem vergleichbaren Betrieb Detailwissen über das Produktportfolio, also die Zwecke, erlangt haben.

Im Laufe ihrer längeren Entwicklung kann eine Organisation, und zwar insbesondere eine am Markt ausgerichtete, zu der Einsicht gelangen, dass allerdings auch hinsichtlich der festgelegten Zwecke bzw. Produkte und Dienstleistungen neue Wege gegangen werden sollen. So können bestimmte Geschäftsbereiche vollständig aufgelöst bzw. verkauft werden, Produkte, die einst den Kern der Firma ausmachten, aus dem Sortiment verschwinden und die Diversifizierung kann deutlich erhöht werden. Es können Fälle eintreten, die es bspw. zweckmäßig erscheinen lassen, nicht mehr allein die Produktion und den Vertrieb von Backmischungen und Puddingpulver als zweckmäßig zu betrachten, sondern nun auch Versicherungen, Immobilien und Biersorten in das Portfolio aufzunehmen, wie das Produktprinzip der sog. Mischkonzerne zeigt. In diesem Fall findet eine Zweckersetzung oder Zweckerweiterung statt (vgl. Schütz und Bull 2017, S. 28).

Solche Änderungen, die tiefgreifend in die bestehende Tradition und Erfahrung einer Organisation hineinwirken und zudem mit gewissen Risiken der Fehleinschätzung verbunden sind, erfolgen regelmäßig in Folge von Transformations- oder Fusions-Projekten; wenn z. B. ganze Firmen aufgekauft und eingegliedert werden müssen. Diese Entwicklungen können sowohl Doppelstrukturen erzeugen bzw. den sukzessiven Abbau derselben erforderlich machen als auch Schwierigkeiten bei der Bewertung benötigter kurz- und langfristiger Fähigkeiten und Kapazitäten des Personals heraufbeschwören. Nicht zuletzt bedeuten derartige Transformationsprojekte gerade im internationalen Ausmaß auch organisationskulturelle Veränderungen bzw. Anpassungen (vgl. Kap. 5), die aber auf dem klassischen Entscheidungsweg nur schwer antizipiert und prognostiziert werden können (vgl: Hoebel 2012).

▶ **Kurz gefasst: Zwecke begründen die hauptsächlichen, durch Entscheidungsprogramme festgelegten wirtschaftlichen oder ideellen Aktivitäten einer Organisation. Projekte bilden eine mögliche Durchführungsform zur Erreichung und Abänderung von Zwecken.**

Die Ausbildung der Hierarchie und ihre Folgen
Eine dritte charakteristische Prägung erfahren Organisationen durch die Bildung von Hierarchien, mit denen sie „die Über- [und] Unterordnungsverhältnisse der Mitglieder festlegen" (Kühl 2014, S. 344). Die Organisationstheorie hat der Hierarchie folgenreiche soziale Funktionen beigemessen: So bewirkt Hierarchie die Reduktion bzw. Isolierung/Lokalisierung von Verantwortung und damit eine Entlastung in fachlicher und personeller Hinsicht (vgl. Kühl 2011, S. 106). Stellen, Rollen und Kompetenzen definieren den Wirkungsraum der MitarbeiterInnen und halten zugleich ihre Zuständigkeit begrenzt. Eine völlig entgrenzte Arbeitsteiligkeit wäre praktisch keine solche mehr, was im Ergebnis tendenziell auf eine Kollision mit den anderen beiden Grundmerkmalen der Organisation – Mitgliedschaft/Vertrag und Zweck – hinausliefe.

ProjektmanagerInnen heißen *Projekt*managerInnen, da sie Projekte verantworten und unter Umständen deshalb auch nicht ohne Weiteres für erschwerte Zuflüsse an Ressourcen aus der das Projekt finanzierenden Organisation zur Rechenschaft gezogen werden können. Freilich kann bei ihnen über das mögliche Durchsetzungsvermögen und Verhandlungsgeschick diskutiert werden; doch auch diesen Fähigkeiten sind durch ihre formale Rolle Grenzen gesetzt.

Hierarchie bedeutet in diesem Sinne: Schutz vor der Willkür; sie unterscheidet mögliche (legitime) von unmöglichen (illegitimen) Zurechnungen und Verantwortungen. Hierarchien haben nicht ohne Grund den zweifelhaften Ruf, mit ‚politischen' Auseinandersetzungen belastet zu werden. Dies war auch der Anlass für Arbeiten von Crozier und Friedberg (1993), die mit ihrer Forschung zeigen konnten, welche Wege MitarbeiterInnen finden, sich Einwirkungen der Führung zu entziehen und eigene Taktiken der Einflussnahme zu entwickeln (vgl. Luhmann 2016) – im Übrigen aber nicht nur ‚gegen' die Führung der Organisation, sondern auch auf horizontaler bzw. interkollegialer Ebene (vgl. Neuberger 1995). Dass speziell Projekte im politischen Fokus stehen können, ist wahrscheinlich ihren besonderen räumlichen, zeitlichen und personellen Eigenheiten geschuldet: Knappheit der Mittel, Fristzwänge, intensive Verhandlungsrunden und erhöhte Beobachtung durch die organisatorische Leitung befördern einige Raffinessen der taktischen Bearbeitung von Entscheidungen bzw. von EntscheidungsträgerInnen.

Eine weitere Besonderheit der Hierarchie liegt in dem Umstand begründet, dass die Mitglieder mit ihrer vertraglichen Einwilligung in eine bestimmte Über- und Unterordnung gehalten sind, mögliche Weisungen nicht grundsätzlich in Frage zu stellen bzw. dagegen nicht opponieren zu können, ohne womöglich die Mitgliedschafts- bzw. Vertragsregeln zu verletzen. Wenn auch im Einzelfall einfache Einwände und leises Widersprechen typischerweise noch keine Sanktionen nach sich ziehen, so ist im Grundsatz kein Verstoß gegen die Erwartungen an die Mitgliedschaft bzw. Rolle zulässig. Der Nutzen dahinter ist einfach umrissen: Organisationen erkaufen sich so eine weitreichende bzw. pauschale Zustimmung durch ihre Mitglieder. Werden die Regeln nicht mehr befolgt, kann die Organisation zu Maßnahmen der Abmahnung und im Extremfall der Trennung greifen, denn Mitgliedschaften werden freiwillig eingegangen und können – bei Nichtbefolgung – folgerichtig auch wieder aufgelöst werden (vgl. Luhmann 1999, S. 44 f.; Huf 2020, S. 58 ff.).

Eine interessante Begründung zur Funktionalität von Hierarchien lieferte der US-amerikanische Spitzenmanager und ‚Nebenjob'-Soziologe Chester Barnard (1938, S. 167) mit seinem Ansatz der „zone of indifference". Die analog verdeutschte und weitertheoretisierte „Indifferenzzone" (Kühl 2011, S. 35; Gruber und Kühl 2015, S. 16–20) beschreibt in der Organisationsforschung folgende Konstellation: Organisationen stehen bei Einstellung neuer Mitglieder vor dem Problem, dass sie die genauen Erwartungen an die Fähigkeiten und Aufgaben in der Zukunft kaum sicher bestimmen können; sie benötigen daher möglichst solche MitarbeiterInnen, die ein gewisses Maß an Flexibilität im Hinblick auf stellenbezogene Fähigkeiten und Platzierungen vorweisen.

Aus diesem Grund werden Arbeitsverträge (anders als Werk- und Honorarverträge) regelmäßig so sparsam gefasst, dass sie Versetzungen auf andere Stellen und in andere Arbeitsbereiche, also eine gewisse Erwartungsflexibilität erlauben (vgl. Schütz et al. 2018, S. 136; Fn. 158). Der Begriff der Indifferenzzone ist gerade dem Umstand geschuldet, dass von Organisationsmitgliedern, vertraglich vorprogrammiert, ein gewisses indifferentes Verhalten, also ein Maß an Gleichgültigkeit, gegenüber den organisatorischen (Zu-)Weisungen bezüglich ihrer genauen Tätigkeit erwartet wird. Da aber weder Organisationen noch ihre Mitglieder jeweils genau bestimmen können, wie weitreichend diese Indifferenz zu realisieren ist bzw. realisiert werden muss oder darf, werden Interpretationen, zusätzliche Informationen und informelle Absprachen erforderlich. Im Zweifelsfall neigen Mitglieder aber auch zur Überleistung, um nicht gegen die Erwartungen zu verstoßen. Gerade dadurch aber können sie wiederum über das Ziel hinausschießen und gegen andere formale Erwartungen bzw. Bestimmungen verstoßen. Ertrag und Risiko stehen in Indifferenzzonen also in einem voraussetzungsvollen und unter Umständen folgenreichen Verhältnis.

In der Projektarbeit ist dies besonders mit der Verschachtelung von Projektzielen und Regelorganisation zu beobachten: ProjektmanagerInnen und MitarbeiterInnen in Projekten können zu dem Eindruck gelangen, regelmäßig ‚zwischen den Stühlen' zu stehen, d. h. z. B. sowohl Anforderungen an eine zügige und sorgsame Projektabwicklung als auch Anforderungen im Hinblick auf die besonderen Leistungswünsche aus den Geschäftsbereichen der Organisation bestmöglich erfüllen zu sollen und auch zu wollen. Die Erwartungen können durch unterschiedliche Budget- und Ressourcenverteilung noch gesteigert werden, und dadurch, dass MitarbeiterInnen in Projekten sowohl ihren dortigen ProjektleiterInnen als auch ihren disziplinarisch Vorgesetzten alles ‚recht machen' wollen.

▶ **Kurz gefasst: Hierarchie ist die Art und Weise der Verteilung von Zuständigkeiten und Verantwortungen. Sie macht Arbeitsaktivitäten zuordenbar. Im Projektmanagement ist die formale Hierarchie klassischerweise abgeschwächt bzw. tritt in veränderter Form (Führung von ExpertInnen und SpezialistInnen) in Erscheinung.**

2.3 Etymologische und historische Aspekte

Dieses Kapitel trägt analytische Grundlagen der organisatorischen Projektierung zusammen. Im ersten Abschnitt wird in Strukturwissen der Arbeits-, Betriebs- und Managementform (vgl. Breisig 2006, S. 117–127; Fischer 2010, S. 26–31) der Projektierung/Projekte eingeführt. Dabei werden insbesondere jene Aspekte projektwissenschaftlicher Analyse besprochen, die auch in den nachfolgenden Beiträgen direkt oder mittelbar hervortreten. So soll erreicht werden, Projektarbeit in den wirtschaftlichen und methodischen Konturen nachvollziehbar zu machen.

Unter Projekten – der Wortherkunft nach ursprünglich aus lat. „*prōicere (prōiectum)* ‚vorwärts-, vorwerfen, hervortreten lassen, hin-, niederwerfen' " (Berlin-Brandenburgische Akademie der Wissenschaften o. J., kursiv i. O.; vgl. Wissenschaftlicher Rat der Dudenredaktion 1997, S. 553, Sp. b) – werden im allgemeinen und fachterminologischen Sprachgebrauch im i. e. S. *formal organisierte Ordnungen* verstanden, die sich auf versuchsweise, planerische und entwerfende Zusammenhänge beziehen und im Regelfall auf die vorübergehend befristete Anbahnung und Durchführung einer ideellen oder materialen Erweiterung, Umbildung oder Erfindung ausgerichtet sind. Mit Projekten verschärfen Organisation ihre ansonsten eingerastete Grundlogik bürokratisch-administrieller und technisch-produktiver *Prozesse*, also der Kontinuität des Ein-, Durch- und Abfließens aller betrieblicher Wertschöpfung. Das heißt, mit Projekten sollen anhand einer „Bestimmung von Anfang und Ende Perioden gebildet werden" (Luhmann 1992, S. 336). Die dazu bemühten „Projektlogik, Rationalitäts- und Kontrollpraktiken sind tief in gesellschaftlicher Sozialstruktur eingelassen und somit historisch gewachsene und kontingente Mechanismen" (Kalff 2014, S. 193). Die Projektlogik wird, etymologischer Forschung folgend, spätestens ab Mitte des 17. Jahrhunderts „als Entwurf vorliegende oder im Entstehen begriffene Unternehmung" bzw. „Bauvorhaben" (Berlin-Brandenburgische Akademie der Wissenschaften o. J.) etabliert. Bei Georg Heinrich Zincke ist rund ein Jahrhundert später, 1744, zu lesen (zit. nach Krajewski 2006, S. 12, Hervorhebung MS):

> „Einen solchen *Entwurf* also, welcher zu unserer und anderer *reiffen Ueberlegung und Entschliessung* eines vorzunehmenden Wirthschafftlichen Policey- oder Cammer-Geschäffts aus denen untersuchten Theilen eines Einfalls von einem solchen *neuen Geschäffte gemachet* und *schrifftlich vorgeleget* wird, damit man das *gantze Vorhaben* gleichsam in einem Blick *zuverläßig übersehen* könne, nenne ich im eigentlichen Verstande einen Vorschlag oder ein Project."

Projekte treten hier als „gantze", „zuverläßig" vorgelegte ‚Draufsichten' des Vorgesehenen in Erscheinung – oder, präziser noch, eines nach der „reiffen Ueberlegung" *Vorher*gesehenen. Das wirtschaftliche Vorhaben wird damit zur rational dokumentierten Erwartung und in geeignete Kontur gebracht, d. h. „schrifftlich vorgelegt" – damit man sich später erinnern kann, was der Ideenträchtige und Werktätige tatsächlich am Ende vollbringen wollte. Im Lichte dieser Anfänge ist ein Projekt „zuallererst das Resultat reiflicher Überlegung, das etwas Neues in Aussicht stellt, und zwar derart, daß man es wie von einer erhöhten Beobachtungsperspektive – mit Blick in die Zukunft – überschauen kann" (Krajewski 2006, S. 12). Das geschieht in den Anfängen der Projektidee aber durchaus mit „negativer Konnotation" (Kalff 2014, S. 192). So erscheint es bisweilen geboten, die Projektleute ganz genau im Auge zu behalten – das immerhin weiß, nur wenige Jahre vor Zinckes Abhandlung übers „Project" erschienen, ein Württembergisches Volkslied von 1737. Die „Projektemacher" (Krajewski 2006, S. 13) standen seit jeher im Verdacht, windig und verschlagen zu sein, den Mund zu voll zu nehmen und mit großen Versprechungen vom Künftigen zwischen Pfusch und Scharlatanerie ihr Unwesen zu treiben – das mitunter zum Nachteil der städtischen Kämmerer und Financiers. Der Projektemacher ist schon zu Beginn ein kaum formfestes Wesen, ja „ein nahezu Krimineller, der aus der Notwendigkeit des Überlebens eine Tugend mache" (Kalff 2014, S. 192). Die Abweichung der Projekte ist hier wortwörtlich auch eine ihrer Schöpfer. Nach dem Volkslied aus dem Südwestdeutschen klang das (Un-)Wesen der Projektemacher etwa so (zit. nach Krajewski 2006, S. 7):

> „Er zeigte wohl Projecten vor,
> die geld eintragen müssen;
> sie fielen trefflich in das ohr,
> doch mußt der burger büssen."

2 Strukturelle Grundlagen der organisatorischen Projektierung

▶ **Kurz gefasst: Das Wort „Projekt" deutet vom Ursprung bereits auf ein künftiges, planvolles, zu entwerfendes Geschehen. Es ist nach seiner Idee sowie nach den zeitlichen und räumlichen Aspekten prospektiv orientiert. Es geht dabei stets um das Kommende, das Vordere, das Folgende. Projekte können insofern als vorbereitende Neuordnungen oder Zwischenordnungen einer Sache verstanden werden.**

Mögen die „Projecten" im Lichte der Aufklärung und im allmählichen Übergang zur Industrialisierung ihre erste strukturelle Ausdefinierung erfahren haben – dies wiederum entscheidend mit der Ausdifferenzierung moderner Organisation als bürokratischem, d. h. hierarchisch geführtem, mitgliedschaftsbasierten und zweckbestimmtem Systemtyp –, reichen ihre Artefakte denkbar weit zurück in die ersten Erhebungen menschlicher Zivilisation; wenn auch ohne den Ausbau der methodischen und steuerungslogischen Umkleidungen, die dem Geschehen später zugeführt werden (vgl. Kwak 2005; Dworatschek 1994, S. 400). Projekte, insbesondere bauliche, gibt es seit die zivilisatorischen Möglichkeiten der Menschen große Vorhaben realisierbar werden ließen (vgl. Madauss 2000, S. 12). Militärische Feldzüge, der Bau der Pyramiden, großer Dämme und Wälle oder majestätischer Paläste alter und neuerer Hochkulturen wurden allerdings Wirklichkeit, ohne dass dazu bereits universelle Regeln in nennenswertem Ausmaß dokumentiert wurden (vgl. Seymour und Hussein 2014, S. 233 f.; Lutz und Schmutte 2017, S. 399 f.; Dullien 1990, S. 3 f.). Im 20. Jahrhundert wurden die bis dahin formlosen planerischen Erfahrungen gesammelt und allmählich zu Standards projektierten Arbeitens gebündelt (vgl. Madauss 2000, S. 12 f.; Picciotto 2020; Dworatschek 1994, S. 400 f.). Projekte waren vollends erst dann in der Welt, als sie über die Ordnung des Managements verstanden und bürokratisiert (also formal normiert) werden konnten. Gerade militärischen Zwecken hatten die Vorformen des Projektmanagements maßgeblich zu dienen (vgl. Madauss 2017, S. 7 f.), war die Kriegsführung doch auf eine strategisch-prognostische Modellierung seit jeher wie kaum sonst ein soziales Geschehen angewiesen. Aber auch die agrarische Erschließung, verkehrsgerechte Zurichtung ganzer Landschaften bis hin zur Schaffung der frühen und heutigen Formen der internationalen Entwicklung und Aufbauhilfe in den verschiedenen Erdteilen und Kulturräumen (vgl. Lavagnon et al. 2020) haben schon in logistischer Hinsicht gewichtigen Anteil an der buchstäblichen Zivilisierung und Expansion des Projektwesens.

Einen ausgesprochen bedeutenden Entwicklungsschub erfuhr das Projektmanagement im Zuge der großen Bauprojekte, innovativen Betreibungen, militärischen Rüstungen und ihrer postmilitärischen zivilen Nutzung der Vor-, Zwischen- und Nachkriegszeiten in Amerika und Europa (vgl. Lutz und Schmutte 2017, S. 399 f.). Insbesondere werden die 1950er-Jahre als „Geburtszeit des modernen Projektmanagement" (Lechler 2005, S. 495; vgl. Seymour und Hussein 2014, S. 235 f.; Kwak 2005; Heidling 2018, S. 211) hervorgehoben. Geschuldet war dies einer infrastrukturell opulenten Ausstattung, eben bedingt durch die Zwischenkriegs- und Kriegszeit und den enormen Bedarf an Wehr- und Rüstungsforschung. Gerade die US-amerikanische Entwicklung der Nachkriegszeit (vor allem im Zeichen des Kalten Kriegs und des Wettstreits von Ost und West) erscheint diesbezüglich exponiert und dynamisch (vgl. Kwak 2005). Dies kann im Lichte des gesellschaftlich-progressiven Kontextes der Zeit plausibilisiert werden. Neben der amerikanischen wirtschaftlichen Vitalität und Potenz in der unmittelbaren Nachkriegszeit fallen Gründung und Fusionen kapitaler US-Konzerngesellschaften gehäuft in die 1940er- und 1950er-Jahre. Diese Unternehmungen unterhalten fortan eigene Forschungs- und Entwicklungsabteilungen, die förderlichen Raum für lukrative Investitionsvorhaben und projektierte Innovierung bieten. Auch im edukativen bzw. Sozialisations-relevanten Kontext gedeihen in dieser Zeit progressive Ansätze, z. B. in der Herausbildung team- und projektorientierter Schultypen, wie sie Parsons (1959) in einer zeitgenössischen Schulorganisationsstudie aufzeichnet. Hiermit in Verbindung steht das allmähliche Florieren zeitgenössisch aufkommender ‚humanisierender' Führungstheorien und Managementkonzepte, ebenfalls mit dem Zentrum USA. Das neue Wissen findet seinen Niederschlag in praktischer Modernisierung der formalen Organisationsstrukturen, was zunächst arbeitsökonomische und technische Abläufe betrifft, sich nach und nach aber auch in psychologischen Fundierungen des Personalmanagements ausdrückt (vgl. Lechler 2005, S. 495).

Viel zitiert gilt speziell die Raumfahrt als bedeutsames historisches Highlight (vgl. Dullien 1990, S. 3; Kalkowski 2017, S. 262). Es ist hervorzuheben, dass diese Anfänge im Zeichen besonders rigider formaler Ansprüche stehen. Das nun erstmals auch begrifflich so gefasste *Project Management* war „vom Interesse an einer möglichst genauen Planung und Steuerung der Arbeitsprozesse geleitet und an Modellbildungen orientiert, bei denen ein mathematisch-technisches Wissenschaftsverständnis Pate stand" (Kalkowski 2017, S. 262). Mit den Vorbereitungen der Apollo-Mondexpedition der NASA in den 1960er- und 1970er-Jahren werden – wie bereits im Zweiten Weltkrieg mit dem „Manhattan Project" zum Bau der Atombombe – bestehende Projektstrukturen, wie sie noch gänzlich auf irdische Infrastrukturen ausgerichtet sind, nun nach ganz anderen Bedingungen der All(zweck)tauglichkeit ertüchtigt (vgl. Lutz und Schmutte 2017, S. 399 f.; Kalff 2014, S. 194): Teile der Planungs- und Kontrollausstattung der Raumfahrtmissionen (Ablaufmodelle, Modularisierung der Arbeitsschritte, Instrumente, Rechensysteme) werden mithilfe technischer und methodischer Konversionen nach und nach auf die Abläufe großer Organisations- und Infrastrukturprojekte – Bauten von Versorgungsanlagen, Kraftwerken, Schiffen und Flugzeugen – adaptiert. Das Projektmanagement wird in seiner irdischen Nachentwicklung gewissermaßen ‚bodenständig'. Dadurch wandelt sich auch die quantitative Optik des Projektmanagements in den nachfolgenden Jahrzehnten deutlich: Wurden Projekte bis ins mittlere 20. Jahrhundert „als äußerst komplexe, einmalige und eigenständig organisierte Vorhaben durchgeführt", veränderten sie sich im späteren und späten Jahrhundert in eine ausdifferenzierte Ordnung, die nun mehr und mehr „innerhalb von Organisationen permanent angewandt" (vgl. Lechler 2005, S. 495) wurde.

▶ **Kurz gefasst: Das Projektmanagement hat sich aus einer allmählichen Festigung und Professionalisierung handwerklicher bzw. praktischer Erfahrungen und Regeln entwickelt. Dieser Prozess wurde durch technische, wirtschaftliche**

und politische Fortschritte und Rahmeneinflüsse maßgeblich gefördert. Industrialisierung, Weltkriege und insbesondere die Großprojekte der Nachkriegszeit, namentlich der Raumfahrt, sind als Schlüsselepochen bzw. zentrale Zeitpunkte hervorzuheben.

In diesem Buch können die historischen Ausführungen nur allgemein, gerafft und kurz nachvollzogen werden. Es ist festzuhalten, dass eine *informale Mitprägung* in der Entwicklung des Projektmanagements durchgängig und relativ deutlich hervorsticht: Zunächst wurden die Regeln und Konzepte der projektierten Arbeitsweise stückweise, lose gesammelt, zusammengetragen und sodann mit weitergehenden Standardisierungen verankert. Das Projektmanagement hat sich erheblich aus Erprobungen und Anschauungen direkt innerhalb der betrieblichen Praxis aufgebaut. Die Projektierung reifte im Wege fortschreitender Kodifizierung, die durch historische Ereignisse, Bedarfe und Gelegenheitsstrukturen (Kriegsgeschehen, terrestrische und extraterrestrische Expeditionen, Verkehrswegebau etc.) begünstigt, forciert und vertieft wurde (vgl. Kwak 2005; Seymour und Hussein 2014). „Die methodische und instrumentell ausgefeilte Art, Projekte zu planen, zu steuern und zu kontrollieren, entstand wohl weitgehend in der zweiten Hälfte" (Dworatschek 1994, S. 400) des vergangenen Jahrhunderts. Technisch-evolutionär besehen vollzog sich dies, kurz gesagt, als eine ‚informale Formalisierung' – die ideengebenden großen „Prototypes for Tomorrow" (Webb 1969) folgten letztlich der schon etymologisch angelegten Entwurfsmäßigkeit einer zu schaffenden Ordnung – die in der ‚Klammer' der Projekte angebahnt und entschieden, d. h. strukturiert formalisiert wird.

Zusammenfassend (Abb. 2.1) lässt sich sehen, dass das Projektmanagement ausgehend vom Anfang erster Essay- und Ideenkonzepte – den Startschuss bildete im Übrigen 1697 „An Essay Upon Projects" von Daniel Defoe (1887), dem späteren Autor von „Robinson Crusoe" – philosophische und (vor)industrielle Adaptionen erfährt, bevor es mit der Herausbildung moderner Industrie- und Konzernorganisationen im 20. Jahrhundert zur ei-

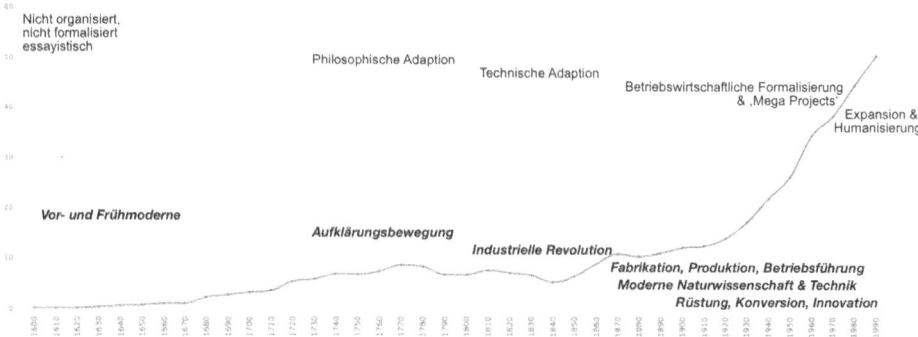

Abb. 2.1 Versuch eines historischen Nachvollzugs der Projektierung und Projektarbeit als ‚Ideenevolution' in Bezug zur Nennung von Projekt/Projekten in der deutschen Schriftsprache nach dem Index der Berlin-Brandenburgischen Akademie der Wissenschaften. Montage/Konzept: MS/Berlin-Brandenburgische Akademie der Wissenschaften

gentlichen Ausbildung ‚echten' Projektmanagements kommt. Damit einhergehend setzen moderne Prägungen durch die betriebswirtschaftliche Organisationslehre und die Management Studies, sodann auch durch die Arbeits- und Organisationsdisziplinen in den Sozialwissenschaften (Humanisierung, ‚Human Factors') ein. Der maßgebliche Schub für das technisch und wirtschaftlich formalisierte Projektmanagement ist nach den großen Kriegen in den Entwicklungsschritten der Produktionsverfahren, in der Vernetzung des globalen Güter- und Dienstleistungsverkehrs sowie in der Veränderung der Arbeitsorganisation und des Beschäftigungswesens zu erkennen. In der Gegenwart stehen Konversionen und Erweiterungen des Projektmanagements im Fokus, wie sie durch innovatorisch motivierte Entwicklungen im agilen und hybriden Projektmanagement gesehen werden können (dazu Kap. 3).

Im Folgenden sollen anhand dreier Strukturaspekte (*Entscheidungsprämissen*) die näheren Beschaffenheiten der Projektform herausgearbeitet werden. Entscheidungsprämissen können zugleich als Voraussetzungen und Einschränkungen organisatorischer Strukturen angesehen werden (vgl. Becker und Haunschild 2003, S. 718). Solche Prämissen fallen mit der Struktur der Organisation insgesamt zusammen. Eine „Organisation kennt Strukturen nur als Entscheidungsprämissen, über die sie selber entschieden hat" (Luhmann 1998, S. 833 f.; vgl. Nicolai 2000, S. 201). „Entscheidungsprämissen legen bestimmte Vorkehrungen für zukünftige Entscheidungen fest und sind somit die typische organisatorische Möglichkeit, Strukturen zu schaffen und zu verändern" (Gruber 2014, S. 64 f.). Dies impliziert auch, dass sich nach den Entscheidungsprämissen bestimmt – noch sprechender formuliert: *sich entscheidet* –, was *aus der Umwelt* für die Organisation seh- und erfahrbar (gemacht) wird bzw. gemacht werden kann (vgl. Kühl 2017; Schütz 2022). Prägnanter noch: „Decision premises are decisions that are relevant for several future decisions." (Mucci et al. 2021, S. 5) Mit Entscheidungsprämissen wird alles in der Organisation adressiert, „was bei einer Vielzahl von Entscheidungen als gegeben hingenommen wird" (Nicolai 2000, S. 201). Nach der soziologischen Systemtheorie werden Entscheidungsprämissen dreifach realisiert – als *Programme*, d. h. normative zweckvolle Planung, als *Kommunikationskanäle*, d. h. das hierarchisch-disziplinarisches Gepräge und über das *Personal*, d. h. Mitgliedschaften und ihre Konditionierung, wie sie durch Auswahl, Qualifizierung und Stellenbesetzung erfolgt. Diese Strukturen werden im Weiteren ausgeführt.

▶ **Kurz gefasst: Entscheidungsprämissen regeln die innere Ordnung einer Organisation; sie fokussieren die Organisation auf ihre wesentlichen Aufgaben (Programme), ihre dazu benötigten Ablaufstrukturen (Kommunikationswege) und die erforderlichen fachlichen und methodischen Kompetenzen (Personalwesen).**

2.4 Programmatisch-konzeptionelle Aspekte

Die Programm-Prämisse ist die organisatorisch originäre Entscheidungsprämisse. Mit ihr werden alle (weiteren) Planungs- und Richtigkeitsbedingungen einer Organisation zum Erreichen der Zwecke festgelegt, also grundlegende Regeln und Vorschriften (vgl. Tacke und Drepper 2018, S. 64; Nicolai 2000, S. 201). Hier sind nun einige hauptsächliche programmatische Informationen hinsichtlich des organisatorischen Ein- und Ausbaus projektierter Ordnungen zusammenzustellen (vgl. Patzak und Rattay 2004, S. 115–121). Eine klassische Definition bietet Kerzner (2009, S. 2, kursiv MS): „A project can be considered to be any series of activities and tasks that:

- Have a *specific objective* to be completed within *certain specifications*
- Have *defined start* and *end dates*
- Have *funding limits* (if applicable)
- Consume human and nonhuman *resources* (i. e., money, people, equipment)
- Are *multifunctional* (i. e., cut across several functional lines)"

Diese Ausgangskriterien können nicht nur auf Perioden eines Arbeitsgeschehens, sondern auch auf ganze Organisationen übertragen werden, in denen fortlaufende „Projektsequenzen" (Luhmann 2011, S. 273) grundsätzlich den Ablauf der überwiegenden Arbeit bestimmen (vgl. Breisig 2006, S. 117 ff.). „Man denke an Forschungsinstitute oder an Unternehmensberatungsfirmen oder an Filmstudios." (Luhmann 2011, S. 273; vgl. Kühl 2016, S. 13) Die Rede ist auch von „projektbasierten Organisationen" (Kühl 2016, S. 13, i. O. kursiv). In Abgrenzung dazu finden sich Projekte als – hier im Weiteren primär betrachtete –, komplexe und „hochkomplexe Programme [, die] für eine nur einmalige Ausführung vorgesehen werden" (Luhmann 2011, S. 272) und tendenziell „als Sondersituation" (Kühl 2016, S. 13, i. O. kursiv) realisiert werden. Es bestehen insofern *Netzwerk*-Strukturen bzw. „interfirm networks" als „Primärorganisation" (Sydow und Windeler 1998, 2004; Sydow 2003), die ihrerseits als interessengeleitete Vernetzungs- und Beziehungsräume zwar die Typik von Projekten *integrieren* können, jedoch als ganze Netzwerke nicht synonym mit Projekten, sondern diese als darin eingewobene formale und informale Binnenstrukturen zu sehen sind (vgl. Arnold et al. 2017, S. 152). Abgesehen wird ferner von *Prozessen*, die sich „wie ein Strom" (Kuster et al. 2011, S. 5) als regulär und dauerhaft eingerichtete Arbeitsaktivitäten entlang der betriebswirtschaftlichen Funktionen einer Organisation darstellen. Nicht im Blick sind darüber hinaus *einmalige Sonderaufträge*, „die im Wesentlichen durch eine Person, also ohne Projektorganisation, erfüllt werden können" (Kuster et al. 2011, S. 5).

Aus einer systemtheoretischen Warte können Projekte als temporäre *Zweckprogramme* (Luhmann 2011, S. 272 f.; für eine neuere Einordnung Kühl 2016, S. 8–11) verstanden werden. Dies bedeutet, sie sind als planvolle, organisatorische Binnen- bzw. soziale *Untersysteme* (vgl. Patzak und Rattay 2004, S. 19) mit der vordringlichen Maßgabe einer Befristung und nach bestimmten sachlichen Kriterien auf einen jeweiligen Verwendungszusammenhang ausgerichtet. Der Faktor Zeit ist das zentrale Kriterium, um das erfolgreiche Abschließen oder das Scheitern eines Projekts anzuzeigen (vgl. Kühl 2016, S. 10). Wie Programme grundsätzlich, dient auch das Zweckprogramm Projektarbeit der Unsicherheitsabsorption in Organisationen (vgl. Heidling 2018, S. 221 f.; Kalff 2014, S. 196, 205). Die Tücken liegen hierbei buchstäblich im Detail: „Gerade auch einfach erscheinende Aufgaben erweisen sich im Projektverlauf häufig als sehr kompliziert" (Heidling 2018, S. 221). Mit den Steuerungstechnologien des Projektmanagements wird letztlich versucht, die Unsicherheit in allen Phasen der Planung und Umsetzung einem Monitoring zu unterziehen, sie zu bewachen. Dieser Vorstellung entspricht maßgeblich das feinformalisierte klassische ‚Wasserfall'-Projektmanagement. „Dem Wasserfall-Modell zufolge besteht ein Projekt aus genau definierten, aufeinander folgenden Phasen." (Marquart 2019, S. 50 ff.) In linearer Abfolge ‚plätschert' alles Geschehen konsekutiv dahin; alles im Fluss, alles im Plan – das insoweit zumindest, wie jeder Schritt überprüft und Störungen notfalls unmittelbar abgefangen werden können. Unsicherheit/Ungewissheit, also die Abhängigkeit eines Geschehens bzw. Ergebnisses von bestimmten Rahmen- bzw. Umweltzuständen (vgl. Ewert und Wagenhofer 2014, S. 34; speziell in Projekten typologisch Heidling 2016, S. 43–46), bildet sich in Projekten aber sogar als gestalterische, produktive Größe heraus. So sind sowohl formal-stabilisierende als auch informal-flexibilisierende Momente phasen- bzw. prozessabhängig in Einführungs-, Veränderungs- und Neuerungsprojekten als strukturbildendes und strukturerhaltendes Zusammenspiel anzutreffen (zu Innovation und formaler/informaler Ordnungsbildung bzw. in Projektumgebungen vgl. Mattes 2014).

Für das Zweckprogramm Projekt ist der Gedanke der organisatorischen *Binnendifferenzierung* (vgl. Luhmann 1999, S. 305 ff.) elementar: Projekte entsprechen auf allgemeiner Beschreibungsebene zunächst dem Strukturprinzip der arbeitsteiligen inneren Gliederung einer Organisation, die sich – nach einer gängigen Abstufung – in Fachbereichen, Abteilungen und Arbeitsgruppen darstellt. Projekte nach dieser Gliederungslogik unterscheiden sich davon durch ihre querläufige, verschiedene Organisationseinheiten durchziehende Ausprägung. Eine permanent eingerichtete Organisationseinheit kann in der Regel nur durch Unterordnung einer anderen angehören oder sie besteht eigenständig für sich. Projektepisoden stattdessen können mit mehreren Organisationseinheiten verknüpft werden, ohne selbst einer solchen Einheit anzugehören, ihr untergeben oder übergeordnet zu sein. Mit dieser ‚zwischengezogenen' Sonderstellung kann eine grundlegende „*Abweichung* von der Funktionalorganisation" (Kalkowski 2017, S. 262, kursiv MS; vgl. Heidling 2018, S. 207) hinsichtlich der überwiegend eingerichteten formalen Ordnung konstatiert werden, da das Untersystem der Projekte gleichsam „aus der herkömmlichen Struktur […] herausfällt" (Breisig 2006, S. 117). Diese Abweichung auch in informaler Hinsicht wird sehr genau registriert. In Projekten würden, wie Patzak und Rattay (2004, S. 19) notieren, „sehr häufig Handlungsmuster, Arbeitsformen, Kommunikationsflüsse und Regeln entstehen, die sich von der Kultur des gesamten Unternehmens unterscheiden". Hinzutritt der Umstand, dass die genauen Projektziele „häufig erst im Projektverlauf endgültig festgelegt werden und der Ressourceneinsatz sowie der zeitliche Aufwand zu Projektbeginn nur näherungsweise bestimmt werden können" (Heidling 2018, S. 207). Die davon geprägte Arbeitsweise kann in Differenz und Konflikt zur Hauptorganisation hervortreten, insbesondere wenn sich Ressourcenknappheit andeutet und die Kommunikation hierüber selektiv bis taktisch erfolgt.

▶ **Kurz gefasst: Projekte stellen im Organisationssystem (Gesamtsystem) sog. Untersysteme und Zweckprogramme dar. Zweckprogramme dienen der planmäßigen Aufgabenverrichtung nach relativ genau definierten Umsetzung- und Ergebniserwartungen. Die Untergliederung von Projekten innerhalb der Organisation sowie die Untergliederung der Abteilungen und Fachbereiche in einer Organisation werden auch als Binnendifferenzierung bezeichnet.**

Mit Lechler (2005, S. 495) kann der Auffassung gefolgt werden, dass allerdings das viel zitierte Kriterium der *Einmaligkeit* (vgl. z. B. Kuster et al. 2011, S. 4; Patzak und Rattay 2004, S. 18) für Projektepisoden zu relativieren ist; Kalkowski (2017, S. 262) spricht präzise von einer „*gewisse[n] Einmaligkeit*" (kursiv MS). Ein Mindestkriterium kann darin bestehen, dass ein Projekt eine „nur zum Teil sich wiederholende Aufgabenstellung" (Patzak und Rattay 2004, S. 19) beinhaltet. So betreiben Organisationen ihre Projekte z. B. entweder in größeren Abständen wiederkehrend und flächendeckend, in dauerhaft verankerter, den technischen Betriebsabläufen zugehöriger und dezentraler Form, als in einzelnen Komponenten bereits anderweitig erprobtes Großprojekt, zu dem Zweck gesetzlich-regulatorischer Interventionen sowie zu dem der Organisationsveränderung oder als die standardisierte bzw. alternative Umgestaltung der Organisation. Diese statt Einmaligkeit eher oder teilweise bzw. *relative Wiederholbarkeit* (vgl. Richter und Esswein 2014, S. 1087; Patzak und Rattay 2004, S. 19; Fischer 2010, S. 14) beinhaltet *unterschiedlich komplexe Erfahrungs- und Kompetenztiefen* vor Ort.

Wie bereits festgestellt, finden sich Projekte in den Organisationstypen der Gegenwart nahezu omnipräsent (vgl. Kerzner 2009; Schoper et al. 2018). Sie können sowohl als technisch-materielle wie auch als kognitiv-ideelle Aufträge und Arbeitsziele hervortreten – von der Produktentwicklung in der Lebensmitteltechnologie über das Bauwesen und die Verkehrsnetze über IT-Infrastrukturen und Personalabbau bis in den Bereich der künstlerischen und kreativen Berufe – „Die empirischen Erscheinungsformen von Projekten sind ausgesprochen vielfältig." (Kalkowski 2017, S. 262) Es darf wohl angenommen werden, dass das wechselseitige Durchdringungsverhältnis von Projekt und Zweck soweit ausgeprägt ist, dass die Projektform bisweilen die Form der Organisation regiert.

Aus einer programmatisch-planerischen Perspektive stellen Projekte vor allem durch *organisatorische Begrenzungen* konditionierte Ordnungen dar, die sich auf definierte Rahmengrößen wie insbesondere den zeitlichen Ablauf, den personellen Einsatz und dazu beanspruchte betriebliche Mittel und Kapazitäten beziehen. Hierbei müssen innovativ-neuartige (gleichwohl häufig wiederholbare) Änderungen insbesondere nach der Maßgabe zeitlicher Fristen geschaffen werden. Für Projekte sticht dadurch ein besonderer Umfang an Aufwand und Intensität der zu verrichtenden Arbeiten und ihrer temporären Gestaltung abhängig von den jeweils gesetzten Zielen hervor – bspw. im Hinblick auf Potenzialpro-

Tab. 2.1 Merkmale der projektierten Arbeit. (Quelle: orientiert an Patzak und Rattay 2004, S. 19). Eigene Darstellung

	Merkmalsbestimmung organisierter Projektarbeit			
neuartig	zielorientiert	komplex-dynamisch	interdisziplinär	bedeutend
relative, begrenzte Wiederholbarkeit	*formale Aufwands- und Leistungsziele*	*starke Vernetzung und Abhängigkeiten*	*verschiedene Qualifikationsbezüge*	*erhöhte Relevanz und Sichtbarkeit*

jekte, Pionierprojekte, Maßnahmen der Produkt- und Organisationsentwicklung o. ä. (vgl. Kuster et al. 2011, S. 4–7). Ferner können sich Projekte durch eine eher eng/gut definierte oder eher weit/schlecht definierte Aufgabenstellung auszeichnen. Eng definierte Vorgaben sind in Projekten mit technischen, gesetzlichen und auch naturgesetzlichen Rahmenbedingungen wahrscheinlich (Bauten, Sicherheitstechnologien, Verkehrssysteme u. Ä.), während sozial-kommunikative und politische Rahmenbedingungen insbesondere ideelle, d. h. in der sich allmählich noch genauer entwickelnden Auftragsbestimmung auch weitreichender anpassungsbedürftige Vorhaben betreffen – insbesondere z. B. „Reorganisationsprojekte, bei denen die Ziele unklar sind oder während des Vorhabens häufig geändert werden" (Kühl 2016, S. 11; vgl. zu verschiedener Ausprägung sozialer Komplexität bedingt durch eher offene oder geschlossene Zielbestimmung Kuster et al. 2011, S. 5).

Tab. 2.1 gibt einen ausgewählten Überblick zur gängigen hauptsächlichen Merkmalsbestimmung von Projekten. In Lehrwerken des Projektmanagements finden sich gleichwohl verschiedene weitere Kriterien wie z. B. die nachhaltigere Steigerung organisatorischer Leistungskraft, die Arbeit an Innovation oder das lernende Erschließen neuer Aufgaben und Arbeitsgebiete. Weitere Ausführungen zur Merkmalsdefinition und praktischen Folgen daraus finden sich im auch noch im anschießenden Kap. 3.

Für die Ausbreitung der Projektarbeit in Organisation gelten eine Reihe *betrieblicher Opportunitäten* als vordringlich. So folgt die Hinwendung zur Projektarbeit einesteils marktlich-kompetitiven und operativ-strategischen Interessen im Innern des Organisationssystems. Dies bedeutet operativ besehen, dass die „(vermehrte) Formulierung und Übertragung von Projektarbeiten […] für den Betrieb eine Notwendigkeit darstellen [kann]" (Berthel und Becker 2003, S. 355). Eine organisatorische Neigung zur Projektarbeit hängt dabei „in erster Linie von Determinanten der Aufgabe bzw. der Aufgabenerfüllung ab" (Berthel und Becker 2003, S. 355); also von einer Arbeitsprogrammierung, die in der Sprache der Organisationssoziologie auch als Zweckregulierung oder Ansammlung von *Richtigkeitsroutinen* aufgefasst werden kann – „a framework for evaluating the correctness of decisions" (Baraldi et al. 2021, S. 163).

Bestimmte Organisationstypen treten, wie bereits erwähnt, im Wesentlichen als reine bzw. als überwiegende Projektorganisationen in Erscheinung. Die Organisation wird hier in gewisser Weise selbst zum Projekt – wie zeitgenössisch u. a. im Bereich der Kreativwirtschaft und der Start-ups gesehen wird (vgl. Reckwitz 2017, S. 192); man könnte auch sagen, die Projektarbeit wird teils „weitgehend aus der Linienorganisation ausgekoppelt und arbeitet quasi wie eine eigenständige Organisation" (Kalkowski 2017, S. 262). Die meisten Organisationen kennen die Projektarbeit aber als periodische und lokale Form. Speziell eingerichtete bzw. auf die erforderlichen Belange abgestimmte Steuerungs- und Verfahrenslösungen – Projektmanagement (Koordination), Projektteam und Gruppe/Gruppendynamik (Kollaboration), ProjektleiterInnen (Führung) (vgl. Gourmelon et al. 2014, S. 267 f.; Kerzner 2009; Barthel et al. 2003, S. 141–151) – stellen einen typischen (möglichen) Rahmen betrieblicher Projekte oder projekthafter/projektähnlicher Arbeitsumgebungen dar.

Unter *Projektarbeit* wird die dazu benötigte Plan- und Verrichtungsform in einer Organisation verstanden. Der Terminus *Projektteam* wird offensichtlich gebraucht, um die in dieser Form notwendige „Aufwertung von Formen der Zusammenarbeit" (Heidling 2018, S. 213) hervorzuheben. Projektteams oder ‚functional teams' stellen die kollegialen Verbindungen aus ExpertInnen und SpezialistInnen dar, zu denen auch die Kontaktstellen bzw. mitwirkenden Instanzen der permanent eingerichteten Organisationsbereiche sowie die Projektleitungen selbst zählen (vgl. Kerzner 2009, S. 174 f.). Überwiegend verbreitet geht es hier um Mitglieder, die „aus unterschiedlichen Abteilungen nur zeitweise zusammengezogen [werden], um in einer Projektgruppe an der Umsetzung des Zweckprogramms [des Projekts] zu arbeiten" (Kühl 2016, S. 14). Der Begriff *Projektmanagement* unterstreicht üblicherweise die integrierende Einbindung verschiedener betrieblicher Funktionen (z. B. Personal, Controlling, Liegenschaften, Planung) zur zielgerechten Auftragserledigung einschließlich der Rückbindung in die Gesamtorganisation und zur Organisationsleitung, die „company resources" (vgl. Kerzner 2009, S. 4). *ProjektleiterInnen* (vgl. Gourmelon et al. 2014, S. 268 f.) haben als Haupt- und Teilprojektleitungen die gesamthafte oder bereichsspezifische Leistungs- bzw. Steuerungsverantwortung in Projekten inne, zumeist mit einer geringeren und auf den Rahmen der Projektarbeit eingegrenzten, disziplinarisch eher schwachen und daher wiederholt auch konfliktbehafteten Führungsrolle.

Projekte gehen mit ausgeprägter Neigung zu *intraorganisational*-interdisziplinären („technical, analytical, and management knowledge", Kerzner 2009, S. 779) bzw. intermediär-*interorganisationalen* (Jones und Lichtenstein 2008; Dischner et al. 2013) Kooperationen einher. Dies führt verbreitet zu besonderen Anpassungen in der Steuerung durch die organisatorische Leitung respektive Abteilungs-, Bereichs- und ProjektmanagerInnen, da die Koordination der Projekte regelmäßig Verknüpfungen aus zentralen und dezentralen Bereichen aufweist. Je nach Häufigkeit, Dauer, Größe und allgemein der Komplexität von Projekten stellt sich die Frage, ob hierfür dauerhafte Zuständigkeiten eingerichtet werden (Projekt- und Stabsabteilungen) oder die Projekte in den jeweiligen Organisationseinheiten im Rahmen der bestehenden Prozesse ‚miterledigt' werden. Eine mögliche Zwischenlösung bieten *temporäre Teams*, die sich aus für bestimmte Zeit zusätzlich beauftragten Mitgliedern verschiedener Einheiten zusammensetzen. Dieses kollaborative Kreuzen verschiedener Kompetenzen setzt eigene informale Interessenaushandlungen in Gang. Für alle Projektformen charakteristisch ist die häufige Doppel- und Mehrfachbeanspruchung des aus verschiedenen Bereichen zusammengezogenen Personals. Nur in großen, voluminösen und organisationsweite Ressourcen beanspruchenden Projekten werden Mitglieder ausschließlich für diese Tätigkeit ein- bzw. abgestellt und von übrigen Regeltätigkeiten hingegen entbunden.

Abhängig von der Projektgröße werden Steuerungsmaßnahmen/-mittel eingesetzt, die – vermittelt über Formulare, Präsentationsfolien, Datenbanken bzw. spezialisierte IT-Business-Software etc. – von im Wesentlichen organisatorischer Protokollierung über die Ressourcenbereitstellung und Qualitätssicherung bis hin zur Fortschritts- und Erfolgsbewachung sowie grundlegend der Führung eines Termin-, Kosten-, Risiko- und Vertragsmanagements durch die Organisationsspitze und die Projekt-involvierten Fachabteilungen reichen (vgl. Szinovatz und Müller 2012; Kerzner 2009; Keßler und Winkelhofer 2004, S. 45–52). Es kann gesehen werden, dass gerade im Bereich der Projekt-Software eine IT-induzierte Organisationserfahrung durch Zahlen und Werte geschaffen wird, die aber ihrerseits durch soziale Vermittlungs- und Verstehensprozesse gestützt bzw. praktiziert werden muss – bisweilen durch regelrechte ‚Deutungskämpfe' (vgl. Mormann 2016). Das Wissen über die Praxis entsprechend genutzter Tools, Instrumente und Kommunikationsverfahren ist inzwischen enorm ausdifferenziert.

> **Kurz gefasst: Projekte als Entscheidungs- bzw. Zweckprogramme sind nach hauptsächlichen Merkmalen zu bestimmen; insbesondere nach der relativen Einmaligkeit eines Vorhabens, nach relativ strukturierter zeitlicher Begrenzung und Phasengestaltung und nach der Ausdefinierung projektspezifischer Rollen. Projekte können inter- und intraorganisational veranstaltet werden, sie weisen einen häufig interdisziplinären Bezug auf und werden durch ein besonderes Management verantwortet (Projektleitung, Projektteam, Projektmethoden).**

2.5 Koordination und Disposition: Grundformen des Projektmanagements

Die Hierarchie einer Organisation lässt sich auch unter den Begriff der Kommunikationswege fassen. Es handelt sich hierbei um „jene Strukturen in Organisationen, die regulieren, wer mit *wem warum wie* über *was* kommuniziert" (Tacke und Drepper 2018, S. 65). In Organisationen, die Projekte durchführen, werden – direkt oder implizit – unterschiedliche Grundformen der Kommunikation in der Projektarbeit realisiert. Bei einer Projektarchitektur, Gremien und Lenkungsausschüssen geht es „systemtheoretisch gesprochen […] um die Einbindung des Projekts in die Kommunikationswege der Organisation" (Kühl 2016, S. 12). Je nach Nähe der Projekte zur Leitung und Hierarchie einer Organisation resultieren daraus unterschiedlich weitgehende Gestaltungsmöglichkeiten. In diese ist im Weiteren einzuführen. Für Projekte kann gelten: „Komplexität zu temporalisieren, das heißt: (...) Nacheinander des Verschiedenen zu ordnen" (Luhmann 1992, S. 336). Abhängig davon, wie der „Ordnungsrahmen" des Projektbetriebs als interne „Sekundärorganisation" (Breisig 2006. S. 119) des Projektwesens betrieblich eingerichtet ist, d. h. wie die Kommunikationswege, sprich der Zusammenhang von Stellen und Aufgaben, eingerichtet sind, können die Grundformen der Projektarbeit mit den anfallenden Aufträgen gebildet, wieder eingestellt oder verstetigt werden. Wenn hierbei von *Hierarchie* die Rede ist, ist damit primär die Einbindung in die Grundgestalt der Organisation (und deren Hierarchie) gemeint (vgl. Kühl 2016, S. 12 f.). Projekt/Projektteams selbst bringen zweckmäßig abgewandelte Hierarchien hervor. Diese „bedeuten nicht den Verzicht auf hierarchische Koordinierungsformen. Vielmehr werden vertikale Anweisungs- und Kontrollbeziehungen durch horizontale und ‚diagonale' Aushandlungs- und Abstimmungsbeziehungen ergänzt" (Heidenreich und Töpsch 1998, S. 17). Vor allem wird die klassische Gliederung in Subeinheiten und Arbeitsteilung stärker auf professionelle Rollen – freilich gibt es mit diesen auch projektinterne Weisungsverhältnisse – zusammengezogen und spezifiziert (vgl. Luhmann 2011, S. 273). Diese Grundformen werden nachfolgend in ihrer „strukturellen Einbindung" (Arnold et al. 2017, S. 82) knapp illustriert (vgl. im Weiteren Kieser und Walgenbach 2007, S. 149–153; vgl. auch Breisig 2006, S. 119–122 sowie Fischer 2010, S. 33–40 und Arnold et al. 2017, S. 82–89):[1]

- *a) Projektmanagement als Inputmanagement* (Einflussorganisation). In dieser Konstellation stehen die ProjektmanagerInnen – vielmals nur eine Person oder ein kleines Team – außerhalb der klassischen Hierarchie. Ihre Aufgabe besteht darin, Planungen für die Projektdurchführung zu erstellen, auf die dazu involvierten Stellen Einfluss zu üben, Beratungsleistungen zu erbringen und die qualifizierte Bewachung des Projektfortschritts im Blick zu behalten. Diese Rolle zehrt von fachlicher Professionalität/Fachkompetenz und der Fähigkeit, projektrelevante Informationen effizient und zielgerichtet in die Organisation einzusteuern. Als vorteilhaft gilt an dieser Konstellation, dass größere Umbauten in den Organisationsstrukturen nicht erforderlich sind. Die ManagerInnen wirken in der Rolle interner Organisationsberater und sie treten, zugespitzt formuliert, als vergleichsweise ‚freie Radikale' in Erscheinung. Wird dabei hohe Kompetenz unterstellt bzw. ausgestrahlt, können einzelne Personen durch ihre fachliche und persönliche Autorität die intendierten Entwicklungen durchsetzen. Diese Personengebundenheit bei zugleich nicht vorhandener disziplinarischer Macht erweist sich andererseits auch als Schwäche. Bei reservierter Haltung der Projektbeteiligten und

---

[1] Das nachfolgende Dreiermodell erfreut sich in der Projektliteratur großer Beliebtheit – bei zugleich nur eher selektiver Zitationsbereitschaft. Es handelt sich um eines jener Konzepte anwendungsnaher Literatur, die auf wundersame Weise mit der Zeit ihres Urhebers verlustig geworden sind. Der Autor folgt der Darstellung eines anerkannten Lehrbuchs zur Organisationstheorie von Kieser und Walgenbach (s. o.) und hat diese durch eigene Projekterfahrungen stellenweise ergänzt bzw. präzisiert.

LinienmanagerInnen fehlt es an Durchgriffswegen und Einflusskulissen; tatsächliche Weisungsbefugnisse fehlen den ProjektmanagerInnen (vgl. Kalkowski 2017, S. 262). Entscheidungen müssen dann über andere Stellen eingeholt bzw. dortige Entscheider müssen zu Interventionen bewegt werden. Dies befördert auch mikropolitische Auseinandersetzungen und personelle Allianzen, die gegen die formale Ordnung opponieren können. Solche Umwegskonstruktionen sind geeignet, im Instanzenzug schnell Unruhe und Blockade zu erzeugen. „In solchen Fällen bleibt den Projektleiterinnen und Projektleitern manchmal nur die Aneignung informeller Befugnisse, um ihr Projekt dennoch am Laufen zu halten." (Arnold et al. 2017, S. 86) wobei „informelle Abstimmungsprozesse" konfliktreiche Folgen herbeiführen können (Gourmelon et al. 2014, S. 267, Fn. 31). Daher hat es sich als gängig erwiesen, ein Input-Projektmanagement auf kleine oder spezialisierte, jedenfalls schmal hierarchisierte Organisationen zu legen, die ihre Projektaufträge an einen relativ stabilen Personenkreis delegieren können.

- *b) Projektmanagement als Invasivmanagement*. Den Gegenpol zum vorgenannten Impuls- oder Einflussmanagement bietet die Form der dauerhaft gefestigten Projektarbeit der – oftmals in der Umwelt einer Organisation liegenden – Baustellen, Betriebsstätten und Standorte. Seine prägnanteste Realisierung erfährt das Modell „beispielsweise beim Bau von Staudämmen oder Eisenbahnlinien" (Kieser und Walgenbach 2007, S. 151). Die Projektkompetenzen werden nach diesem Modell deutlich konzentriert. Die ProjektmanagerInnen als ‚StatthalterInnen' bekommen auftrags- und standortgebunden klassische Führungs- und Weisungsrechte, einschließlich Personalverantwortung. Hiermit gehen Vorteile für die Umsetzungserwartung einher. Zum einen müssen sich die ProjektmanagerInnen nicht mehr zunächst quer durch die Organisation abstimmen, da sie als offiziell Bevollmächtigte für jeweilige Aufträge relativ frei ihres Amtes ‚walten' können. Naheliegend – der Hinweis auf die Einsatzgebiete zeigt es bereits an – sind derartig invasive Konstruktionen des Projektmanagements in solchen Vorhaben gefragt, die sich durch Volumen und Komplexität erheblich von weiteren Projekten abheben. Für eine Projekterledigung dieser Art, also eine Art temporäres Großbaustellenmanagement, werden die organisatorischen Funktionen ein Stück weit eigens nachgebildet. Es formen sich projektweise Binnenorganisationen, die zum Entstehen einer eigenen Führungs- und Arbeitskultur beitragen können. Solche mehr oder weniger ausgeprägt informalen Verselbstständigungen sind für die Organisation nicht unkritisch, wie einige Nachteile zeigen können: Die tatsächliche Ressourcenausstattung aus der Regel- oder Heimatorganisation kann niedriger entwickelt sein als bekannt ist oder bekannt gemacht wird (z. B. fehlendes Wissen, ungünstige Kommunikationsabläufe innerhalb der eingekapselten Projektstruktur) oder aber zu hoch veranschlagt worden sein, was zur Überversorgung mit Mitteln führt. Dies wird aus dem Projekt ggf. nicht kommuniziert, um bei später eintretender Knappheit dann nicht auf nützliche Reserven verzichten zu müssen. Kurz gesagt stehen Haupt- und Projektorganisation bezüglich der Informationsflüsse in einem teilweise informal von Latenzen und Kontrollproblemen geprägten Verhältnis. Eine Folge dieses ‚Statthaltermodells' ist bspw. eine informal gestützte hohe persönliche Konzentration an den Einsatzorten und damit verbunden die Ausbildung „brauchbarer Illegalitäten" (Kühl 2020), die nur im genaueren Wissen um örtliche Prozesse nachvollzogen werden können.

- *c) Projektmanagement als Matrixmanagement.* Zum Zweck eines Ausgleichs der Limitationen erstgenannter Modelle, also teilweise isolierter Einflussnahme einerseits und entkoppelter Ausdifferenzierung andererseits, hat sich die Projektpraxis weithin für einen strukturellen Hybriden als Mittelweg entschieden, der in mittelgroßen und Konzernunternehmungen rege Anwendung findet. Es ist anzunehmen, dass dieser Mischtyp das auch am weitesten verbreitete Modell darstellt (vgl. Heidling 2018, S. 210). Das Projektmanagement erhält hierbei einige Disziplinar- und Steuerungskompetenzen – weitreichender jedenfalls als im ersten Modell –, stimmt sich jedoch zur Kooperation mit den involvierten Fachabteilungen ab – und dies wiederum weitreichender als im zweiten Modell. Diese Ausprägung der Einflussnahme kann es beinhalten, aufgabenspezifische Anforderungen in die Abteilungsstruktur zu geben und von dort Personal und sonstige Kapazität selbst einbinden zu dürfen. Als vorteilhaft ist hierbei hervorzuheben, dass durch ein solches Multimanagement wechselseitige Ansprüche an die Qualität und die Durchführungsweise eingebracht und abgestimmt werden können. Insbesondere geht damit die Erwartung einher, Ineffizienzen und zeitliche Verzögerungen zu meiden, da die Abstimmungssachen bestenfalls direkt auf dem ‚kurzen Dienstweg' zwischen ProjektmanagerInnen und Abteilungsleitungen geklärt werden können. Was sich in günstigen Konstellationen als Vorteil für einen beschleunigten Betriebsablauf erweisen kann, mag in kritischeren Angelegenheiten jedoch einige Dissonanzen freisetzen. Das „spannungsreiche Neben- und Miteinander verschiedener Koordinierungslogiken" (Heidenreich und Töpsch 1998, S. 17) führt leicht zu personellen Rivalitäten und Kooperationshemmnissen. Die ‚Ko-Regentschaft' von Linie und Projekt begünstigt auch Kompetenzgerangel und unterschiedliche Erwartungen im Blick auf die Beanspruchung des Personals. Die Projektbeschäftigten befinden sich nämlich in einer Lage der *Gleichzeitigkeit* des Zugriffs auf ihre Arbeitskraft, da sie ‚zwei Herren zu dienen' haben: in der Linie (Funktional-/Primärorganisation) und im Projekt. Dies trifft auf die große Mehrheit der ProjektmitarbeiterInnen zu (vgl. Kalkowski 2017, S. 262; Heidling 2018, S. 210). Die auch in größeren Organisationen chronisch knappen Kapazitäten auf Ebene der regulären Stellentätigkeit von MitarbeiterInnen werden durch indirekt bzw. informal konfrontativ vermittelte Leistungserwartungen verschärft; die MitarbeiterInnen können sich hierbei ‚zwischen den Stühlen' sehen und versuchen, es beiden Seiten recht zu machen, was in der Tendenz Leistungsvermögen und Loyalität hemmen kann. Dies wiederum erweist sich im Hinblick auf eine konstante Qualität und die Pflege der Betriebsatmosphäre als ungünstig. Da die Betroffenen sich nicht ‚zerteilen' können, entstehen je in die eine oder andere Richtung Unzufriedenheiten und Zurückweisungen, die vielmals inoffiziell ausgetragen werden. Aufgrund der hohen Verbreitung dieser dualen Form ist davon auszugehen, dass dieser Typ noch in absehbarer Zeit den Standardfall betrieblicher Projektierung darstellt, da bei hoher Verbreitung eines etablierten Managementverfahrens weiterhin starke, hier internationale Persistenz zu beobachten und weiter zu erwarten ist (vgl. Heidling 2018, S. 210). Dies bedeutet, dass die Analyse der Projektierung besonders auf diesen Bautyp abzustellen ist.

Projektabteilungen bzw. Projektgruppen sind auch unter dem Begriff der „Sonderaufgaben" bekannt und firmieren im angelsächsischen Raum unter „Special Assignments" (Berthel und Becker 2003, S. 336, mit Rückgriff auf Roberts 1974, S. 91). Diese können auch direkt als Stabsstellen oder im Büro der Geschäftsführung einer Organisation angesiedelt sein, wodurch sich unmittelbar relativ einflussreiche Platzierungen ergeben, da die mittlere und untere Hierarchie durch die Nähe zur Organisationsleitung eher zu Kooperation und Konfliktvermeidung angeregt wird. Die organisationsweite Bündelung und strategische Koordination von Projekten führt in großen Organisationen zur Einrichtung einer sog. Multiprojektorganisation bzw. zum Programm- und Portfoliomanagement (vgl. Kalkowski 2017, S. 262; Kuster et al. 2011, S. 309–313). Der Grad der Verstetigung jeweiliger Projektmanagementmodelle hängt letztlich immer davon ab, wie intensiv projektförmige Ordnungen dauerhaft in die organisatorische Struktur überführt werden können und sollen. Es geht im Wesentlichen darum, das Projektmanagement für die qualitativen und quantitativen Ausmaße jeweiliger Projekteinsätze tauglich zu justieren – „Im allgemeinen setzt der Ausbau und die zunehmende Abhängigkeit von zeitlimitierten Ordnungen Organisationssysteme voraus, die Anfang und Ende beobachten, registrieren, ja veranlassen können." (Luhmann 1992, S. 337)

Möglichkeiten und Grenzen ergeben sich maßgeblich aus der temporären Anlage der Projektarbeit, die entweder eine über Einzelvorhaben hinausreichende Einbindung erfährt oder nur aufgabenspezifisch installiert und wieder aufgehoben wird. Treffend porträtiert Reckwitz (2017, S. 192) die betriebliche Projektlandschaft: „Ein Kleinunternehmen kann mit einem einzelnen Projekt völlig ausgefüllt sein. In großen Korporationen existieren hingegen typischerweise viele verschiedene Projekte sowohl nebeneinander als auch vernetzt (…)." Daneben treten abhängig von der bestehenden Aufgliederung der Organisationseinheiten und der Hierarchie Fragen der Entscheidungsverteilung ins Blickfeld.

Für dauerhafte Formen spielt die Akzeptanzfähigkeit im Managementkreis eine gewichtige Rolle. Nachträglich bzw. im Zuge von organisatorischem Wandel eingefügte Maßnahmen einer deutlich erhöhten Einflussnahme können etwaige interpersonelle Konflikte provozieren. Nicht zuletzt die schiere Größe und Komplexität der Projektumgebung regiert über die Frage der organisatorischen Ausgestaltung mit. Unternehmen suchen vor diesem Hintergrund nach Lösungen, ihr Projektmanagement kapazitär zu professionalisieren (vgl. Kalkowski 2017, S. 263). Klinisch rein kann keine der Grundformen erwartet werden. Gerade durch die Vielzahl von Projekten in unterschiedlichen Leistungsumfängen und Volumina sind zur organisatorischen Kompensation hilfsweise Redundanz- bzw. Parallelstrukturen zu erwarten, von denen sich mit der Zeit bestimmte gegenüber anderen durchsetzen. Abb. 2.2 stellt die Grundformen der Projektarbeit noch einmal gegenüber. Damit schließt dieser Abschnitt.

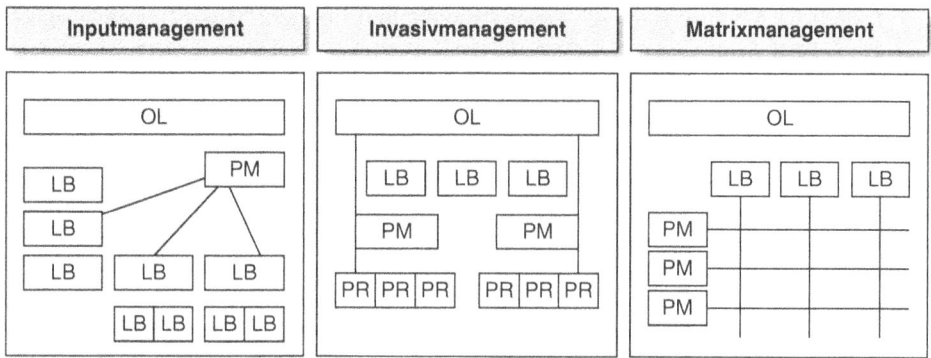

Abb. 2.2 Grundformen der Projektierung in Organisationen. Eigene Darstellung, schematisiert und vereinfacht orientiert an Kieser und Walgenbach (2007), S. 150–153. Erläuterungen: OL, Organisatorische Leitung (z. B. Geschäftsführung, Vorstand, Direktorium etc.); PM, Projektmanagement; LB, permanente Linienbereiche; PR, Projektressorts (temporäre, lokale Sonderlinien). Eigene Darstellung

▸ **Kurz gefasst: Projekte erfordern eine angepasste Kommunikations- bzw. Instanzenstruktur, und diese i. d. R. abweichend zur regulären Hierarchie. Verschiedene Wege der Projekte-Integration in der Organisation sind etabliert; sie reichen von starker Einflussnahme (zentrale Steuerungseinheit, vielmals nahe der Leitung einer Organisation) bis zur (lediglich) beratenden und assistierenden Steuerung (nach Bedarf der jeweiligen Fachbereiche/Fachabteilungen einer Organisation). In der betrieblichen Praxis treten die Ansätze auch in Mischform auf bzw. verändern sich mit der Zeit.**

2.6 Personalfragen: Mitgliedschaftserwartungen und Mitarbeit in Projekten

Personen bilden ein für Organisationen „strukturbildende[s] Moment" (Kühl 2016, S. 14). Die Personalprämisse einer Organisation deckt alle Bereiche des ‚Lebenszyklus' organisatorischer Mitgliedschaft ab; sie reicht von der Stellenbewertung im Hinblick auf die Leistungsanforderungen und den Ausschreibungs- und Einstellungsprozess bis schließlich hin zur Personalentwicklung und verschiedenen regulären und konfliktbezogenen arbeitsrechtlichen Entscheidungsbedarfen (vgl. Barthel und Lukasczyk 2012; Barthel 1988, S. 42 ff.). Über Entscheidungen ausgehend *von/nach* Personen und Entscheidungen *für* Personen lassen sich wichtige Weichenstellungen in der Organisation vornehmen (vgl. Tacke und Drepper 2018, S. 66; Kühl 2016, S. 14 f.; Baraldi et al. 2021, S. 164). Sind die Personalangelegenheiten im Gesamtbetrieb über relativ lange Zeit und – in den Grenzen relativ fixer Organisationseinheiten – mit einiger prozessualer Stabilität beschaffen, sind sie im Projektmanagement hingegen bisweilen deutlich problematischer anzutreffen.

„Projektarbeit ist Schwerstarbeit", meint etwa pointiert Fischer (2010, S. 8). Eine sicher sehr spezielle Bedeutung erfährt in Projekten das verfügbare und eingesetzte Personal. Die Gründe dafür liegen zu einem Gutteil in den kapazitären Restriktionen der Projektarbeit, die zumeist direkt auf die involvierte Stelle und Mitgliedschaftsrolle durchschlagen (vgl. Szinovatz und Müller 2012, S. 78 f.).

Zeitliche und logistische Begrenzungen und Änderungen stellen die gewohnte Personalplanung der Regelorganisation – die auf mittel- und langfristige Prognosen abstellt – vor Herausforderungen. Spezielle Umstände resultieren aus der *Mehrfachbeanspruchung* und unklarer Autonomie von StelleninhaberInnen bzw. damit verbundenen widersprüchlichen Verhaltenserwartungen, die auch physische und psychische Belastungen nach sich ziehen können (vgl. Gourmelon et al. 2014, S. 268; Latniak 2014; Latniak und Gerlmaier 2006). Gerade in Projektgruppen, die zwischen Linie und Projektauftrag gezogen werden, sehen sich beiderseits tätige MitarbeiterInnen „mit unterschiedlichen, in der Regel konfligierenden Rationalitäten konfrontiert" (Heidenreich und Töpsch 1998, S. 17). Zudem fällt der erhöhte Koordinations- und Abstimmungsaufwand der ansonsten getrennt arbeitenden Organisationsstellen ins Gewicht, der es erforderlich macht, das jeweilige Denken und Vorgehen der Mitglieder in eine ausreichend kollegial kompatible, dazu oft interdisziplinäre Teamstruktur zu überführen (vgl. Tuckman 1965) und dabei den gegebenen wirtschaftlichen und zeitlichen Rahmen einhalten zu können (vgl. Berthel und Becker 2003, S. 454). Die Konstellation des Projektteams lässt sich auch als „heterogene Kollaboration" oder „Ensemble" (Reckwitz 2017, S. 194, i. O. tlw. kursiv) fassen – spezifische Qualitäten bzw. Qualifikationen sind auf die Feinabstimmung und das Zusammenwirken zum Erreichen einzigartiger Leistungen verbunden und müssen in dieser Abhängigkeit und Spannung voreinander und vor der Organisation bestehen. Die Aufhebung einer starken Arbeitsteilung zugunsten einer solchen Arbeitssynthese bringt, jeweils abhängig von Auftrag, Zeit und Ort, in dieser Form einmalig konzentrierte Erwartungen hervor.

Mit zunehmender betrieblicher Größe und Ablaufstruktur werden Projekten auch diverse *karrierebezogene* Effekte zugeschrieben. So besteht die Annahme, dass durch Projekte „Generalisten-Qualifikationen" (Berthel und Becker 2003, S. 355; auch diskutiert als „extrafunktionale Qualifikationen" – Huf 2020, S. 22) oder „verstärkte Kooperations- und Antizipationsleistungen der Beschäftigten" – Heidling 2018, S. 213) erworben werden können; dies, da aufgrund der querläufigen Struktur – vor allem in der Verkreuzung der Matrixform (vgl. Abb. 2.2 bzw. Grundform c) – vieler Projekte und verbunden mit zeitlich anspruchsvollen Befristungen das Leistungsverhalten der Beteiligten ‚dynamisiert' und so günstige Anlagen in der Person besser ausgenützt werden können. Berthel und Becker (2003, S. 355) problematisieren diesbezüglich die Inanspruchnahme von Projektarbeit als „motivationale Ausweichstrategie" (vgl. ähnlich die Beobachtungen zur Personalentwicklung durch Projekte bei Gourmelon et al. 2014, S. 268 f.): Weil Führungskräfte in der Regelorganisation mangels verfügbarer Aufstiegsstellen und Laufbahnmodelle an die Grenzen ihrer Entwicklungsmöglichkeiten kommen können, bieten Projekte alternative und überbrückende Betätigungsfelder, die nicht unbedingt in einer hierarchischen Besserstellung bestehen müssen, sondern auch eine qualitative oder quantitative Anreicherung mit Aufgaben darstellen können (Job Enrichment und Job Enlargement, vgl. Breisig 2006, S. 187 f.). Die informale Motivations- und Ausweichstrategie kommt freilich an ihre Grenzen, insbesondere mit dem Risiko der Selbstverausgabung. Die Projektierung der Arbeit kann „zweifellos Phasen kollektiver oder individueller Begeisterung enthalten", sie schafft in ihrer kompetitiv-dynamischen Anlage zuweilen „aber auch den Ort sozialer Dramen, von subtilen oder offenen Konkurrenzkämpfen und von Gefühlen des Scheiterns und Ungenügens" (Reckwitz 2017, S. 193). In Weiterentwicklung einer Diskussion über die Subjektivierung von Arbeit, erweiterte Selbststeuerung/Selbstkontrolle und den Typus „Arbeitskraftunternehmer" (Voß und Pongratz 1998) – hier allzumal in Hochleistungsaufgaben – liegt es nicht fern, „projektifizierte Biographien" (Kalff 2016, S. 46) auszumachen. Das Projekt wird zur persönlichen Sache; sein Programm steht und fällt mit der Person und vice versa; mannigfaltige Zeitlichkeitszwänge, Fremd- und Eigenbefristungen sowie legitimatorische Beobachtungs-, Verinnerlichungs- und Darstellungsmodi eingeschlossen (vgl. Kalff 2016; siehe für eine systemtheoretische Beobachtung auch Lehmann 2006). Für bestimmte Berufsfelder ist auf den januskööpfigen Charakter projektierter Anstellungen hingewiesen worden: In wissenschaftlichen und Wissensberufen reagiert die Entgrenzung der Arbeit durch Projekte mit der ohnehin bestehenden erhöhten Selbstorganisation bzw. Autonomie dieser Tätigkeiten. In der Folge kann die Projektarbeit zwar Gewinn an Selbstverwirklichung bedeuten, jedoch desgleichen hohe Selbstbeanspruchung. Hinzu tritt der Aspekt des ungleichen Zugangs zu knappen Ressourcen, abhängig vom sozioökonomischen Status und der sozialen Mobilität (vgl. Norkus et al. 2016).

Zur Schulung und Aneignung projektspezifischer Kompetenzen werden *Qualifizierungswerke und -programme* heute mithilfe unterschiedlicher Lern- und Arbeitsumgebungen (Seminare, Simulationen, Projektstudien, Projektunterricht) in Organisationen eingesetzt, um über die Personalarbeit und -politik „auf die Struktur des Projekts Einfluss zu nehmen" (Kühl 2016, S. 16). Interessanter noch als diese instruktionsdidaktischen Maßnahmen formaler Qualifizierung können die indirekten und emergenten Aneignungsformen hervortreten. Durch Einbindung in Projekte werden interessierte und geeignete Personen schrittweise an Problemstellungen herangeführt, die ihnen neuartige Formen der Auseinandersetzung hiermit abverlangen und sich auf den karrierebezogenen Reifungsprozess Einzelner und damit den individuelle Belange übergreifenden organisatorischen Kompetenzerwerb bzw. Lernzuwachs günstig auswirken können (Abb. 2.3).

Projekte sind unter personellen Aspekten daher nicht nur als ein Thema organisatorischer Engpässe oder als alternative Motivationsstütze im eingefahrenen Arbeitsablauf zu reflektieren. Mit ihnen wird im Hinblick auf PotentialträgerInnen und Fachkräfte, die in Spezialaufgaben anspruchsvolle methodische und kommunikative Anforderungen bewältigen müssen, eine Optimierung des *Leistungsvermögens der Organisation insgesamt* assoziiert. Dabei können verschiedene *Senioritäten* angesprochen werden: Berufsanfänger und Neuankömmlinge werden mit Projektaufträgen innerhalb von Traineeprogrammen und Einstiegsphasen beschäftigt (vgl. Nesemann 2012, S. 91–97; Schuhen 2008, S. 260–262). Sie gewinnen hierdurch Einblick in verschiedene optionale Daueraufgaben, werden aber noch außerhalb der Routine ‚zwischengeparkt'. Wie in einem länger laufen-

Abb. 2.3 Bedingungsgeflecht personeller Rahmenfaktoren in der Personalarbeit. Eigene Darstellung

den Assessment Center können die KandidatInnen mittels „Training-on-the-project" (Schuhen 2008, S. 260) ihre Eignung unter Beweis stellen. Zusammengefasst werden hiermit vielfältige Methoden-, Kooperations- und Sozialisationsziele verfolgt, wobei der Umfang und die hohe Leistungserwartung mit der besonderen Aktivierungsbereitschaft und den Aufstiegsabsichten gerade hoch qualifizierter, akademisch geschulter BerufseinsteigerInnen bzw. Nachwuchskräfte zu begründen ist (vgl. Nesemann 2012, S. 96 f.). Anders liegt der Fall bei bereits ausgiebiger in Exekutivstellen profilierten berufs- und führungserfahrenen Personen; sie haben durch die Übertragung teilweiser oder vollständiger Projektleitungen ggf. eine direkte anschließende karrieremäßige Weiterprogrammierung in Form definierter Entwicklungswege, stellenbezogener Aufwertungen sowie ggf. echter Beförderungen zu erwarten (vgl. Kühl 2016, S. 15 f.). Die erfolgreiche Bewältigung von Projekten sichert vielmals die Vergabe neuer Projekte, wobei sehr anspruchsvolle, zeitintensive und personell aufreibende Vorhaben die Reputationsrendite einzelner Mitglieder sukzessive steigern können. So oder so: Formal oder informal mitlaufende Anpassungs- und Aufstiegsqualifikationen bieten sich mit Projekten jedenfalls in verschiedener Art und Weise. Aus der Praxis ist die Vorgehensweise zu erwähnen, Mitglieder auf Projekten – wie es oben schon hieß – „zwischenzuparken" (Kühl 2016, S. 16), bis geeignete attraktive Stellen in der Linie verfügbar sind oder, genau der umgekehrte Weg, Personen ohne Eignung bzw. Aussicht in der Linie, abzuziehen, um sie über Sonderprojekte auszukühlen, in der Hoffnung, „dass sie sich eine neue Stelle außerhalb der Organisation suchen" (Kühl 2016, S. 16).

Bei alledem bedürfen die Mitglieder einer gewissen ‚Parkettfähigkeit' – sie müssen sich auf eher hintergründigem Wege in geeigneten inner- und überbetrieblichen Netzwerken und Allianzen einen Namen machen und UnterstützerInnen für ihre weitere Platzierung und die Durchsetzung von Forderungen und Positionen finden (vgl. Heidling 2018, S. 219). Insbesondere darf das zu Beginn und zum Abschluss eines Projekts angenommen werden. Die Entwicklung dessen, was die Praxis weithin unter ‚Unternehmenskultur' versteht, hängt wesentlich von der Interaktion der Mitglieder ab. Die soziale Interaktion rund um Rang-, Anspruchs- bzw. Gruppenverhalten „hilft die Wahrnehmung darauf zu lenken, was in der Organisation wichtig ist, sie erzeugt Irritationen, wenn *Abweichungen* auftreten, und sie unterstützt das Finden allgemein akzeptierter Lösungen innerhalb des kulturellen Selbstverständnisses" (Barthel 2013, S. 198, kursiv MS). Diese Abweichungen können sich auch mit neuen Beschäftigungsmodi der Projektierung einstellen, woraufhin Erwartungen in der Organisation nachfolgend geändert werden. Große Organisationen, insbesondere Konzernunternehmungen, entwickeln neben Spezialisten- und Managementlaufbahnen seit einigen Jahren ihr Personal auch innerhalb projektierter Karrierepfade *(sog. Projekt-Karriere)*. Eine Projekt-Karriere besteht aus einer im Betrieb institutionalisierten Anordnung projektgebundener Aufgaben und Aufstiegsschritte, die ausgehend von einem assistierenden Junior-Segment bis zu einer Führungsrolle in Senior-Stufe reichen können. Diese Entwicklung ist abhängig von Branche, Organisationstyp und bisheriger Vertrautheit mit Projektorganisation und projektspezifischem Personalmanagement unterschiedlich weit fortgeschritten (vgl. Bredin und Söderlund 2013; Akkermans et al. 2019; Hölzle 2010; Madter et al. 2012; Kühl 2016, S. 16; Kalkowski 2017, S. 263).

Für projektintensive Organisationen sind die hier nur kurz entfalteten Maßnahmen zur Befähigung und Bindung geeigneten Projektpersonals von hohem Wert, da Organisationen zur erfolgreichen Durchführung ihrer Projekte auf komplexe und langjährig erworbene Arbeitserfahrungen angewiesen sind, deren betrieblicher Beitrag auf alternativen Wegen kaum zu substituieren ist. Projektspezifisches Wissen kann nicht allein durch formale theoretische Vermittlung hinreichend erworben werden, die praktischen und auch betriebsspezifischen Kenntnisse – eine problemnahe „Einverseelung von Ausbildungs- und Sozialisationsleistungen" (Luhmann 2019, S. 128) – stellen die eigentliche ‚Veredelung' der Rolle von ProjektmanagerInnen dar. Dies ist auch der Grund, warum Abgänge von Personen durch Fluktuation organisatorisch in kurzer Zeit und an wichtigen Schalt- und Schnittstellen eines Projekts zu einer kritischen Knappheit an Qualifikation führen können. Die auch informalen Anteile langwieriger Reifungs- und Befähigungsprozesses gerade bei arrivierten und reputierlichen ProjektmanagerInnen dürften kaum zu bemessen sein. Erschwerend kommt hier aber der Umstand hinzu, dass eine Reihe qualifizierter Mitglieder in Projekten die Organisation mit Abschluss derselben verlassen, in die Linientätigkeit zurückkehren oder überhaupt nur zum Zweck der Projektleitung befristet in die Organisation eingetreten sind (vgl. Kühl 2016, S. 16). Auch dadurch ergeben sich Leistungs- und Kompetenzverluste (ausführlich zu Personal siehe Kap. 6) (Abb. 2.4).

Programmierung/Programm (Kap. 2.4)	**Kommunikation/Koordination** (Kap. 2.5)	**Personalangelegenheiten** (Kap. 2.6)
- Definition/Projektmerkmale - Binnensysteme, temporäre Zweckprogramme - Projektarbeit, Projektmanagement - Projekttypen - Regulatorische Aspekte	Spezielle hierarchische Grundformen der Projektierung: - Inputmodell - Invasivmodell - Matrixmodell - Steuerung der Kommunikation	- Limitationen der Personalplanung - Karrierebezogene Aspekte - Mehrfachbeanspruchung - Qualifizierung und Seniorität - Laufbahnentwicklung - Risiken Knappheit und Fluktuation

Abb. 2.4 Überblick konzeptioneller Projektierung nach Entscheidungsprämissen. Eigene Darstellung

▶ **Kurz gefasst: Projekte gehen mit härteren und weicheren Aspekten der Qualifizierung einher; dazu zählen fachliche Ausbildungen und Zertifikate sowie sozial-kollegiale Beziehungsfaktoren, die Etablierung innerhalb einer Organisation, erworbene und gezeigte Erfahrungen bzw. Kompetenzen etc. Generelle Herausforderung ist für jede Organisation die relativ langwierige bzw. aufwendige Vermittlung des projektspezifischen Wissens. Theoretische Informationen sind nur begrenzt geeignet, eine ganzheitliche Projektexpertise zu entwickeln. Vielmehr gehen theoretische Fachbildung und praktische Übertragung bestenfalls Hand in Hand.**

2.7 Fazit

Mit diesem Kapitel war eine erste organisations- und projekttheoretische Grundlegung beabsichtigt. Hierzu wurden programmatische, kommunikativ-koordinatorische und personale Aspekte des Projekts als Organisations-, Management- und Arbeitsform vorgestellt. Zusammenfassend ist zu sehen, dass Projekte schon strukturell begünstigt eine gewisse Abweichung bzw. teilweise Entkopplung von ihrer Regelorganisation schaffen. Dies kann verschiedene programmatische, kommunikative und personelle Um- bzw. Neudefinitionen zur Folge haben, wodurch ein ansonsten „ausdifferenziertes und verteiltes Wissen und Können problemspezifisch betrieblich und überbetrieblich flexibel und temporär vernetzt und integriert wird" (Kalkowski 2017, S. 262). Als eingeschobene Binnensysteme reduzieren Projekte organisatorische Komplexität, indem sie den Arbeitsablauf problemnah konditionieren. Gleichwohl problematisiert dies die Anforderungen im Projekt, die aufgegebenen Ziele bei (knapp) vorhandenen Kapazitäten zu erfüllen und zur allgemeinen Organisation hin anschlussfähig zu bleiben. Als eine solche organisatorische Binnenordnung resp. als spezielles Entscheidungsprogramm kann die Projektarbeit nach den Hauptgesichtspunkten in Abb. 2.4 zusammenfassend strukturiert werden.

Im nachfolgenden Kap. 3 von Etienne Witte geht es um *Klassische und neuere Grundlagen des Projektmanagements: Konzepte, Methoden und Instrumente*. Hierin werden einzelne Elemente aus Kap. 2 nochmals in anderer Optik – instrumentell, praktisch, betriebswirtschaftlich gegenstandsnah verankert – aufgegriffen und vertieft. Im Mittelpunkt des Kapitels stehen Erfahrungen, Verständnisse und Schlussfolgerungen aus dem unmittelbaren betrieblichen Projektmanagement in nationalen und internationalen Kontexten, in denen sich der Autor aktiv bewegt. Gleichzeitig wird anhand dieses Kapitels verdeutlicht, wie sehr technisch-methodische und sozial-motivationale Fragen des Projektmanagements in der Praxis in einem engen Zusammenhang stehen.

Fragen zur Festigung und Vertiefung

1. *Welche Merkmale charakterisieren Organisationen vordringlich? Entwickeln Sie dazu projektbezogene Beispiele.*
2. *Zeichnen Sie hauptsächliche Stationen der Projektarbeit im historischen Verlauf nach. Welche Marksteine und Wendepunkte sind im geschichtlichen Fortgang auszumachen?*
3. *Unterscheiden Sie die Grundformen des Projektmanagements. Welche Vor- und Nachteile sind mit diesen verbunden?*
4. *Warum fällt die klassische Hierarchie in Projekten üblicherweise aus – und wie wird sie alternativ kompensiert?*
5. *Wie würden Sie Ihre eignen Projekte, in denen Sie bereits tätig waren oder gegenwärtig tätig sind, vor dem Hintergrund dieses Überblickskapitels näher typisieren, d. h. nach bestimmten Kriterien einstufen? Wenn Sie bisher keine klassischen, echten Projekte durchgeführt haben, erinnern Sie sich an eine Kooperation in einer Studien- bzw. Lern- oder Prüfungsgruppe, in der Aufgaben verteilt wurden und die Beteiligten sich über jeweilige Arbeiten verständigen mussten. Gibt es Wiedererkennungseffekte?*

Literatur

Akkermans J, Keegan A, Huemann M, Ringhofer C (2019) Crafting project managers' careers: integrating the fields of careers and project management. Project Manag J 51(2):135–153

Apelt M, Tacke V (2012) Handbuch Organisationstypen. Springer VS, Wiesbaden

Arnold M, Fischer F, Goerges M, Lehmkuhl P (2017) Projekt- und Eventmanagement (Studienmaterial Master of Business Administration, Carl von Ossietzky Universität Oldenburg). 6. Aufl. Oldenburg

Baecker D (2008) Womit handeln Banken? Eine Untersuchung zur Risikoverarbeitung in der Wirtschaft. Neuauflage. Suhrkamp, Frankfurt am Main

Baraldi C, Corsi G, Esposito E (1997) GLU. Glossar zu Niklas Luhmanns Theorie sozialer Systeme. Suhrkamp, Frankfurt am Main

Baraldi C, Corsi G, Esposito E (2021) Unlocking Luhmann. a keyword introduction to systems theory. transcript, Bielefeld

Barnard CI (1938) The functions of the executive. Harvard University Press, Cambridge, MA

Barthel E (1988) Nutzen eignungsdiagnostischer Verfahren bei der Bewerberauswahl (Diss.). Peter Lang, Frankfurt am Main

Barthel E (2013) Unternehmenskultur als Rahmen für flexible Arbeitsformen. In: Kießler B, Dahms R, Rogge-Strang C (Hrsg) Wechsel auf die Zukunft. Demografischer, gesellschaftlicher und technologischer Wandel: Worauf sich die Personalarbeit in Banken einstellen muss. Bank-Verlag, Köln, S 195–202

Barthel E, Lukasczyk A (2012) Personalmanagement. In: Steffens U, Gerhard M (Hrsg) Kompendium Management in Banking & Finance. Band 2, 8. Aufl. Frankfurt School, Frankfurt am Main, S 357–412

Barthel E, Bernitzke F, Fliegner M (2003) Personalführung in Kreditinstituten. Grundlegende Theorien und ihre Anwendung in der Bankpraxis. Frankfurt School, Frankfurt am Main

Becker KH, Haunschild A (2003) The impact of boundaryless careers on organizational decision making: an analysis from the perspective of Luhmann's theory of social systems. Int J Human Resour Manag 14(5):713–727

Berlin-Brandenburgische Akademie der Wissenschaften (Hrsg) (o. J.) DWDS. Der deutsche Wortschatz von 1600 bis heute. [Projekt]. https://www.dwds.de/wb/Projekt. Zugegriffen am 20.04.2021

Berthel J, Becker FG (2003) Personal-Management. Grundzüge für Konzeptionen betrieblicher Personalarbeit, 7. Aufl. Schäffer-Poeschel, Stuttgart

Bredin K, Söderlund J (2013) Project managers and career models: an exploratory comparative study. Int J Project Manag 31(6):889–902

Breisig T (2006) Betriebliche Organisation. NBW, Herne/Berlin

Crozier M, Friedberg E (1993) Die Zwänge kollektiven Handelns. Über Macht und Organisation. Neuausgabe. Hain, Frankfurt am Main

Defoe D (1887)[1697] An essay upon projects. Cassell & Company. London/Paris/New York/Melbourne

Dischner S, Sieweke J, Süß S (2013) Regeln in interorganisationalen Projekten: Eine qualitative Studie. Managementforschung 23:157–192

Dullien M (1990) Projekt-Management und Matrix-Management (Sonderdruck). In: Poth LG (Hrsg) Marketing (Loseblattsammlung). Luchterhand, Neuwied, S 1–41

Dworatschek S (1994) Die Entwicklung des Projektmanagements. In: Werners B, Gabriel R (Hrsg) Operations Research. Reflexionen aus Theorie und Praxis. Festschrift zum 60. Geburtstag von Hans-Jürgen Zimmermann. Springer, Berlin/Heidelberg, S 399–411

Ewert R, Wagenhofer A (2014) Interne Unternehmensrechnung, 8. Aufl. Springer, Berlin/Heidelberg

Fischer F (2010) Projektmanagement (Studienmaterial Master of Business Administration, Carl von Ossietzky Universität Oldenburg), 5. Aufl. Oldenburg

Gourmelon A, Mroß M, Seidel S (2014) Management im öffentlichen Sektor. Organisationen steuern – Strukturen schaffen – Prozesse gestalten. Rehm, Heidelberg

Gruber A (2014) Beraten nach Zahlen. Über Steuerungsinstrumente und Kennzahlen in Beratungsprojekten. Springer VS, Wiesbaden

Gruber A, Kühl S (2015) Soziologische Analysen des Holocaust. Autoritätsakzeptanz und Folgebereitschaft in Organisationen. Zur Beteiligung der Mitglieder des Reserve-Polizeibataillons 101 am Holocaust. In: Gruber A, Kühl S (Hrsg) Soziologische Analysen des Holocaust. Jenseits der Debatte über „ganz normale Männer" und „ganz normale Deutsche". Springer VS, Wiesbaden, S 7–28

Heidenreich M, Töpsch K (1998) Die Organisation von Arbeit in der Wissensgesellschaft. Industrielle Beziehungen. Z Arb Organ Manag 5(1):13–43

Heidling E (2016) Erscheinungsformen und Typen von Ungewissheit in Projekten. In: Böhle F, Heidling E, Neumer J, Kuhlmey, A, Winnig, M, Trobisch, N, Kraft, D, Denisow, K (Hrsg) Umgang mit Ungewissheit in Projekten. Expertise für die GPM Deutsche Gesellschaft für Projektmanagement, Nürnberg, S 13–57

Heidling E (2018) Projektarbeit. In: Böhle F, Voß GG, Wachtler G (Hrsg) Handbuch Arbeitssoziologie. Band 2. Akteure und Institutionen, 2. Aufl. Springer VS, Wiesbaden, S 207–236

Hoebel T (2012) Politische Organisationen. In: Apelt M, Tacke V (Hrsg) Handbuch Organisationstypen. Springer VS, Wiesbaden, S 63–90

Hölzle K (2010) Designing and implementing a career path for project managers. Int J Project Manag 28(8):779–786

Huf S (2020) Personalmanagement. Springer Gabler, Wiesbaden

Jones C, Lichtenstein BB (2008) Temporary inter-organizational projects: how temporal and social embeddedness enhance coordination and manage uncertainty. In: Cropper S, Huxham C, Ebers M, Smith Ring P (Hrsg) The Oxford Handbook of Inter-Organizational Relations. Oxford University Press, Oxford, S 231–255

Kalff Y (2014) Projekte als Nordwest-Passage: Zeit und Zeitlichkeit als Regierungsrationalität. In: Hartz R, Rätzer M (Hrsg) Organisationsforschung nach Foucault: Macht – Diskurs – Widerstand. transcript, Bielefeld, S 191–210

Kalff Y (2016) Das ‚Projekt' als Metapher der Biografie: Verwaltungslogik und Selbstwerdung. BIOS 29(1):28–46

Kalkowski P (2017) Projekte (Projektarbeit, Projektmanagement). In: Hirsch-Kreinsen H, Minssen H (Hrsg) Lexikon der Arbeits- und Industriesoziologie, 2. Aufl. Nomos, Baden-Baden, S 262–264

Kerzner H (2009) Project management. A systems approach to planning, scheduling, and controlling, 10. Aufl. Wiley, Hoboken

Keßler H, Winkelhofer G (2004) Projektmanagement. Leitfaden zur Steuerung und Führung von Projekten, 4. Aufl. Springer, Berlin/Heidelberg

Kette S (2018) Unternehmen. Eine sehr kurze Einführung. Springer VS, Wiesbaden

Kieser A, Walgenbach P (2007) Organisation, 5. Aufl. Schäffer-Poeschel, Stuttgart

Krajewski M (Hrsg) (2006) Projektemacher. Zur Produktion von Wissen in der Vorform des Scheiterns, 2. Aufl. Kulturverlag Kadmos, Berlin

Kühl S (2011) Organisationen. Eine sehr kurze Einführung. Springer VS, Wiesbaden

Kühl S (2014) Organisationssoziologie. In: Endruweit G, Trommsdorff G, Burzan N (Hrsg) Wörterbuch der Soziologie, 3. Aufl. UVK, Konstanz/München, S 343–347

Kühl S (2016) Projekte führen. Eine kurze organisationstheoretisch informierte Handreichung. Springer VS, Wiesbaden

Kühl S (2017) Exploring Markets. A very brief introduction. Organizational Dialogue Press, Princeton

Kühl S (2020) Brauchbare Illegalität. Vom Nutzen des Regelbruchs in Organisationen. Campus, Frankfurt am Main/New York

Kuster J, Huber E, Lippmann R, Schmid A, Schneider E, Witschi U, Wüst R (2011) Handbuch Projektmanagement, 3. Aufl. Springer, Berlin/Heidelberg

Kwak YH (2005) Brief history of project management. In: Carayannis EG, Kwak YH, Anbari FT (Hrsg) The story of managing projects. An interdisciplinary approach. Praeger, London, S 1–9

Latniak E (2014) Arbeitsgestaltung bei Projektarbeit – widersprüchliche Anforderungen, Belastungen und Ressourcen. In: Vedder G, Pieck N, Schlichting B, Schubert A, Krause F (Hrsg) Befristete Beziehungen: menschengerechte Gestaltung von Arbeit in Zeiten der Unverbindlichkeit. Rainer Hampp, München/Mering, S 135–157

Latniak E, Gerlmaier A (2006) Working in IT projects – options and limits of work design. Enterp Work Innov Stud 2(2):21–37

Lavagnon AI, Söderlund J, Munro LT, Landoni P (2020) Cross-learning between project management and international development: analysis and research agenda. Int J Project Manag 38(8):548–558

Lechler T (2005) Projektmanagement. In: Albers S, Gassmann O (Hrsg) Handbuch Technologie- und Innovationsmanagement. Strategie – Umsetzung – Controlling. Gabler, Wiesbaden, S 493–510

Lehmann M (2006) Karriere als Projekt. In: Krajewski M (Hrsg) Projektemacher. Zur Produktion von Wissen in der Vorform des Scheiterns, 2. Aufl. Kulturverlag Kadmos, Berlin, S 49–63

Luhmann N (1992) Die Wissenschaft der Gesellschaft. Suhrkamp, Frankfurt am Main

Luhmann N (1998) Die Gesellschaft der Gesellschaft, Bd. 2. Suhrkamp, Frankfurt am Main

Luhmann N (1999) Funktionen und Folgen formaler Organisation, 5. Aufl. Duncker & Humblot, Berlin

Luhmann N (2011) Organisation und Entscheidung, 2. Aufl. VS Verlag für Sozialwissenschaften, Wiesbaden

Luhmann N (2016) Der neue Chef. Herausgegeben und mit einem Nachwort von Jürgen Kaube. Suhrkamp, Berlin

Luhmann N (2019) Allgemeines Modell organisierter Sozialsysteme. In: Lukas E, Tacke V (Hrsg) Schriften zur Organisation 2. Theorie organisierter Sozialsysteme. Springer VS, Wiesbaden, S 121–150

Lutz A, Schmutte AM (2017) Projektmanagement: Projekte richtig planen, steuern und Risiken minimieren. In: Niermann PF-J, Schmutte AM (Hrsg) Managemententscheidungen. Methoden, Handlungsempfehlungen, Best Practices, 2. Aufl. Springer Fachmedien, Wiesbaden, S 399–425

Madauss BJ (2000) Handbuch Projektmanagement. Mit Handlungsanleitungen für Industriebetriebe, Unternehmensberater und Behörden, 6. Aufl. Schäffer-Poeschel, Stuttgart

Madauss BJ (2017) Projektmanagement. Theorie und Praxis aus einer Hand, 7. Aufl. Schäffer-Poeschel, Berlin

Madter N, Bower DA, Aritua B (2012) Projects and personalities: a framework for individualising project management career development in the construction industry. Int J Project Manag 30(3):273–281

Marquart R (2019) Hybrides Projektmanagement. Oder: Spielt die Tektonik mit? STAHL + TECHNIK 1(5):50–52

Mattes J (2014) Formalisation and flexibilisation in organisations – dynamic and selective approaches in corporate innovation processes. Eur Manag J 32(3):475–486

Mormann H (2016) Das Projekt SAP. Zur Organisationssoziologie betriebswirtschaftlicher Standardsoftware. transcript, Bielefeld

Mucci DM, Jorissen A, Frezatti F, Bido DdS (2021) Managerial controls in private family firms: the influence of a family's decision premises. Sustainability 13(4):1–21

Nesemann K (2012) Talentmanagement durch Trainee-Programme: Auswirkungen der Gestaltungsmerkmale auf den Programmerfolg. Gabler, Wiesbaden

Neuberger O (1995) Führen und geführt werden, 5. Aufl. Enke, Stuttgart

Nicolai A (2000) Die Strategie-Industrie. Systemtheoretische Analyse des Zusammenspiels von Wissenschaft, Praxis und Unternehmensberatung. Deutscher Universitätsverlag, Wiesbaden

Norkus M, Besio C, Baur N (2016) Effects of project-based research work on the career paths of young academics. Work Organisation, Labour & Globalisation 10(2):9–26

Parsons T (1959) The school class as a social system: some of its functions in American society. Harv Edu Rev 29(4):297–318

Patzak G, Rattay G (2004) Projektmanagement. Leitfaden zum Management von Projekten, Projektportfolios und projektorientierten Unternehmen, 4. Aufl. Linde, Wien

Picciotto R (2020) Towards a ‚New Project Management' movement? An international development perspective. Int J Project Manag 38(8):474–485

Reckwitz A (2017) Die Gesellschaft der Singularitäten. Zum Strukturwandel der Moderne. Suhrkamp, Berlin

Richter P, Esswein W (2014) Betriebliche Prozesse und Projekte im Spannungsfeld zwischen Standardisierung und Agilität. In: Kundisch D, Suhl, L, Beckmann, L (Hrsg) Proceedings of the Multikonferenz Wirtschaftsinformatik (MKWI 2014). Universität Paderborn, Paderborn, S 1075–1087

Roberts TJ (1974) Developing effective managers. Institute of Personnell Management, London

Schoper Y-G, Wald A, Ingason HT, Fridgeirsson TV (2018) Projectification in western economies: a comparative study of Germany, Norway and Iceland. Int J Project Manag 36(1):71–82

Schuhen M (2008) Führungsnachwuchs mit System. Planung und Gestaltung einer Lernumgebung für Trainee-Programme. Tectum, Marburg

Schütz M (2022) Die Realität der Reform. Über Wahrnehmung und Wirklichkeit der Veränderung von Organisationen (Reihe Organisationsstudien. Hrsg. von S. Kühl), Bd. 6. Springer VS, Wiesbaden

Schütz M, Bull F-R (2017) Unverstandene Union. Eine organisationswissenschaftliche Analyse der EU. Springer VS, Wiesbaden

Schütz M, Beckmann R, Röbken H (2018) Compliance-Kontrolle in Organisationen. Soziologische, juristische und ökonomische Aspekte. Springer VS, Wiesbaden

Seymour T, Hussein S (2014) The history of project management. Int J Manag Info Syst 18(4):233–240

Sydow J (2003) Management von Netzwerkorganisationen – Zum Stand der Forschung. In: Sydow J (Hrsg) Management von Netzwerkorganisation. Beiträge aus der ‚Managementforschung'. Gabler, Wiesbaden, S 293–354

Sydow J, Windeler A (1998) Organizing and evaluating interfirm networks: a structurationist perspective on network processes and effectiveness. Organ Sci 9(3):255–433

Sydow J, Windeler A (2004) Projektnetzwerke: Management von (mehr als) temporären Systemen. In: Sydow J, Windeler A (Hrsg) Organisation der Content-Produktion. VS Verlag für Sozialwissenschaften, Wiesbaden, S 37–54

Szinovatz A, Müller C (2012) Projektmanagement. Auftrag, Steuerung, Kommunikation und Risikomanagement. C. H. Beck, München

Tacke V, Drepper T (2018) Soziologie der Organisation. Springer VS, Wiesbaden

Tuckman BW (1965) Developmental sequence in small groups. Psychol Bull 63(6):384–399

Voß GG, Pongratz HJ (1998) Der Arbeitskraftunternehmer. Eine neue Grundform der Ware Arbeitskraft. Köln Z Soziol Sozialpsychol 50(1):131–158

Webb JE (1969) Space age management. The large-scale approach. McGraw-Hill, New York

Wissenschaftlicher Rat der Dudenredaktion (Hrsg) (1997) Duden 7. Das Herkunftswörterbuch. Etymologie der deutschen Sprache, 2. Aufl. Dudenverlag/Bibliografisches Institut, Mannheim

3. Klassische und neuere Grundlagen des Projektmanagements: Konzepte, Methoden und Instrumente

Etienne Witte

> **Vermittlungsziele dieses Kapitels**
> - Sie kennen die hauptsächlichen Merkmale von Projekten aus einer betriebswirtschaftlichen und technischen Perspektive und können diese nachvollziehen.
> - Sie können die verschiedenen Projektmethoden differenzieren.
> - Sie haben die Phasen eines Projekts nachvollzogen und können Unterschiede der Ablauforganisation in klassischen und agilen Projektmethoden verstehen.
> - Sie begreifen die Aufbauorganisation von Projekten mitsamt den wesentlichen Projektrollen und Aufgaben.
> - Sie haben sich einen Überblick von der Kommunikationsstruktur in Projekten verschafft und können deren Nutzen nachvollziehen.
> - Die Funktion der Projektwerkzeuge ist Ihnen verständlich und Sie können die sich damit bietenden Vorteile und Grenzen gegeneinander abwägen.

3.1 Zusammenfassung

Das Projektmanagement ist seit seinen Anfängen technisch und methodisch geprägt. Dieses Kapitel soll diese etablierte instrumentelle Sichtweise auf das Projektmanagement im Einzelnen entfalten – d. h. die betriebliche Ordnung in Phasen, Kommunikationsabläufe, methodische Maßnahmen, Termine usw. Der Fokus wird dabei auf das klassische Projekt-

---

E. Witte (✉)
BA Business Advice GmbH, Oldenburg, Deutschland
E-Mail: etienne.witte@ba-gmbh.com

management gelegt, wie es seit Jahrzehnten angewandt und raffiniert worden ist. Neben dieser linearen Ablauflogik haben sich in den vergangenen Jahren vermehrt aber ein agiler und ein hybrider Ansatz etabliert: Man versucht durch neuere Vorgehensweisen die alte Struktur aufzulockern und die Maßnahmen zielgerichteter und schneller durchführen zu können. Mit dieser Flexibilität sollen auch AuftraggeberInnen und KundInnen stärker involviert werden. Insgesamt lassen sich dadurch neben Effizienzvorteilen auch eine höhere Akzeptanz und auch Transparenz des Verfahrens gewinnen. Dieses Kapitel soll den sozialwissenschaftlichen Ausführungen dieses Buches die nötige Bodenhaftung im Projektalltag verleihen. Es soll dafür geworben werden, klassisch-lineare und soziale Dimensionen des Projektmanagements in wechselseitiger Ergänzung zu sehen; jede Herangehensweise hat ihre Beobachtungsstärken. Auch sollte deutlich werden, dass der agil-hybride Ansatz des Projektmanagements eine stärkere ‚Sozial-Orientierung' in die traditionelle Denk- und Arbeitsweise hineingebracht hat.

3.2 Hinführung und Kapitelüberblick

Das Projektmanagement ist seit seinen Anfängen technisch und methodisch geprägt. Dies war ihm durch das ursprüngliche Einsatzgebiet, das Bau- und Ingenieurwesen, maßgeblich in die Wiege gelegt, wie bereits in Kap. 2 mit historischen Grundlagen ausgeführt wurde. Im Laufe der letzten Jahrzehnte sind die Modelle und Ablaufformen des Projektmanagements immer weiter ausdifferenziert und verfeinert worden. Grund dafür ist auch der Siegeszug durch die internationale Wirtschaft dank herausfordernder Bauwerke und Verkehrssysteme, die insbesondere nach den Kriegen und der wirtschaftlichen Nachkriegsdynamik des 20. Jahrhunderts geschaffen wurden. Sogar das All hat der Mensch dank Projektmanagement bereisen und erkunden lassen können. Das vorliegende Kapitel soll diese etablierte instrumentelle Sichtweise auf das Projektmanagement entfalten – d. h. die betriebliche Ordnung in Phasen, Kommunikationsabläufe, methodische Maßnahmen, Termine usw. Der Fokus wird dabei auf das klassische Projektmanagement gelegt, wie es seit Jahrzehnten angewandt und raffiniert worden ist. Neben dieser linearen Ablauflogik hat sich in den vergangenen Jahren vermehrt aber ein agiler und ein hybrider Ansatz etabliert: Man versucht durch neuere Vorgehensweisen die alte Struktur aufzulockern und die Maßnahmen zielgerichteter und schneller durchführen. Mit dieser Flexibilität sollen auch AuftraggeberInnen und KundInnen stärker involviert werden. Insgesamt lassen sich dadurch neben Effizienzvorteilen auch eine höhere Akzeptanz und teilweise gewiss auch Transparenz des Verfahrens gewinnen.

In diesem Kapitel werden klassische sowie insbesondere auch neuere Grundlagen des Projektmanagements betrachtet, wobei eine praxisorientierte Sichtweise im Vordergrund steht und konkrete betriebliche Erfahrungen mitreflektiert werden. Blickt man auf das Management von Projekten aus der Perspektive in der Projektwelt agierender ProjektmanagerInnen, so sind in dessen Anwendung zahlreiche unterschiedliche Ansätze und Formen zu entdecken. Von klassischen über agile Projektmethoden bis hin zu diversen

Mischformen (‚Hybride') werden verschiedene Konzepte zur Anwendung von Projektmanagement angeboten und genutzt.

Die damit einhergehenden Instrumente, also Werkzeuge von ProjektmanagerInnen, reichen diesbezüglich von simplen Microsoft-Excel-Vorlagen bis hin zu komplexen Projektmanagement-Systemen, was die Vielfältigkeit dieser Thematik verdeutlicht. Das Kapitel hat sich zur Aufgabe gesetzt, einen konzentrierten Überblick über diese durchaus sehr unterschiedlichen Ansätze, wie Projektmanagement verstanden und angewendet werden kann, zu geben. Zur Unterstützung wird in wiederkehrenden Abständen Bezug zu einer Fallstudie hergestellt, in die zu Beginn des Kapitels eingeführt wird. Nach einem allgemeinen Einstieg, mit dem aus ‚Praktikersicht' die Kernmerkmale von Projekten dargestellt werden, wird die Mehrdimensionalität von Projektmanagement näher gebracht.

Im Anschluss werden die verschiedenen Arten von Projektmethoden betrachtet und diverse Aspekte daraus näher beleuchtet. Im Fokus stehen dabei zunächst die Ablauf- und Aufbauorganisation von Projekten, indem Phasenmodelle, Organisations- und Kommunikationsformen sowie Rollen innerhalb von Projekten betrachtet werden. Daran anknüpfend werden einige Beispiele von Projektmanagement-Werkzeugen vorgestellt, die verbunden mit der Fallstudie einen Einblick in die Welt von ProjektmanagerInnen geben sollen. Abgeschlossen wird das Kapitel mit einer übersichtlichen Zusammenfassung von Vorteilen und Grenzen der betrachteten Methoden und Konzepte.

Einstieg – Projektfallstudie
Im Folgenden wird eine aus der betrieblichen Praxis entnommene und leicht abgewandelte Projektfallstudie beschrieben. Diese soll zur Veranschaulichung des Kapitels dienen. Es wird in wiederkehrenden Abständen Bezug auf diese Fallstudie genommen, damit die thematisierten Aspekte anhand konkreter Beispiele nachvollzogen werden können. Die technischen Begriffe mögen Neulingen und EinsteigerInnen im Projektgeschäft zunächst etwas Überwindung abfordern. Es wurde aber bewusst darauf Wert gelegt, eine möglichst realitätsnahe Szenerie aus einem projektroutinierten Unternehmen zu präsentieren. Im genauen Entfalten und Nachvollzug der technischen und organisatorischen Details wird letztlich ein facettenreicher Eindruck der operativen Durchführung des Projektgeschäfts gegeben.

Die Virtuality AG will mithilfe einer Expansion Marktführer im Bereich der Produktion von Virtual-Reality-Brillen werden. Dafür wurde kürzlich mit der Glasses4Future GmbH erstmalig ein Unternehmen akquiriert, das sich auf die Entwicklung von hochtechnologischen Brillengläsern spezialisiert hat. Um die neue Tochtergesellschaft in den Geschäftsbetrieb einzubinden, ist die IT-seitige Integration in die bestehende Systemlandschaft notwendig. Die Virtuality AG nutzt seither das Enterprise-Resource-Planning-System (ERP) SAP[1] zur Abbildung und Bearbeitung der Geschäftsprozesse. Für die Einführung der Soft-

---

[1] Die SAP SE ist ein deutscher Softwarekonzern, der die gleichnamige Software SAP vertreibt. SAP steht für Systeme, Anwendungen und Produkte in der Datenverarbeitung (vgl. SAP (o. J.)).

ware SAP an den Standorten der Glasses4Future GmbH hat die Virtuality AG das Projekt „S4G – SAP for Glasses4Future" initiiert, das folgende Ziele verfolgt:

1. Implementierung der Software SAP an den Glasses4Future-Standorten
    a. Hildesheim: Finanzen, Controlling und Vertrieb
    b. Paderborn: Einkauf, Logistik und Produktion
2. Abbildung der Geschäftsprozesse in dem SAP-System sowie Integration in die konzernübergreifende Prozesslandschaft
3. Schulung aller MitarbeiterInnen an den Standorten

Die Glasses4Future GmbH verfügt insgesamt über 150 Angestellte, von denen 25 MitarbeiterInnen zwei Tage pro Woche für das Projekt abgestellt werden. Die vom Management der Virtuality AG avisierte Projektlaufzeit beträgt 18 Monate, wobei der Projektstart für den 01.01.2022 und das Projektende für den 30.06.2023 angesetzt worden sind. Als finanzieller Rahmen wird ein Gesamtbudget von 1 Mio. Euro zur Verfügung gestellt, wovon 520.000 Euro für externe Unterstützung vorgesehen sind. Für das Projekt wird das Beratungsunternehmen „B-BA" (Best Business Advice) beauftragt, das sich auf die Software SAP spezialisiert hat. Die Unternehmensberatung setzt dabei eine/n ProjektmanagerIn, einen Solution-Architekten sowie zehn BeraterInnen für das Projekt ein.

▶ **Kurz gefasst: In diesem Kapitel gibt es eine durchgehende Orientierung an einem praktischen Fall als Verstehenshilfe und zur Verdeutlichung des Ablaufs des Projektmanagements.**

3.3 Einordnung: Projekt und Kernmerkmale

Die unter 3.1 beschriebene Fallstudie stellt ein Vorhaben dar, das als Projekt definiert wurde. Aber was zeichnet ein Projekt aus und wie lässt es sich von sonstigen Aufgaben und Aktivitäten innerhalb einer Organisation abgrenzen? Möchte man sich mit dem Begriff Projekt genauer auseinandersetzen, so bietet die Literatur eine Vielzahl an Definitionen. In diesem Unterkapitel soll es dabei nicht um die Vollständigkeit *einer* Projektdefinition gehen, sondern stattdessen die Konzentration vielmehr auf *wenige und wesentliche* Merkmale von Projekten gelegt werden. Eine wichtige Rahmenmethodik für das Managen von Projekten, genannt „PRINCE2",[2] unterstreicht diesen Fokus, indem darin ein Projekt als eine „(…) für einen befristeten Zeitraum geschaffene Organisation, die mit dem Zweck eingerichtet wurde, ein oder mehrere Produkte in Übereinstimmung mit einem vereinbarten Business Case zu liefern (…)" (vgl. Friedrich 2016, S. 12), beschrieben wird.

---

[2] PRojects IN Controlled Environments. Projektrahmenmethode aus Großbritannien (vgl. Friedrich 2016).

Projekte unterscheiden sich somit vom ‚Business as usual' und sind vom Tagesgeschäft, sprich Normalbetrieb einer Organisation i. d. R. stärker abzugrenzen. Litke (2007, S. 20) fasst mit der DIN 69901[3] zusammen, dass ein Projekt „(…) ein Vorhaben [sei], das im wesentlichen [sic] durch eine Einmaligkeit der Bedingungen in ihrer Gesamtheit gekennzeichnet ist, wie z. B.:

- Zielvorgabe
- Zeitliche, finanzielle und personelle oder andere Bedingungen
- Abgrenzung gegenüber anderen Vorhaben
- Projektspezifische Organisation"

Es lässt sich somit festhalten, dass Projekte abhängig von ihren Rahmenbedingungen bestehen, da Ressourcen wie Zeit, Kosten und Personal eine ebenso bedeutende Rolle spielen wie die gesetzten Ziele und die Einbettung des Projekts in den Unternehmenskontext.

Kraus und Westermann (2019) stellen in diesem Zusammenhang fest, dass Projekte in Bezug auf ihre Rahmenbedingungen auch durch eine Konkurrenz um Ressourcen (vgl. Kraus und Westermann 2019, S. 3) zu charakterisieren sind. Dies lässt sich z. B. daran erkennen, dass sie Mittel aus unterschiedlichen, für das Unternehmen ggf. kritischen Bereichen erfordern, die um diese Ressourcen miteinander konkurrieren. Ein nicht zu unterschätzender Faktor ist zudem der integrierende Aspekt von Projekten. Kraus und Westermann (2019) benennen dieses Projektmerkmal als „Beteiligung mehrerer Stellen" (ebd., S. 3). Projekte finden i. d. R. bereichsübergreifend statt, indem z. B. mehrere Abteilungen in ein Projekt involviert sind, was somit ebenfalls in Interdisziplinarität resultiert. Schließlich stellt als Konsequenz der bereits genannten Aspekte auch die *Vielschichtigkeit* von Projekten ein weiteres Merkmal dar, da aus der Zusammenstellung eine Komplexität resultiert, die Projekte zu herausfordernden Aufgabenstellungen macht (vgl. Friedrich 2016; Kraus und Westermann 2019).

Eine mögliche Zusammenstellung von Projektmerkmalen könnte somit wie nachfolgend aussehen, wobei die genannten Eigenschaften nicht immer für jedes Projekt zutreffen, sondern Merkmale darstellen, die auf Projekte häufig zutreffen. Die hier ausgewählten Merkmale geben eine betriebswirtschaftliche Sicht wieder. Im vorangehenden Kap. 2. wurde bereits auf die Relativierung aus sozialwissenschaftlicher Perspektive hingewiesen. Generell ist aber anzunehmen, dass zeitliche Aspekte (Phasen- und Fristorientierung) ganz überwiegend zur Beschreibung herangezogen werden. In der Managementpraxis gelten zusammenfassend diese Bezugspunkte als vorherrschend:

- *Einzigartig.* Projekte können sich durchaus ähneln. In ihrer Konstellation und Durchführungsart sind sie jedoch immer unterschiedlich. In der Fallstudie stellt das Projekt durch die Akquise eines bestimmten Unternehmens ein einmaliges Vorhaben dar. Nach

---

[3] Normenreihe, die Grundlagen, Prozesse, Prozessmodell, Methoden, Daten, Datenmodell und Begriffe im Projektmanagement beschreibt (vgl. DIN).

der technischen Eingliederung (mithilfe der eigens für die Rahmenbedingungen festgelegten ProjektmitarbeiterInnen) durch die Einführung der Software SAP an den beiden Standorten Hildesheim und Paderborn ist das Projekt vor Ort abgeschlossen und wird kein zweites Mal in identischer Form stattfinden.
- *Befristet.* Ressourcen spielen bei Projekten eine wichtige Rolle. Ein zeitlicher Rahmen, festgelegte Budgets oder MitarbeiterInnenkapazitäten werden stets begrenzt sein. In der Fallstudie stehen 25 der 150 internen MitarbeiterInnen für den Zeitraum vom 1. Januar 2022 bis zum 30. Juni 2023 für zwei Tage pro Woche zur Verfügung. An den weiteren Arbeitstagen werden die Mitarbeiterkapazitäten für das Tagesgeschäft benötigt. Das Projektbudget ist limitiert auf 1.000.000 Euro. Der Dienstleister stellt 12 externe BeraterInnen.
- *Verändernd.* Zum einen stellen Veränderungen häufig den Auslöser von Projekten dar, zum anderen führen Projekte zumeist auch als Ergebnis zu Neugestaltungen. In der Fallstudie führt der Zukauf zu einer veränderten Unternehmensstruktur, was u. a. die Anpassung der IT-Systemlandschaft notwendig macht. Die Einführung der neuen Software SAP zur Steuerung der Unternehmensprozesse wird weitreichende Auswirkungen auf den Alltag der MitarbeiterInnen der Glasses4Future GmbH haben. Von einer neuen Bedienungsoberfläche über weitere Prozessschritte bis hin zu neuen KollegInnen führt das Projekt zu einer spürbaren Veränderung.
- *Integrierend.* Projekte zeichnen sich durch Interdisziplinarität, gelegentlich auch Multikulturalität aus. Verschiedene Gruppen, bisweilen auch aus verschiedenen Erdteilen und Ländern, werden in einer eigens geschaffenen temporären Organisation zusammengebracht, was zu beziehungsreichen Verbindungen führt. Im Fallstudien-Projekt sind mehrere Abteilungen involviert, die auch integrativ zusammenarbeiten müssen, damit das Projekt erfolgreich werden kann. Einen effizienten Verkaufsprozess im SAP-System abzubilden, erfordert z. B. eine enge Zusammenarbeit der Abteilungen Vertrieb, Logistik und Produktion.
- *Ungewiss.* Die Kombination der zuvor beschriebenen Merkmale führt an vielen Stellen zu Unsicherheiten im Projektalltag. Eine dynamische äußere Umwelt – einschlägig relevante politische, rechtliche, ökologische, gesundheitliche etc. Entwicklungen – und sich im Projektverlauf verändernde Faktoren innerhalb einer Organisation machen Kontinuität sowie Stabilität nur schwer möglich. In einem Projekt wie dem aus der Fallstudie können zwar z. B. durch Voranalysen gewisse Aspekte wie die technischen Rahmenbedingungen oder der Wissensstand der MitarbeiterInnen eruiert werden. Jedoch ist nur schwer absehbar, inwieweit die Zusammenarbeit zwischen den Projektmitgliedern funktionieren wird oder ob MitarbeiterInnen der Glasses4Future GmbH aufgrund des Verkaufs den Arbeitgeber wechseln werden.
- *Komplex.* Die Zusammenstellung der zuvor genannten Eigenschaften verdeutlicht ebenso, dass Projekte i. d. R. als herausfordernde und weit gegliederte Aufgabenstellungen anzusehen sind. Derartige Vorhaben bieten eine breite Palette an Kombinationsmöglichkeiten bezüglich ihres Gesamtumfangs und daher handelt es sich dabei nur selten um triviale, schnell komplett abzuschließende Aufgaben. Sowohl das Projekt-

budget, der Projektinhalt, die Projektziele und die Projektbeteiligten als auch das Projektumfeld (sog. Stakeholder) haben Einfluss auf die Komplexität. In Bezug auf das Fallstudien-Projekt sprechen die klaren Rahmenbedingungen, wie z. B. die zur Verfügung stehenden MitarbeiterInnenressourcen, für ein weniger komplexes Projekt. Hingegen bietet das Projekt Unsicherheiten (erstmalige Akquisition eines Unternehmens), welche die Projektkomplexität erhöhen. Eine derart ‚gemischte' Anlage von Komplexität erfordert ein differenziertes, umsichtiges Vorgehen mit regelmäßigen Aktualisierungen der Lagebewertung.

▶ **Kurz gefasst: Projekte lassen sich mithilfe verschiedener Bestimmungsmerkmale beschreiben. In der Betriebswirtschaft bzw. im Anwendungsbezug stechen vor allem quantitative und qualitative Betriebsgrößen hervor. Die Wahl der Merkmale ist nicht abschließend zu definieren. Im Großen und Ganzen sind aber Gestaltungselemente der zeitlich multipel befristeten, phasenförmigen Struktur überwiegend vorherrschend.**

3.4 Aspekte und Dimensionen des Projektmanagements

Komplexität stellt eines der Kernmerkmale von Projekten dar (vgl. Abschn. 3.2). Es kann somit angenommen werden, dass sie einer bestimmten Steuerung bedürfen, damit sie erfolgreich sein können. Die Handhabung von Projekten kann in diesem Zusammenhang als Projektmanagement verstanden werden. Doch was zeichnet das Managen derartiger Vorhaben aus und welche Aspekte sind darin enthalten? Ähnlich einer theoretischen Auseinandersetzung mit dem Begriff Projekt sind auch für das Projektmanagement viele Definitionen in der Literatur zu finden, die in diesem Abschnitt lediglich beispielhaft hervorgehoben werden sollen, um sie anschließend in den praktischen Kontext der Fallstudie bringen zu können.

Management kann zunächst grundsätzlich angesehen werden als „ein Prozess […], der über die Teilprozesse Planung, Organisation, Durchführung, Verfolgung und Steuerung mit dem Einsatz von Menschen zur Formulierung und Erreichung von Zielen führt" (vgl. Aichele 2006, S. 30). Zentrale Aufgaben innerhalb dieses Prozesses stellen die Teilschritte Delegation, Führung und Kontrolle dar, wie Broy und Kuhrmann (2013) erläutern. Verschiedene internationale Standards zum Projektmanagement sind fest etabliert, wozu neben PRINCE2, IPMA[4] und PMBOK[5] auch DIN 69901 zählt, die Projektmanagement zusätzlich als „(…) die Gesamtheit von Führungsaufgaben, -organisation, -techniken und -mitteln für die Abwicklung eines Projekts (…)." definiert (vgl. Nausner 2006, S. 41).

---

[4] International Project Management Association (vgl. IPMA 2021).
[5] Project Management Body of Knowledge (vgl. PMI).

Exkurs Auch ein Blick in die Historie lohnt an dieser Stelle: Denn eine prägende Rolle in Bezug auf das Projektmanagement nimmt auch der Krieg ein. Der damit einhergehende Zeitdruck im Kampf um Überlegenheit erforderte bspw. im Zweiten Weltkrieg Organisationsprinzipien, die komplexen und komplizierten Aufgabenstellungen gerecht werden konnten. Auch die Raumfahrt hat einen großen Anteil an der Weiterentwicklung des Managements von Projekten. So gilt das erfolgreiche Vorhaben der Konstruktion der ersten amerikanischen Interkontinentalrakete ebenfalls als Geburtsstunde des „Standardwerk[s] des modernen Projektmanagement[s]" (vgl. Madauss 1994). Aufbauend auf diesen Erkenntnissen entwickelten sich Strukturen, die auch heute weiterhin das Projektmanagement beeinflussen (vgl. Nausner 2006).

Um zu verdeutlichen, was unter diesen Aspekten aus praxisorientierter Sicht verstanden werden kann, wird das Fallstudien-Projekt herangezogen: Die Einführung der Software SAP stellt darin eines der Hauptziele dar, das mit der Durchführung des Projekts zu erreichen ist. Doch woher soll das Projektteam wissen, wie es während der Projektlaufzeit vorzugehen hat? Die entsprechenden Aktivitäten sind zunächst zu planen, zu organisieren und zu delegieren. Sind die Arbeiten verteilt, ist weiterhin sicherzustellen, dass die Durchführung im optimalen Fall nicht von dieser Planung abweicht. Dafür sind eine regelmäßige Kontrolle und die Verfolgung der Ziele durch Steuerungsaktivitäten notwendig.[6]

Ein verbreitetes, allerdings noch sehr grobes Konzept des Projektmanagements stellt zunächst das „Magische Dreieck" (vgl. Abb. 3.1) dar. Drei Größen stehen in diesem Modell im Vordergrund: Ergebnis, Termine und Aufwand. Sobald eine dieser Größen Veränderungen erfährt, hat dies auch Auswirkungen auf die weiteren Parameter (vgl. Kraus und Westermann 2019). Ein Ziel dieses Modells ist es somit, die Wechselwirkungen der kritischen Parameter Ergebnis, Termine und Aufwand sorgsam zu durchdenken, um eine positive Produktivität des Projekts zu erreichen.

In unserer Fallstudie können die Parameter des „Magischen Dreieck" wiedergefunden werden: Das gewünschte *Ergebnis* ist zunächst in Form der Ziele definiert, die eine zu erbringende Leistung (Einführung der Software SAP, Schulung der MitarbeiterInnen) beschreiben. Diese sind ausgehend von einem definierten Projektstartdatum (01.01.2022) bis zu einem Zieltermin (30.06.2023) zu erreichen, womit die zweite Dimension, die der Termine, angesprochen wird. Die durch das Projekt entstehenden Kosten (*Aufwand*) sollen ein bestimmtes Budget (1 Mio. Euro) nicht überschreiten. Waren nun z. B. einige Arbeitspakete in der Planungsphase zunächst unbekannt und werden erst im Laufe des Projekts identifiziert, so hat dies Einfluss auf die genannten Parameter. Dabei unterscheiden sich die Auswirkungen je nach gewählter methodischer Vorgehensweise, d. h. ob z. B. nach klassischer oder agiler Projektmethodik gearbeitet wird, da die Betrachtungsweise hinsichtlich der Parameter aus dem „Magischen Dreieck" entscheidend ist (vgl. Abschn. 3.4, Abb. 3.1).

---

[6] Die einzelnen Projektphasen (vgl. Abschn. 3.4) und Instrumente zur Projektsteuerung (vgl. Abschn. 3.7) werden im weiteren Verlauf des Kapitels genauer erläutert.

Abb. 3.1 Das Magische Dreieck im Projektmanagement. Eigene Darstellung

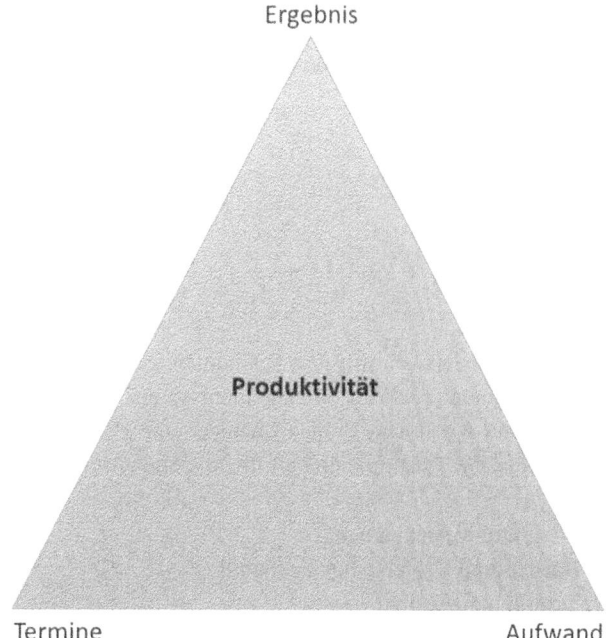

> **Kurz gefasst:** Termin-, Kosten- und Ergebnismanagement stellen eine klassische Strukturierung zur Planung und Durchführung von Projekten dar. Mit dem „Magischen Dreieck" soll eine möglichst ausgeglichene und ineinander verbundene Anordnung dieser Strukturgrößen ausgedrückt werden.

Die Projektrahmenmethode PRINCE2 erweitert die Gedanken dieses 3-Dimensionen-Ansatzes und stellt insgesamt sechs Parameter in den Vordergrund (vgl. Tab. 3.1). Neben den bereits genannten Größen Ergebnis (hier: Nutzen), Aufwand (Kosten) und Termine (Zeit) werden darüber hinaus auch Risiken, Umfang und Qualität als Faktoren aufgeführt (vgl. Friedrich 2016). Es wird demzufolge davon ausgegangen, dass auch die Projektrisiken, der Projektumfang sowie die Qualität des Projekts zu berücksichtigen und in ein entsprechendes Verhältnis zu setzen sind, um ein positives Projektergebnis erreichen zu können, wobei auch die Motivation der ProjektmitarbeiterInnen (vgl. Kap. 2) als weiterer Zusatzfaktor hinzugezogen wird.

Hinsichtlich unserer Fallstudie kann ergänzend die Dimension Risiken betrachtet werden. Risiken ergeben sich z. B. durch den Ausfall unverzichtbarer WissensträgerInnen aufgrund von Krankheit. Wurde dieses Risiko nicht mithilfe eines Risikomanagements frühzeitig bewertet und durch präventive Maßnahmen (insbesondere über eine Vertretungsregelung) vorbereitet, könnte der Ausfall der WissensträgerInnen zu einer zeitlichen Verschiebung (Dimension Zeit), einer notwendigen Anpassung der Projektinhalte (Umfang) oder auch zu einem Qualitätsverlust (Qualität) führen.

Tab. 3.1 Projektmanagement in Anlehnung an PRINCE2. (Quelle: vgl. Friedrich 2016, S. 15)

Parameter des Projektmanagements
Nutzen
Kosten
Zeit
Risiken
Umfang
Qualität
Motivation

Der Faktor Risiken mitsamt Risikomanagement macht darauf aufmerksam, dass Projektmanagement auch als Managementsystem betrachtet werden kann (vgl. Kraus und Westermann 2019). Das Project Management Institute (PMI) ordnet dem Projektmanagement in diesem Zusammenhang folgende neun Managementformen zu:

- Integrationsmanagement
- Inhalts- und Umfangsmanagement
- Terminmanagement
- Kostenmanagement
- Qualitätsmanagement
- Personalmanagement
- Kommunikationsmanagement
- Risikomanagement
- Beschaffungsmanagement

▶ **Kurz gefasst: Teil des Projektmanagements sind spezifische Managementgrößen betreffend z. B. Personal, Risiken und Qualität, die eine genauere Aufschlüsselung projektbezogener steuernder Maßnahmen ermöglichen sollen.**

Aichele und Schönberger (2014) geben einen vergleichbaren Überblick über entsprechende Managementformen, der sich nur in zwei Disziplinen vom PMI unterscheidet. Zum einen ersetzt dort das Stakeholdermanagement das Integrationsmanagement, das die Aufgabe hat, die Stakeholder[7] und ihre Interessen in Projekten zu berücksichtigen. Somit besitzt es ähnlich dem Integrationsmanagement einen zusammenführenden Charakter und kann als dessen Unterform angesehen werden. Darüber hinaus ist auch das Informationsmanagement im Modell von Aichele und Schönberger enthalten, das im PMI keine Berücksichtigung findet. Diese Managementform hat die Funktion, Informationen als Ressource anzusehen, um sie entsprechend den gesetzten Zielen optimal einsetzen zu können (vgl. Krcmar 2015). Informationen stellen in Projekten einen kritischen Faktor dar und

---

[7] Gemeint ist eine relevante Anspruchsgruppe, die anhand konkreter Erwartungen mit dem Projekt interagiert, z. B. InvestorInnen, KundInnen, politische PartnerInnen (vgl. Gabler Wirtschaftslexikon 2018).

können durch ein funktionierendes Informationsmanagement effektiv gesteuert werden, was insbesondere im Rahmen von Big Data[8] immer wichtiger zu werden scheint.

Auch der als Kernmerkmal von Projekten festgehaltene Aspekt der Veränderung hat seine eigene Managementform erhalten, die ebenfalls genauer abzugrenzen ist. So ist im Rahmen von Projektmanagement einerseits das Change Request Management hervorzuheben, das sich mit Änderungsprozessen innerhalb eines Projekts auseinandersetzt und andererseits das Change Management, das sich mit dem Thema Veränderung, insbesondere im Sinne von Unternehmenstransformationen, beschäftigt. Als mögliche Definition von Change Management kann Kurray (2007) herangezogen werden, der es als „Menge aller Konzepte und Methoden zur Effektivitäts- und Effizienzsteigerung (…) von Veränderungsprozessen in Organisationen" beschreibt (ebd., S. 4). In der Praxis werden beide Managementformen häufig unter dem Begriff Change Management zusammengefasst, wobei stets zu klären ist, ob Veränderungen am Projekt oder Veränderung im Sinne der Kultur, d. h. Werte und Einstellungen, im Fokus stehen (Abb. 3.2).

Zusammenfassend lässt sich festhalten, dass es verschiedene Möglichkeiten gibt, Projektmanagement zu definieren und dass dessen Spanne an Inhalten nahezu endlos scheint. Abhängig von den Eigenschaften eines Projekts sowie der angewendeten Projektmethode beinhalten sie verschiedene Disziplinen und legen unterschiedliche Schwerpunkte. Wichtig ist in diesem Zusammenhang, die für das jeweilige Projekt wesentlichen Aspekte zu kennen und durch geeignetes Vorgehen diesbezüglich effektive Maßnahmen ergreifen zu können. Die zahlreichen Managementformen, die dem Projektmanagement zugeordnet

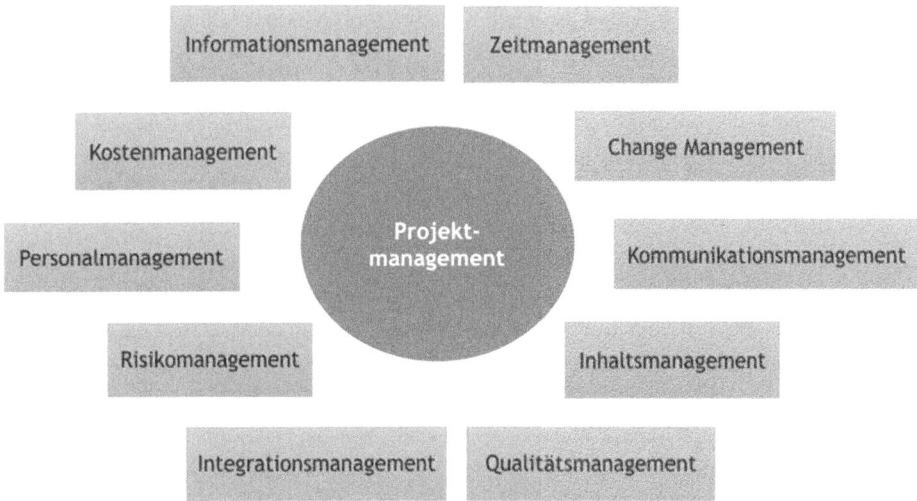

Abb. 3.2 Projektmanagement als Managementsystem. Eigene Darstellung

---

[8] Deutsch: Massendaten. Datenmengen, die aufgrund ihrer Größe, Komplexität oder Struktur schwer ausgewertet werden können (vgl. Bachmann et al. 2014).

werden können, sind häufig unterschiedlich definiert, weshalb für jedes Projekt zudem eindeutige Definitionen inkl. der Funktionen bereitgestellt und kommuniziert werden sollten. Wichtig ist die Einschränkung, dass die jeweiligen Systemdimensionen des Projektmanagements natürlich primär Annäherungen und Versuche der Darstellung organisatorischer Wirklichkeit darstellen, aber nicht selbst schon diese Wirklichkeit der Praxis direkt ausdrücken. Es handelt sich um Ordnungsaspekte, die die Hauptaufgaben einer organisatorisch kontrollierten Führung und Entwicklung von Projekten unterstreichen und die ManagerInnen dazu anhalten können, ihre Maßnahmen hiernach auszurichten.

3.5 Projektmethoden

Wie in den vorangegangenen Abschnitten gezeigt wurde, ist ein Management von Projekten notwendig und kann, je nach Projekteigenschaften, sehr vielseitig und umfangreich ausfallen. Für den Projekterfolg werden somit passende Herangehensweisen und Maßnahmen als Unterstützung für den Alltag der ProjektmanagerInnen benötigt. Eine entsprechende Form der Bündelung und Standardisierung solcher Aktivitäten stellen *Projektmethoden* dar. Sie dienen dem Zweck, die Themenkomplexe des Projektmanagements zu verschlanken, zu steuern und effektivieren zu können. In diesem Abschnitt soll ein Überblick über die drei gängigsten Projektmethoden gegeben werden. Dabei soll ein informierter Umgang mit Projektmanagement-Methoden vermittelt werden, wobei die Überschaubarkeit dieser Methoden sowie ihre Handhabbarkeit im Vordergrund stehen.

Generell ist in der Praxis zu beobachten, dass Projektmethoden im Management häufig wellenförmig in Gebrauch sind, d. h. eine bestimmte Methodik hat Mängel, woraufhin ein neuer Ansatz oder eine Verfeinerung entwickelt wird, der die Defizite beheben soll. Früher oder später gibt es auch daran Kritik und erneut wird der Versuch unternommen, die richtige Projektmethode ausfindig zu machen. Die häufige Suche nach *der richtigen* Projektmethode hat dazu geführt, dass zahlreiche Ansätze in der Praxis zu finden sind, die sich aber zumeist einer der drei folgend ausgeführten Arten zuordnen lassen.

Betrachtet man Projektmanagement-Methoden zunächst traditionell, so ist die *klassische Projektmethodik* unausweichlich. Bei dieser Art von Projektmethoden wird davon ausgegangen, dass Projekte durch „konkrete Planung, Steuerung und Koordination" (vgl. Trepper 2012, S. 28) effizient durchzuführen sind. Eine aufeinander aufbauende, also linear-konsekutive Ordnung wird verfolgt. Es wird besonderer Fokus auf Ursache-Wirkungs-Beziehungen gelegt (Schwaninger und Körner 2001), die vor allem in der sogenannten Wasserfallmethode zur Geltung kommen (vgl. auch Abschn. 3.6, Abb. 3.6). Dieses typische Beispiel klassischer Projektmethodik wurde als Fortsetzung eines Ansatzes von Winston W. Royce in den 1970er-Jahren entwickelt und in späteren Jahren als Wasserfallmodell beschrieben (vgl. Broy und Kuhrmann 2013). Weitere bekannte Projektmethoden, die der klassischen Methodik zugeordnet werden können, sind das V-Modell[9] und das Spiralmodell.[10]

Als zusammenfassende Betrachtung klassischer Projektmethoden können Ahne und Seeberger (2005, S. 295) herangezogen werden, die folgende Kernaspekte festhalten:

- Definition des Projektziels
- Planung der Maßnahmen zur Zielerreichung
- Realisierung der Maßnahmen
- Kontrolle der Maßnahmen

Da Veränderung und Ungewissheit Kernmerkmale von Projekten darstellen (vgl. Abschn. 3.2), die aus einem dynamischen Umfeld resultieren, stellt der Bedarf nach möglichst flexiblen Vorgehensweisen einen wichtigen Aspekt bei Betrachtung von Projektmethoden dar. Auf Basis derartiger Erfordernisse entstanden zusätzlich zu den klassischen Ansätzen *agile Projektmethoden*. Unter Agilität versteht Highsmith (2002) die Fertigkeit, auch bei unvorhersehbaren Entwicklungen Kundennutzen zu generieren und den Arbeitsprozess schnell und zuverlässig anzupassen. Dabei ist stets die Balance aus Stabilität und Flexibilität zu berücksichtigen (vgl. Trepper 2012). Die Kernpunkte agiler Vorgehensmodelle lassen sich dem Agilen Manifest entnehmen, das 2001 von einem ExpertInnenkreis aus dem Bereich der Softwareentwicklung erstellt wurde und folgende Leitsätze als Handlungsmaximen beinhaltet (vgl. Cockburn und Giesecke 2005):

- Individuen und Interaktionen sind wichtiger als Prozesse und Werkzeuge.
- Funktionen und Software sind wichtiger als umfassende Dokumentation.
- Kundenzusammenarbeit ist wichtiger als Vertragsverhandlungen.
- Auf Änderungen reagieren ist wichtiger als einem Plan zu folgen.

▶ **Kurz gefasst: Im Projektmanagement werden zwei hauptsächliche Projektmethodiken unterschieden – die klassische Methodik, die als linear-konsekutive Struktur vollzogen wird (genaue, aufbauende Schrittfolge) und die agile Methodik, die sich durch stärkere Individualisierung, Kundenorientierung und kurzfristigere Planungsanpassungen (auch rekursive bzw. rückläufige Maßnahmen) auszeichnet.**

Die Projektmethode „Scrum" stellt ein bekanntes Beispiel agiler Projektmethodik dar, was durch die maßgebliche Beteiligung ihrer Gründer am Agilen Manifest verdeutlicht wird (vgl. Beck et al. 2001). Dieser agile Ansatz verkörpert die Werte des Agilen Mani-

---

[9] Methode aus der Softwareentwicklung, die aufgrund der Phasenstruktur einem ‚V' ähnelt (vgl. Friedrich et al. 2009).
[10] 1986 entwickelter Ansatz, in dem sich ein Projekt spiralförmig durch vier Quadranten fortentwickelt (vgl. Balzert 1998).

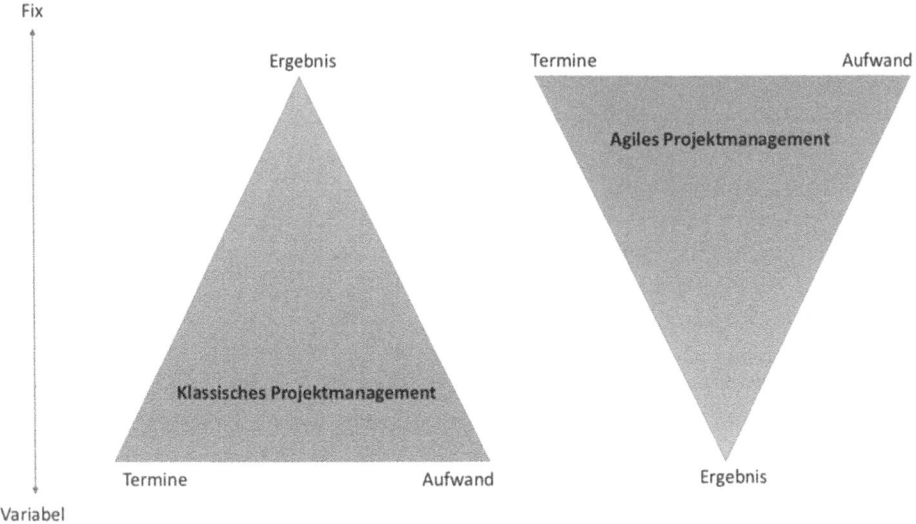

Abb. 3.3 Klassisches vs. Agiles Projektmanagement. Eigene Darstellung

fests daher sehr ausdrücklich und wurde ursprünglich im Rahmen von Softwareentwicklungsprojekten entwickelt (vgl. Gloger 2016). In der Praxis wird Scrum häufig auch etwas allgemeiner als Regelwerk für die Zusammenarbeit in Teams angesehen. Weitere Methoden im Bereich der agilen Projektmethodik stellen LeSS,[11] Kanban[12] oder Lean PM[13] dar.

Wie bereits erkennbar wird, unterscheiden sich klassische und agile Projektmethoden in ihren Grundzügen voneinander. Abb. 3.3 verdeutlicht dies, indem erneut Bezug zum „Magischen Dreieck" im Projektmanagement (vgl. Abschn. 3.3) hergestellt wird. In der klassischen Projektmethodik stellt das Ergebnis einen definierten Fixparameter dar, indem davon ausgegangen wird, dass die Zielrealisation stets planbar ist. Hingegen sind die Aspekte Termine und Aufwand veränderliche Parameter in der klassischen Vorgehensweise, da das fixe Projektziel durch zunächst geschätzte Umfänge von Kosten und Zeit erreicht werden soll. Im Gegensatz dazu sollen die Projektziele in einer agilen Projektmethode möglichst variabel bleiben. Hier wird ein fester Termin- und Aufwandsrahmen angenommen, um eine agile Projektvorgehensweise zu ermöglichen.

Da sich die klassische und die agile Projektmethodik konträr zueinander verhalten, kann es somit in der praktischen Anwendung durchaus vorkommen, dass keine der beiden Arten die passende Projektmethode bereitstellt. Wie könnte demnach ein Projektansatz aussehen, bei dem die Aspekte unterschiedlich kombiniert würden? Derartige Fragestel-

---

[11] Erweiterungsform vom Scrum mit Fokus auf Skalierungsrichtlinien.

[12] Methode aus der Produktionsprozesssteuerung. Ursprünglich aus Japan durch Toyota entwickelt (vgl. Lang und Wagner 2019).

[13] Verbindet Projektmanagement mit der Philosophie des Lean Management (vgl. Erne 2019).

lungen haben zu der Entwicklung zahlreicher weiterer Formen von Projektmethoden geführt, die häufig vereinfacht und kurz gefasst als *hybride Projektmethoden* bezeichnet werden. Hybrides Projektmanagement bezeichnet dabei grundsätzlich eine Kombination aus verschiedenen Projektmethoden, wobei i. d. R. eine Mischform von klassischen und agilen Konzepten gemeint ist (vgl. Timinger 2017). Es greift einzelne Elemente der beiden kombinierten Ansätze heraus und wendet diese je nach Projektanforderungen flexibel an.

Als Beispiel einer hybriden Projektmethode kann das Fallstudien-Projekt (vgl. Abschn. 3.1) herangezogen werden. In diesem Fall verfügt das Unternehmen Virtuality AG über keine eigene Projektmethodik und bittet die Unternehmensberatung B-BA darum, das Projekt mit einer dafür geeigneten Projektmethode durchzuführen. Auftraggeber und Lieferant einigen sich dabei auf ein hybrides Vorgehensmodell, um die Vorteile der traditionellen, klassischen Projektmethodik mit dynamischen, agilen Elementen kombinieren zu können. Dies drückt sich bspw. in der zugehörigen Ablauforganisation (vgl. Abschn. 3.6, Abb. 3.5) aus, indem sowohl Bestandteile der klassischen als auch der agilen Projektmethodik verwendet werden.

▶ **Kurz gefasst: Hybrides Projektmanagement stellt die Verbindung klassischer und agiler Methodik dar. Dabei sollen die Vor- und Nachteile beider Konzeptionen möglichst nutzbringend gegeneinander abgewogen bzw. abgeglichen werden. Das Management gewinnt hierdurch eine situations- und problemgerechte Flexibilität.**

3.6 Projektablauforganisation und -phasen

Projekte bestehen grundsätzlich aus verschiedenen Phasen und folgen somit einer bestimmten Ablauflogik. Die Anzahl der Phasen, ihre Ausgestaltung sowie die Übergänge zwischen ihnen hängen dabei stark von der verwendeten Vorgehensweise ab. Die Wahl der Projektmethode ist somit ausschlaggebend für die Ablauforganisation eines Projekts.

Grundsätzlich bestehen alle Projekte aus einigen wenigen Hauptphasen, die jedoch weiter unterteilt werden. Dadurch kommt es in der Praxis dazu, dass zahlreiche Kombinationen von Phasen zu finden sind und nahezu jedes Projekt über einen anderen Aufbau verfügt. Allgemein betrachtet beginnt jedes Projekt zunächst mit einer Startphase, der eine Umsetzungsphase folgt und zuletzt eine Abschlussphase. Sofern vor dem eigentlichen Projekt ein Vorprojekt, z. B. eine Voranalyse zur Bewertung der Produktivität und des Nutzens des Projekts durchgeführt wurde, kann auch dies als erste Phase oder Vorprojektphase angesehen werden.

Das Projektmanagement-Modell von Kilian et al. (2008) stellt eine beispielhafte Ablauforganisation von Projekten dar, indem folgende Unterteilung vorgenommen wird (vgl. Abb. 3.4): Zunächst entsteht eine Projektidee, die näher zu untersuchen ist. Hier handelt es sich um die Vorprojektphase. Bei entsprechendem Erfolg und Zustandekommen eines

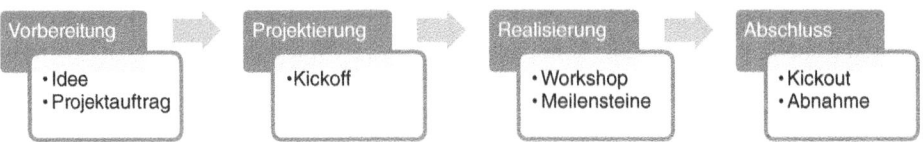

Abb. 3.4 Ablauforganisation im PM-Gesamtmodell nach Mirski. (Quelle: vgl. Kilian et al. 2008)

Projektauftrags beginnt anschließend die eigentliche Projektphase. In dieser wird das Projekt geplant und ein Kickoff-Meeting findet statt. Es folgt die Umsetzungsphase, in der die geplanten Tätigkeiten abgearbeitet werden, wobei jeweilige Projektmeilensteine, also Abschnittspunkte im Projektverlauf, zu erreichen sind. Nach Abschluss des Projekts beginnt schließlich der Übergang in die Nachprojektphase.

Bezugnehmend auf die Arten von Projektmethoden kann dieses Ablaufmodell der klassischen Projektmethodik zugeordnet werden. Denn ähnlich dem Wasserfallmodell handelt es sich auch hier um einen linearen Ablauf, bei dem stufenweise eine Phase nach der anderen erreicht wird. In dieser Ablauforganisation liegt ebenfalls begründet, weshalb die Wasserfallmethode auch als einfachste Form der Vorgehensmodelle angesehen wird (vgl. Trepper 2012). Die Bezeichnung geht dabei auf die wie bei einer Kaskade aufeinander folgenden Projektphasen zurück (vgl. Abb. 3.5).

Wie zu sehen ist, besteht diese klassische Projektmethode in ihrer ursprünglichen Form insgesamt aus den sechs Phasen Anforderungsdefinition, Analyse, Entwurf, Implementierung, Test und Inbetriebnahme. Im Vergleich zum Modell nach Mirski ist die Ablauforganisation mit ihren Phasenbezeichnungen somit auf den ersten Blick sehr unterschiedlich. Bei genauerer Betrachtung wird jedoch deutlich, dass sie sich inhaltlich ähneln. Zunächst werden die Anforderungen bzw. die Ideen definiert und in Form einer Analyse geprüft. Anschließend wird das Projekt geplant, indem die Entwurfsphase beginnt. Die Umsetzung findet folglich in Form einer Implementierung statt und die Abnahme in Form einer Testphase. Sobald die Umsetzung produktiv gegangen ist, erfolgt schließlich die Nachprojektphase. Dieser Vergleich verdeutlicht somit, dass Phasenmodelle, die auf den ersten Blick sehr unterschiedlich wirken, inhaltlich letztlich meist starke Gemeinsamkeiten aufweisen; es handelt sich also um Variationen, die ProjektmanagerInnen entsprechend Erfahrungswerten und im Hinblick auf die Anpassung für konkrete Projektvorhaben vornehmen.

Die Wasserfallmethode wurde darüber hinaus auch vielfach weiterentwickelt, sodass komplexere Phasenstrukturen in Zusammenhang mit dieser Methode ebenfalls möglich sind. Abb. 3.6 verdeutlicht den „Top-Down-Ansatz mit eingeschränkter Rückkopplung" (vgl. Aichele und Schönberger 2014, S. 32), der als charakteristisch für klassische Vorgehensmodelle anzusehen ist. Wie durch die dargestellten Pfeile erkennbar ist, gelangt man von einer Phase stufenartig jeweils zur nächsten Phase oder wieder zurück, weshalb nur Rücksprünge in die unmittelbar vorhergehende Phase möglich sind, nicht mehr aber tiergehende Eingriffe in bereits abgeschlossene Arbeitsabschnitte. Die lineare Logik setzt

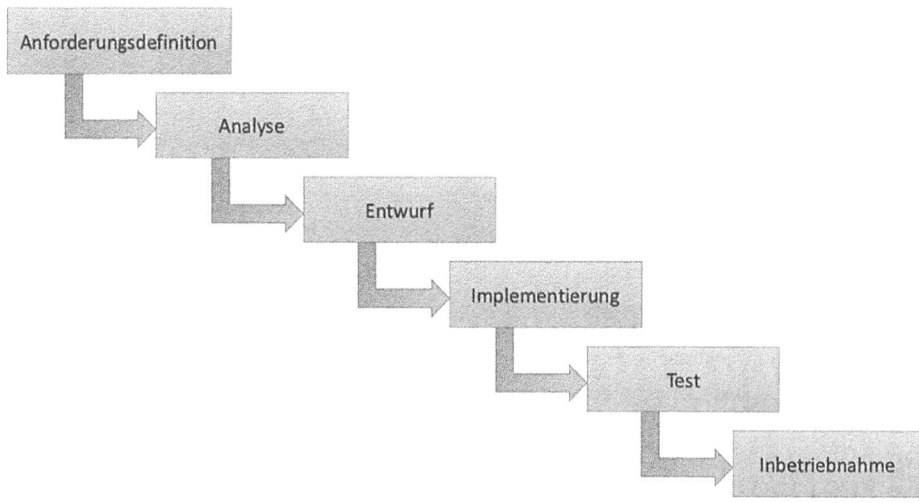

Abb. 3.5 Ablauforganisation klassisches Projektmanagement. Wasserfallmodell. Eigene Darstellung

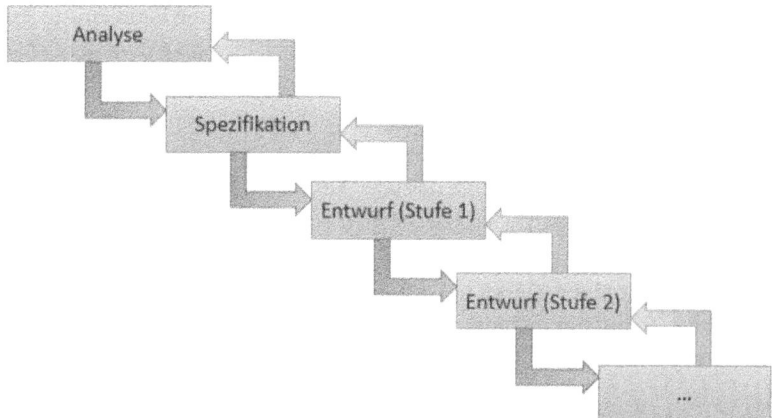

Abb. 3.6 Klassisches Projektmanagement. Erweitertes Wasserfallmodell. (Quelle: vgl. Aichele und Schönberger 2014, S. 32)

rückwirkenden Änderungen insofern vergleichsweise enge Grenzen; einfacher gesagt: erledigt ist erledigt.

▶ **Kurz gefasst: Projekte werden in klassischer Methodik phasenförmig aufgesetzt und veranstaltet. Der Wasserfall-Ansatz beschreibt in diesem Zusammenhang eine kaskadenartige Abfolge von Managementphasen.**

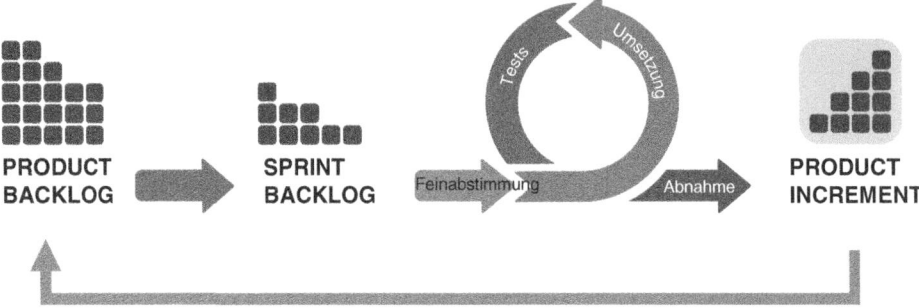

Abb. 3.7 Agiles Projektmanagement in Anlehnung an Scrum. Eigene Darstellung

Betrachtet man im Vergleich dazu die Ablauforganisation der agilen Projektmethode Scrum, so lassen sich darin nur wenige Elemente aus den vorigen Modellen wiederfinden (vgl. Abb. 3.7). Da bei agilem Projektmanagement nicht von einer fixen Lösung ausgegangen wird, steht bei diesem Ansatz vielmehr das Verfolgen einer Ergebnisvorstellung im Vordergrund. Dabei wird eine Ablauforganisation gewählt, die eine möglichst hohe Flexibilität gewährleisten soll. Den Ausgangspunkt stellt auch hier eine Anforderungsbeschreibung dar. In dieser Hinsicht ist somit in Bezug auf die Phasen eine Parallele zu den klassischen Aufbauorganisationen erkennbar, wobei der Unterschied hierbei in der Detaillierung liegt. Denn in der agilen Vorgehensweise wird diese Anforderung lediglich als Produktvision, d. h. als grobe Vorstellung definiert und mit funktionalem Fokus im „Product Backlog" erfasst. Anschließend wird aus diesem Backlog in der Kurzplanungsphase „Sprint Planning" ein „Sprint Backlog" erstellt, das eine Auswahl des „Product Backlog" darstellt und als Arbeitsgrundlage zu sehen ist. Diese Phase ist dabei nicht mit einer Planungs- oder Entwurfsphase aus der klassischen Projektmethodik vergleichbar, da Scrum ab diesem Zeitpunkt in einem iterativen Muster abläuft. Im Zentrum dieser sich wiederholenden Ablauflogik steht dabei der „Sprint", der sich aus folgenden Vorgängen bzw. Phasen zusammensetzt:

- Sprint Planning
- Umsetzung
- Sprint Review
- Sprint Retrospective

Ein Sprint kann somit in agilen Ablauforganisationen als hauptsächliche Durchführungsphase angesehen werden, die aus vier Unterphasen besteht, wobei zu betonen ist, dass ein Sprint i. d. R. insgesamt nicht länger als vier Wochen andauert. Im Vergleich zu den klassischen Ablaufmodellen ist dabei auffällig, dass der Aspekt der Planung wiederkehrend in die Durchführung einfließt, indem das „Sprint Planning" als Unterphase des Sprints angesehen werden kann.

Im Vergleich zu den zuvor beschriebenen klassischen Projektmethoden lassen sich agile Modelle somit zusammenfassend eher durch kurze, iterative Phasen kennzeichnen. Nach jeder Iteration soll bereits ein für die KundInnen sichtbares Resultat bzw. eine Vorschau (vgl. Abb. 3.7 „Increment"), z. B. eine Auswahlmaske eines Programms entstehen. Die Grundidee von agilen Vorgehensmodellen besteht daher auch darin, die Entwurfs- und Dokumentationsphase zu reduzieren und zeitgleich früh implementierbare Lösungen sowie Kundennähe zu forcieren (vgl. Aichele und Schönberger 2014). Insgesamt werden die KundInnen in dieses Projektmanagement tiefer einbezogen und erhalten schnellere und genauere Einblicke in die jeweiligen Arbeitsabschnitte. Dazu gehört es, Leistungen teilweise im laufenden Prozess zu präsentieren und mit ersten Lösungen aufzuwarten. So werden etwaige schlechte Ergebnisse, die aus der fehlenden Absprache im Prozess der Arbeiten resultieren, rechtzeitig vermieden.

▶ **Kurz gefasst: Der agile Ansatz sieht iterativ-wiederholende Managementphasen vor. Diese fallen i. d. R. kürzer aus und sie sollen bereits im laufenden Prozess der Herstellung einer Sache oder eines Verfahrens das beabsichtigte Ergebnis deutlich zum Ausdruck bringen bzw. darauf bezogene Maßnahmen lancieren, um das abschließende Produkt tatsächlich zu erreichen und ungünstige Überraschungen („am-Auftrag-vorbei-arbeiten") zu vermeiden.**

Im Rahmen der ausgewählten hybriden Projektmethode kombiniert das Phasenmodell in unserem Fallstudien-Projekt (vgl. Abb. 3.8) Elemente der klassischen und agilen Projektablaufstrukturen. Zunächst wird hier mit einer Analyse- („Discover") sowie einer Planungsphase („Prepare") nach klassischem Modell begonnen. Projekte können bei dieser Projektmethode somit einerseits zunächst durch eine Voranalyse betrachtet werden und andererseits besteht die Möglichkeit, direkt mit der Vorbereitungsphase in die Projektplanung einzusteigen. Im Anschluss an die Planung beginnt die Umsetzungsphase „Explore

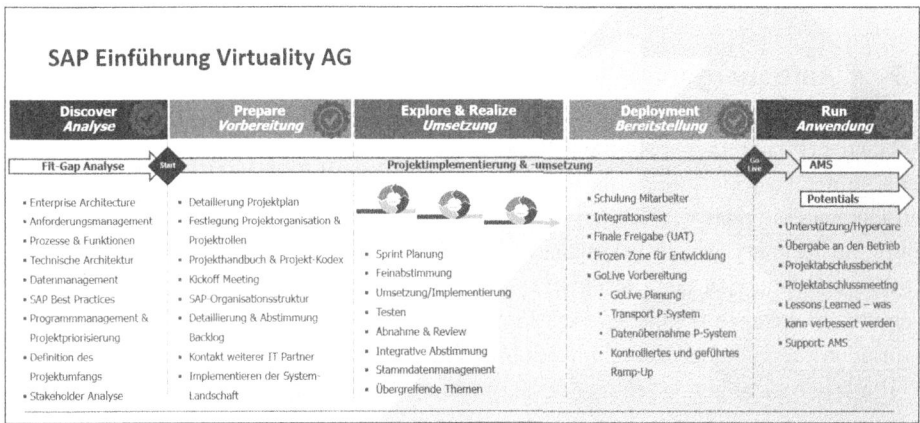

Abb. 3.8 Hybrides Phasenmodell. Beispiel-Fallstudie. Eigene Darstellung

& Realize", die im Sprint-Muster ausgeführt wird. An dieser Stelle der Ablauforganisation findet somit ein Wechsel in die agile Vorgehensweise statt. Im Rahmen dessen werden 12 vierwöchige Sprints durchlaufen, die für die Umsetzungsphase geplant wurden. Im Anschluss findet erneut ein Wechsel in die klassische Vorgehensweise statt, da nun die vorgeplanten Phasen für die Bereitstellung („Deployment") sowie Anwendung („Run") folgen.

Insgesamt kann an dieser Stelle festgehalten werden, dass zahlreiche Formen von Ablauforganisationen für Projekte in der Praxis zu finden sind. Agile Vorgehensmodelle unterscheiden sich deutlich von klassischen Ansätzen und die mögliche Kombination von Projektmethoden sowie ihrer Phasenstrukturen führen zu diversen Untertypen, die aber häufig ähnliche Grundstrukturen besitzen. Letztendlich besteht jede Projektablauforganisation aus den Kernelementen Planung, Durchführung und Abschluss.

Die näheren Feinheiten liegen in der Praxis im Ermessen der verantwortlichen ProjektmanagerInnen oder/und richten sich nach den Anforderungen der AuftraggeberInnen. Gelegentlich zeigt sich, dass projekterfahrene AuftraggeberInnen nicht einseitig die Methode des teilweise extern beauftragten Projektteams wünschen, sondern eigene Vorstellungen in den Ablauf einbringen wollen. Gerade agile Ansätze finden hier erhöhte Beachtung, denn sie erlauben eine stark interaktive Einbindung der KundInnen. Zu bedenken ist aber, dass vonseiten der auftraggebenden Stellen auch die Ressourcen für derart intensive Abstimmung bestehen sollten. Genauso ist möglich, dass ein externes Projektteam gerade zum Zweck der Entlastung eigener Beschäftigung mit dem Thema engagiert worden ist und die KundInnen dadurch eigene personelle Ressourcen schonen wollen oder solche im benötigten Maße an Kompetenz gar nicht vorhalten können.

▶ **Kurz gefasst: Agile Vorgehensweisen berücksichtigen tendenziell stärker die Interessen der KundInnen/AuftraggeberInnen. Deren Mitwirkung kann auch zur Entlastung der ProjektmitarbeiterInnen genutzt werden. Generell sollen Ergebnisse auf dem Weg dieser Ko-Produktion stimmiger bzw. treffsicherer erreicht werden.**

3.7 Aufbauorganisation und Kommunikationsstruktur

Neben der Ablauforganisation eines Projekts kommt auch der Aufbauorganisation Bedeutung für den Projekterfolg zu, da zusätzlich zu den Zeitpunkten und der Reihenfolge auszuführender Tätigkeiten, also dem *Wann*, ebenso entscheidend ist, *wer* diese *mit wem* ausführt. Im Rahmen von Projektmanagement wird in diesem Zusammenhang auch von Projektorganisationen oder -strukturen gesprochen, die bestimmte (Projekt-)Rollen und Verantwortlichkeiten beinhalten (vgl. Friedrich 2016). Darüber hinaus ist eine Projektorganisation eng mit einer Kommunikationsstruktur verknüpft.

Ein erster wichtiger Aspekt bei der Betrachtung von Projektorganisationen ist die Abgrenzung solcher Organisationsformen von der primären Unternehmensorganisation. Im Gegensatz zu diesen häufig in Stab- oder Liniensystematik strukturierten Normal- bzw.

Standardorganisationen gilt eine Projektorganisation lediglich temporär, also für die Dauer des jeweiligen Projekts. Sie stellt somit keine beständige Organisationseinheit innerhalb eines Unternehmens dar und kann als „Gesamtheit der aufbau- und ablauforganisatorischen Regelungen zur Abwicklung eines bestimmten Projekts bezeichnet" werden (Burghardt 2012, S. 102).

Die für Projekte geschaffenen Spezialorganisationen sind so weit wie möglich in die primäre Unternehmensorganisation zu integrieren bzw. mit dieser abzustimmen, um eine reibungslose Kommunikation zu ermöglichen und Parallelstrukturen zu vermeiden. Freitag (2016) nimmt in Bezug auf die übergreifende Kommunikationsstruktur eine Unterteilung in drei Kommunikationsformen vor. Die Verständigung innerhalb einer Projektorganisation wird darin als „interne Projektkommunikation" beschrieben. Hiermit ist der Austausch unter Projektmitgliedern gemeint. Findet eine Kommunikation von Projektmitgliedern mit AkteurInnen der direkten Umwelt (z. B. Stakeholder, vgl. Abschn. 3.4) statt, spricht Freitag (2016) von „externer Projektkommunikation". Die dritte Form ist die „öffentliche Kommunikation", die den Informationsaustausch *über* das Projekt ohne direkte Beteiligte, d. h. Projektmitglieder, meint. In Bezug auf die Integration einer Projektorganisation in die Gesamtorganisation sind somit neben der eigentlichen Projektkommunikation ebenso die externe sowie die öffentliche Kommunikation zu berücksichtigen, wobei insbesondere letztere schwer zu steuern ist, da sie außerhalb des Projekts stattfindet und Ansichten und Meinungen im Blick auf das Projekt nie vollständig beeinflusst werden können.

Im üblichen Projektgeschäft sind verschiedene Kommunikations- bzw. Interaktionsformate auszumachen. Dabei kann grundsätzlich eine Unterteilung in folgende Bereiche und Funktionen vorgenommen werden:

Abstimmung und ‚normaler' Projektalltag Projektmitglieder halten Meetings ab, tauschen sich ‚zwischen den Türen' aus und bearbeiten gemeinsam zu zweit oder mit mehreren KollegInnen in Arbeitsräumen einzelne Aufgabenpakete. Bei derartigen Abläufen steht somit die interne operative Projektkommunikation im Vordergrund. Hieraus resultiert in der Praxis häufig auch eine öffentliche Projektkommunikation, was sich an folgendem Beispiel aus der Projektfallstudie gut darstellen lässt: Das Projektteam Vertrieb, bestehend aus zwei VertriebsmitarbeiterInnen sowie einem Berater, führt einen Projekttermin in einem Büro der Vertriebsabteilung durch. Da diese Sitzung den ganzen Tag andauert, holt man sich gelegentlich einen Kaffee in der Abteilungsküche oder es wird ein eher beiläufiges Gespräch auf dem Flur geführt. Sind die Projektmitglieder wieder in ihrem Termin, so findet nun möglicherweise eine öffentliche Kommunikation über das Projekt durch die weiteren AbteilungsmitarbeiterInnen statt.

Fortschrittskontrolle und Validierung In regelmäßigen Abständen finden auf unterschiedlichen Projektebenen Formate statt, in denen der aktuelle Stand zu den Aufgabenpaketen besprochen oder auch formal festgehalten und mit dem geplanten Fortschritt abgeglichen wird. Dabei kann es sich um beiläufige Besuche der ProjektleiterInnen handeln, die auch spontan an Projektmeetings teilnehmen, oder auch um offizielle Statusmeetings, zu denen vorab Einladungen verschickt wurden, Berichte einzureichen sind und in gemeinsamer Betrachtung der jeweilige Projektfortschritt analysiert wird. Hierbei kommen auch Prüfmethoden wie z. B. Ampelsysteme zum Einsatz: Es wird angezeigt, ob ein Projekt im grünen, gelben oder roten Bereich steht. Dabei ist allerdings zu bedenken, dass solche Veranschaulichungen kritisch zu hinterfragen sind, da hier gelegentlich eine nicht überraschende Tendenz zum Aufhübschen und Vereinfachen des tatsächlich erreichten Fortschritts und bevorstehender Aufgaben zu finden ist.

Weiterbildung und Qualifizierung Aufgrund der neuartigen und verändernden Eigenschaften von Projekten werden die Kommunikationsformen häufig auch um Qualifizierungsgespräche oder Schulungen ergänzt. Es wird immer wieder passieren, dass neue Fragen aufkommen und diese besprochen werden müssen, wobei die innerbetrieblichen Sichtweisen dazu gelegentlich nicht genügen. Sind größere Bedarfe identifiziert worden, da sich bestimmte IT-Programme deutlicher verändern und neue Standards aus der Branche bzw. im Blick auf die Projektmodelle eingeführt wurden, so kommt es auch zu einigen Schulungstagen, an denen die Projektbeteiligten umfangreiche Qualifizierungsmaßnahmen durchlaufen. Solche Tätigkeiten bedeuten freilich Einschränkungen im operativen Betrieb, weshalb gerade bei bereits sehr gut qualifizierten ProjektmitarbeiterInnen Bedarf und Dauer einer Qualifizierung meist mit einigem Vorlauf eingeplant werden müssen.

Ein simples Beispiel einer klassischen Projektorganisation mitsamt vereinfachter Kommunikationsstruktur stellen Kraus und Westermann (2019, S. 6) dar. Hier ist zu sehen, dass in derartigen Aufbauorganisationen verschiedene Rollen eingesetzt werden, die in drei Projektorganisationgruppen bzw. -ebenen unterteilt werden:

ProjektentscheiderInnen Die wesentliche Aufgabe von ProjektentscheiderInnen (PE) ist es, die für den Projektfortschritt notwendigen Beschlüsse zu treffen und damit die Richtung vorzugeben. Die ProjektleiterInnen (PL) berichten an diese Ebene, um die entsprechende Entscheidungsfindung zu unterstützen. Sie wird daher häufig auch Lenkungsebene genannt und durch einen Lenkungskreis (auch „Steering Board") abgebildet.

Projektteam Hiermit ist das primäre Arbeits- oder Kernteam gemeint. Dazu zählt neben der Rolle der ProjektteilnehmerInnen/ProjektmitarbeiterInnen (PT) ebenso die der ProjektleiterInnen. Diese werden in der Praxis häufig auch ProjektmanagerInnen genannt. Ein Projektteam kann wiederum aus verschiedenen kleineren Unterteams bzw. Arbeitsgruppen bestehen. Die ProjektteilnehmerInnen berichten hier an die ProjektleiterInnen sowie an bestimmte, in das Projekt eingebundene LinienmitarbeiterInnen. Es sind somit zwei Ebenen in dieser Projektgruppe enthalten (vgl. Friedrich 2016, S. 33): einerseits die Lieferungsebene durch die ProjektteilnehmerInnen, die entsprechende Ergebnisse zu erbringen haben sowie andererseits die Steuerungsebene durch die ProjektleiterInnen.

3 Klassische und neuere Grundlagen des Projektmanagements: Konzepte, Methoden …

LinienmitarbeiterInnen Hierbei handelt es sich um MitarbeiterInnen aus der allgemeinen bzw. Regelorganisation, womit vor allem die Hierarchie von z. B. Gruppen- oder AbteilungsleiterInnen angesprochen ist. Wurden AbteilungsmitarbeiterInnen temporär für die Mitarbeit an einem Projekt abgeordnet, so ist es im Interesse der Führungskräfte der Linienorganisation, den Status des Projekts sowie die Auslastung seiner MitarbeiterInnen zu erfahren. Eine schwierige oder unvollständige Kommunikation kann hier auch für Unruhe und Irritation sorgen, da Linienführungskräfte aus verständlichen Gründen ungern ihr Personal für Projekte ‚hergeben', wenn sie gar nicht genau im Bilde sind, welche Aufgaben die MitarbeiterInnen dort erledigen und wie intensiv sie von dieser Aufgabe beansprucht sind.

Die Rollen der ProjektentscheiderInnen, ProjektleiterInnen und ProjektteilnehmerInnen stellen folglich bereits wesentliche Projektrollen innerhalb einer Projektorganisation dar, wobei sie bei Betrachtung weiterer Aspekte zu ergänzen und zu detaillieren sind. So ist es bspw. wichtig, dass in einer Projektorganisation verschiedene Interessengruppen vertreten sind (vgl. Abb. 3.9). Ein Projekt wird von einem/einer AuftraggeberIn finanziert, der/die z. B. ein bestimmtes Produkt erstellen lassen möchte. Dieses Produkt sollte, so die gängigen Anforderungen, in die Unternehmensstrategie und das Portfolio hineinpassen, da auch die Interessen des Unternehmens im Projekt zu berücksichtigen sind. Diejenigen, die das Produkt entwickeln und sich somit auf der Lieferantenseite befinden, sind i. d. R. durch DienstleisterInnen repräsentiert. Aus diesem Grund sind in der Praxis auf Entscheidungsebene auch die Lenkungskreise i. d. R. durch kundenseitige Interessengruppen besetzt. Es sollte hier durch fachlich qualifizierte ExpertInnen des eigenen Hauses geprüft werden, ob die Umsetzung der Anforderungen nach den Vorstellungen der AuftraggeberIn erfolgt. Insofern treten verschiedene Beratungs- und SpezialistInnenrollen hervor, die einem gemeinsamem Erwartungsmanagement dienen.

Abb. 3.9 Projektinteressen. Eigene Darstellung

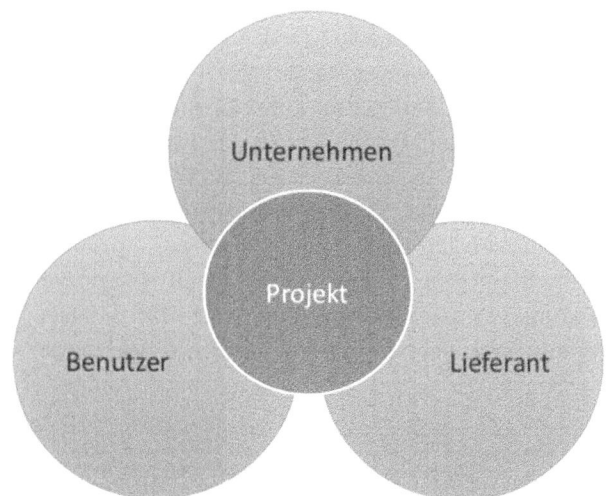

▶ **Kurz gefasst: Ein wesentlicher Teil des Projektmanagements besteht im Kommunikationsmanagement. Soziale Beziehungen müssen persönlich und fachlich am Laufen gehalten, d. h. organisiert werden, um die gewünschten zuverlässigen Abstimmungen zu erreichen. Die erforderlichen Instrumente der Kommunikation im Projekt reichen von sporadischer, kleinräumiger Direktvereinbarung zwischen einzelnen Personen bzw. Rollen bis hin zu strukturiert verfassten, gremienförmigen Zusammenkünften.**

Selbst auf der Ebene des Projektteams sind weitere Unterteilungen in der Praxis die Regel. Ein typisches Projektteam setzt sich bspw. aus einem „Key-User", einem Experten/ einer Expertin und ggf. weiteren Teammitgliedern zusammen. Der Key-User stellt dabei eine/-n der oben genannten SpezialistInnen auf Kundenseite dar, der/die nach dem Projekt als primäre Ansprechperson für die im Projekt erbrachten Leistungen vorgesehen ist. Als weitere ExpertInnen kommen häufig externe UnternehmensberaterInnen zum Einsatz, die sich auf Projekte im jeweiligen Bereich spezialisiert haben.

Sofern Projekte durch Zergliederung, Abstimmung und Interaktion eine höhere Komplexität erreichen und vermehrt verschiedene Wissensgebiete nachgefragt sind, wird auch eine weitere Ausdifferenzierung der ProjektmanagerIn-Rolle notwendig. Hier können z. B. zusätzlich Change ManagerIn, QualitätsmanagerIn oder RisikomanagerIn im Projekt installiert werden, um die federführenden ProjektmanagerInnen zu entlasten und eine Konzentration auf die jeweils erforderlichen Kerngebiete des Projektmanagements zu erlauben. Auch ein Projektmanagement-Office (PMO) – ein Team, das den operativen Ablauf der Termine und Abstimmungspunkte sowie die Versorgung mit benötigten Ressourcen im Projekt sicherstellt – ist in größeren Projekten keine Seltenheit und bedeutet für die Projektbeteiligten eine deutliche Entlastung ihrer ansonsten administrativ anfallenden Aufgaben. Handelt es sich um sehr technische Projekte, wird zudem ein Technical Lead (oder auch Technische/r ProjektmanagerIn, der an die Technischen DirektorInnen in der Geschäftsführung der Regel- bzw. Normalorganisation erinnert) eingesetzt.

Die verwendete Projektmethode kann zusätzlich Auswirkung auf die Rollengestaltung einer Projektaufbauorganisation haben. Betrachtet man bspw. die agile Projektmethode Scrum, so wird der/die ProjektmanagerIn gar überflüssig, indem ein „Product Owner" sowie ein „Scrum Master" als Projektrollen u. a. für seine/ihre typischen Aufgaben zum Einsatz kommen. Während ein „Product Owner" dabei z. B. verantwortlich für das abzuliefernde Produkt ist, liegt der Fokus eines „Scrum Master" vor allem auf Methodik und Zusammenarbeit.

Am Beispiel der Projekt-Fallstudie (vgl. Abschn. 3.1) sollen die Projektrollen nachfolgend in klassischer Methode (vgl. Abb. 3.10) in einen praktischen Kontext übertragen werden. Dabei stellt der Lenkungskreis die Ebene der ProjektentscheiderInnen dar. Dieser Projektgruppe zugehörig sind neben dem/der AuftraggeberIn (Geschäftsführung Virtua-

3 Klassische und neuere Grundlagen des Projektmanagements: Konzepte, Methoden ...

Lenkungskreis						
Projektmanagement						
Sales			Finance		Production	Procurement
Vertrieb 1	Vertrieb 2	Vertrieb 3	Finanzen	Controlling		
Key-User (G4F) Teammitglied (G4F) Berater/-in (B-BA)	Key-User (G4F) Teammitglied (G4F) Berater/-in (B-BA)	Key-User (G4F) Teammitglied (G4F) Berater/-in (B-BA)	Key-User (G4F) Teammitglied (G4F) Berater/-in (B-BA)	Key-User (G4F) Teammitglied (G4F) Berater/-in (B-BA)	Key-User (G4F) Teammitglied (G4F) Berater/-in (B-BA)	Key-User (G4F) Teammitglied (G4F) Berater/-in (B-BA)
Produktmanagement						
Infrastruktur und Technik						

Abb. 3.10 Beispiel Klassische Projektorganisation. Eigene Darstellung

lity AG) auch verschiedene Stakeholder (u. a. Geschäftsführung Glasses4Future GmbH) des Projekts. Auf der Ebene darunter ist das Projektmanagement dargestellt, worin sich die ProjektmanagerInnen wiederfinden. Diese Ebene stellt die Brücke zwischen dem Lenkungskreis und dem Projektteam dar. Auf der Kernteam-Ebene wurden außerdem diverse Spezialteams gebildet, die die Fachabteilungen repräsentieren, deren Mitarbeit im Projekt benötigt wird. Die Teams sind dabei aus je einem Teamlead (Key-User), einem Teammitglied und einem/einer externen SAP-BeraterIn zusammengesetzt. Um darüber hinaus eine weitere Themenkonzentration zu ermöglichen, wurden zudem die Projektteams „Sales" und „Finance" noch einmal unterteilt. Während die Vertriebsteams nach Produktgruppen strukturiert sind, ist im Finance-Bereich eine Aufteilung in die Teilbereiche Finanzen und Controlling erfolgt.

Die Projektteams „Produktmanagement" sowie „Infrastruktur und Technik" stellen zudem übergreifende Teams dar, da diese für wichtige Grundfunktionen der anderen Projektteams verantwortlich sind. Im Produktmanagement werden bspw. die Materialdaten gepflegt, die u. a. für den Einkauf von Rohmaterial oder Eigenfertigungsaufträge verwendet werden.

Im Vergleich zur klassischen Darstellungsform zeigt Abb. 3.11 eine alternative Visualisierung von Projektrollen und ihren Zusammenhängen. In diesem Fall wird der Kunde/die Kundin im Mittelpunkt positioniert und die Integration der einzelnen Teilbereiche hervorgehoben, indem diese in Form von sich überlappenden Kreisen dargestellt werden. Auf diese Weise ist es möglich, je nach Projekteigenschaften und -methode auch die Darstellungsform der Projektorganisation zu nutzen, um gewisse Beziehungsformen auszudrücken.

Zusammenfassend stellt Tab. 3.2 noch einen möglichen Überblick über die diversen Projektrollen dar. Es ist dabei anzumerken, dass dieser Überblick in der betrieblichen Praxis, wie schon gesagt, je nach örtlichen Bedingungen und Erwartungen verschiedentlich angepasst wird.

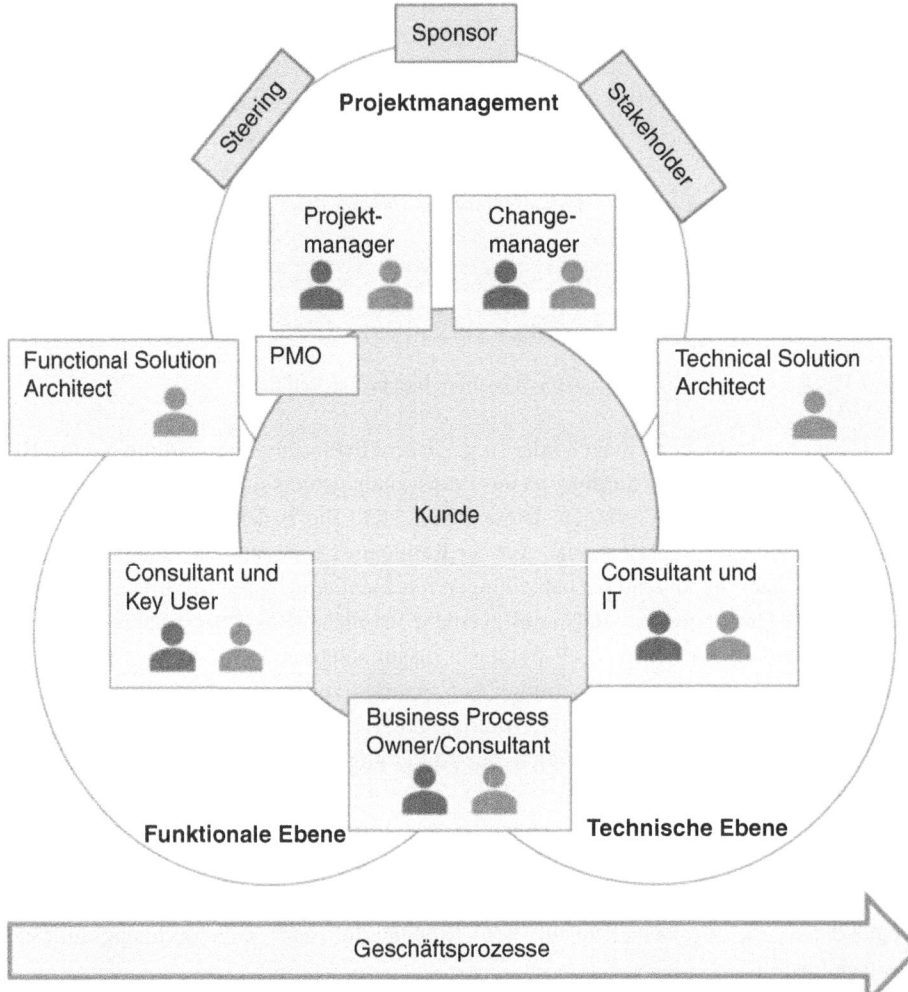

Abb. 3.11 Beispiel agile Projektorganisation. Eigene Darstellung

Tab. 3.2 Projektrollen und -aufgaben. Eigene Darstellung

Projektebene	Projektrolle	Typische Rollenaufgaben
Entscheidung/ Lenkung	AuftraggeberIn	• Beauftragung des Projekts • Lenkungs- und Entscheidungsaufgaben • Teilnahme am Lenkungskreis • Abnahme des Projekts

(Fortsetzung)

Tab. 3.2 (Fortsetzung)

Projektebene	Projektrolle	Typische Rollenaufgaben
Entscheidung/ Lenkung	Solution Architekt	• Erarbeitung von Lösungsvorschlägen • Entwicklung von Masterplan und Roadmap • Abbildung der Anforderungen in übergreifenden Prozessbausteinen • Aufzeigen und Entwerfen von Optionen zu ganzheitlichen Prozess- und/oder Technologielösungen • Vermittlung von Verständnis für neue Lösungen bzw. Technologien
Steuerung	ProjektmanagerIn	• Planung und Steuerung des Projekts • Verantwortlich für Scope, Timeline und Budget • Berichtet an Lenkungskreis, Auftraggeber und Projektteam • Organisation der übergreifenden Meetings (Statusmeetings, Sprinttests …) • Planung und Steuerung der Projektressourcen • Steuerung des Change Request Managements
Steuerung	PMO	• Unterstützung des Projektmanagements • Administrative und organisatorische Aufgaben • Nachhalten Projektplan, Stundenerfassung, Abweichungsanalysen, Projektcontrolling, Aufgabenverfolgung • Erstellung von Protokollen, Präsentationen, Reporting • Organisation Kommunikationsfluss, Meetings, Hotels • Kommunikationsschnittstelle zwischen den Bereichen (Teams, Fachbereiche) • Achten auf Einhaltung der Projektvorgaben und Standards
Steuerung	Change ManagerIn	• Begleitung und Steuerung des Projekts zu den Themen Training, Kommunikation, Motivation und Risikomanagement • Organisation einer unternehmensweiten Kommunikation zum Projekt (Ziele, Fortschritt, Veränderungen, Erfolge) • Vermeidung von Ängsten und Widerständen • Unterstützung von Akzeptanz und Motivation • Aufsetzen eines Risikomanagements • Erarbeitung zielgerichteter projektbegleitender Maßnahmen, um Risiken und Unsicherheiten zu begegnen und zu begrenzen • Erfolg und Nachhaltigkeit von Veränderungen durch systematische Vorgehensweise sicherstellen

(Fortsetzung)

Tab. 3.2 (Fortsetzung)

Projektebene	Projektrolle	Typische Rollenaufgaben
Steuerung	Technical Lead	• HauptansprechpartnerIn für alle technischen Themen über die gesamte Laufzeit eines Projekts • Sicherstellung einheitlicher Qualitätsanforderungen innerhalb des Projekts • Koordination von Fachthemen an andere EntwicklerInnen • Legt Regeln für das Vorgehen in technischen Angelegenheiten innerhalb des Projekts fest • Einweisung neuer technischer Projektmitglieder in die technische Architektur • Bei Fehlern/Problemen aktive Kommunikation zu den entsprechenden Fachteams
Lieferung	ExpertIn	• Bringt Expertenwissen und Projekterfahrung ein • Umsetzung von Projektaufgaben • Dokumentation neuer Systemeinstellungen • Unterstützung des Key-Users bei der Planung und Erreichung der Prozessumsetzung aus dem Backlog • Koordination der automatischen und manuellen Migrationsdurchführung von Stamm- und Bewegungstasten • Schulung des entsprechenden Key-Users (Neuerungen) • Übergabe der Systemkonfiguration an den Betrieb
Lieferung	Key-User	• Liefert Wissen über die Prozesse aus dem Fachbereich und den Standort • Einbeziehen von WissensträgerInnen aus dem Unternehmen und Kommunikation/Abstimmung über Prozessveränderungen innerhalb des Fachbereiches • Verantwortlich für die Planung und Erreichung der Projektziele des Projektteams • Gemeinsame Pflege des Backlogs mit dem Experten/der Expertin • Definition und Durchführung von Testszenarien • Erstellung der Schulungsunterlagen und Durchführung von Anwenderschulungen • Darstellung und Vorstellung des Status des Projektteams
Lieferung	Teammitglied	• Mitarbeit im Projektteam • Unterstützung des Key-Users • Übernahme von Aufgaben des Key-Users

3.8 Projektmanagement-Werkzeuge

Aufgrund der Komplexität von Projekten und ihrer Steuerung sollten ProjektmanagerInnen über ein gewisses Set an Hilfsmitteln für die Projektarbeit verfügen. Die häufig als „Projektmanagement-Tools" oder „Projektmanagement-Werkzeuge" bezeichneten Arbeitshilfen stellen dabei zum einen Instrumente dar, die lediglich unterstützend und optimierend in Projekten zum Einsatz kommen und somit nicht zwingend erforderlich sind.

Zum anderen gibt es darüber hinaus je nach gewählter Art der Projektmethode aber auch obligatorische Projektwerkzeuge, ohne die eine Projektdurchführung nach der gewählten Methode gar nicht möglich wäre.

Während Projektwerkzeuge einerseits in ihrer einfachsten Form Vorlagen darstellen können, werden sie häufig auch mit umfangreicheren Formen assoziiert. Die DIN-Norm 69901 definiert sie bspw. als „System von Richtlinien, organisatorischen Strukturen, Prozessen und Methoden zur Planung, Überwachung und Steuerung von Projekten" (vgl. Deutsches Institut für Normung e. V. (2009)). Darüber hinaus können sie ebenfalls sehr technischer Natur sein, wie das PMI verdeutlicht, das Projektwerkzeuge als „Project Management Information Systems (PMIS)" (zu Deutsch: Projektmanagement-Informationssysteme) beschreibt (vgl. Project Management Institute (PMI) (2013)). Im Folgenden wird ein Einblick in derartige Projektwerkzeuge gegeben, indem ein beispielhafter „Werkzeugkoffer" dargestellt wird.

In Tab. 3.3 ist eine mögliche einfache Übersicht von Projektwerkzeugen zu sehen. In diesem Werkzeugkasten wurde eine Sortierung nach Projektphasen unternommen. Darüber hinaus ist auch das jeweilige IT-Format vermerkt, um die technischen Voraussetzungen ebenfalls abzubilden. Bei dem vorhandenen Werkzeugkasten wurden lediglich Microsoft-Office[14]-Produkte verwendet, da sie in vielen Unternehmen und Organisationen gängig sind und zur Verfügung stehen. Natürlich können auch andere IT-Lösungen eingesetzt werden und sind im Umlauf. Dargestellt wird hier lediglich, dass entsprechende Werkzeuglösungen via Apps/Programmen für verschiedene Managementprozesse eingesetzt werden. Die digitale Verzahnung des Projektmanagements ist heute generell als sehr hoch einzustufen und für alle größeren Projekte durchgängig eingerichtet.

▶ **Kurz gefasst: In Projekten der agilen Herangehensweise kommen eine Reihe IT-bezogene Werkzeuge zum Einsatz; sie werden vor allem über verschiedene Softwares abgebildet. Welche Formate genutzt werden, hängt maßgeblich von dem Arbeitsanlass ab, je nachdem also, ob präsentierende, dokumentierende oder kollaborative Zwecke damit verfolgt werden.**

Tab. 3.3 Projektmanagement und IT-förmige Werkzeuge. Die ausgewiesenen IT-Formate stellen eine Auswahl dar. Natürlich kommen ebenso alternative Angebote in Betracht. Eigene Darstellung

Projektphase	Titel	IT-gestütztesFormat
Phasenübergreifend	Dokumentenmanagement	Teams
Phasenübergreifend	Kollaboration	Teams
Phasenübergreifend	Budgetauswertung	Excel
Projektvorbereitung	Projektplan	Project
Projektumsetzung	Projektbacklog	Excel
Projektumsetzung	Statusbericht	PowerPoint
Projektumsetzung	Projektbegleitende Dokumentation	Word

---

[14] Die Microsoft-365-Lizenz stellt die Cloud-Variante von Microsoft Office dar. Neben der gängigen Software wie Word, Excel und PowerPoint sind viele weitere Apps wie z. B. Teams, OneNote oder Yammer darin enthalten.

3.8.1 Phasenübergreifende Projektwerkzeuge

Dokumentenmanagement In einem Projekt werden zahlreiche Dokumente verwendet, angefertigt und unter den Projektmitgliedern ausgetauscht. Ein obligatorisches Projektwerkzeug stellt daher ein professionelles Dokumentenmanagement dar, das mithilfe eines geeigneten Systems abzubilden ist. Die wichtigsten Funktionen sind in der Ablage, dem Suchen und dem Teilen von Dokumenten zu sehen. In diesem Zusammenhang sind einige Anforderungen an ein solches System zu berücksichtigen: Zunächst sollte die Handhabbarkeit und Nutzung möglichst einfach sein, um die Projektmitglieder auch zu einer Anwendung und somit zu einem Beitrag zum Dokumentenmanagement zu motivieren. Ist dies mit zu vielen Prozessumstellungen oder technisch unklaren Aufwänden verbunden, so wird das Dokumentenmanagement nicht erfolgreich sein können.

Auch die technischen Rahmenbedingungen sind von Bedeutung, da ein solches System sicher, stabil und jederzeit zugänglich sein sollte. Ein mögliches Beispiel für ein Dokumentenmanagement-System stellt das Programm „Microsoft Teams" dar (vgl. Abb. 3.12). Mithilfe dieser Plattform aus dem Microsoft-Office-365-Paket ist es möglich, die wichtigsten Anforderungen abzubilden. Im Fall des Fallstudien-Projekts wurde eine einfache Ordnerstruktur entsprechend den Projektteams (vgl. Abschn. 3.4) zur Verfügung gestellt, sodass jedes Team sowie das Projektmanagement insgesamt den jeweils eingerichteten Arbeitsbereich nutzen kann.

Kollaboration Die regelmäßige Kommunikation zwischen den Projektmitgliedern ist notwendig, um ein Projekt erfolgreich durchführen zu können, wenn auch die Häufigkeit je nach Art der gewählten Projektmethode doch stark variiert. In der Praxis sind hier (neben den persönlichen Interaktionsformen wie z. B. Face-to-face-Gespräche) vor allem E-Mails, Telefonate und zunehmend auch Chats anzutreffen. Die Anforderungen sind dabei ähnlich wie bei einem Dokumentenmanagement: Es sollte technisch jederzeit auf ein-

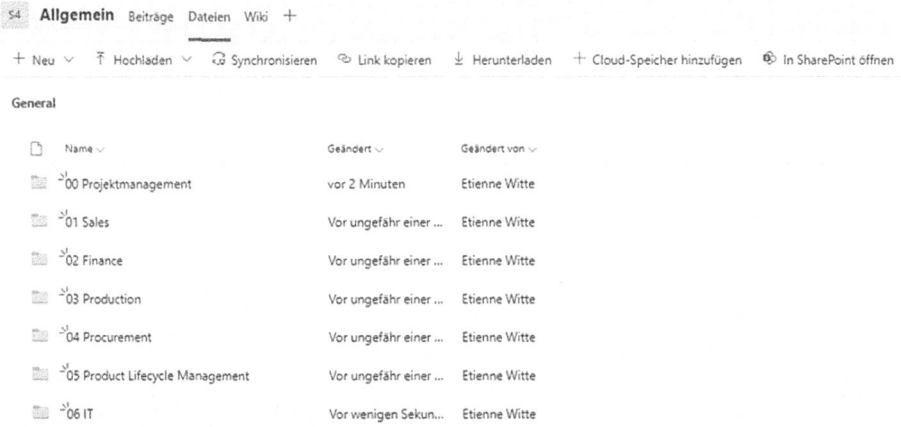

Abb. 3.12 Dokumentenmanagement. Eigene Darstellung

3 Klassische und neuere Grundlagen des Projektmanagements: Konzepte, Methoden ...

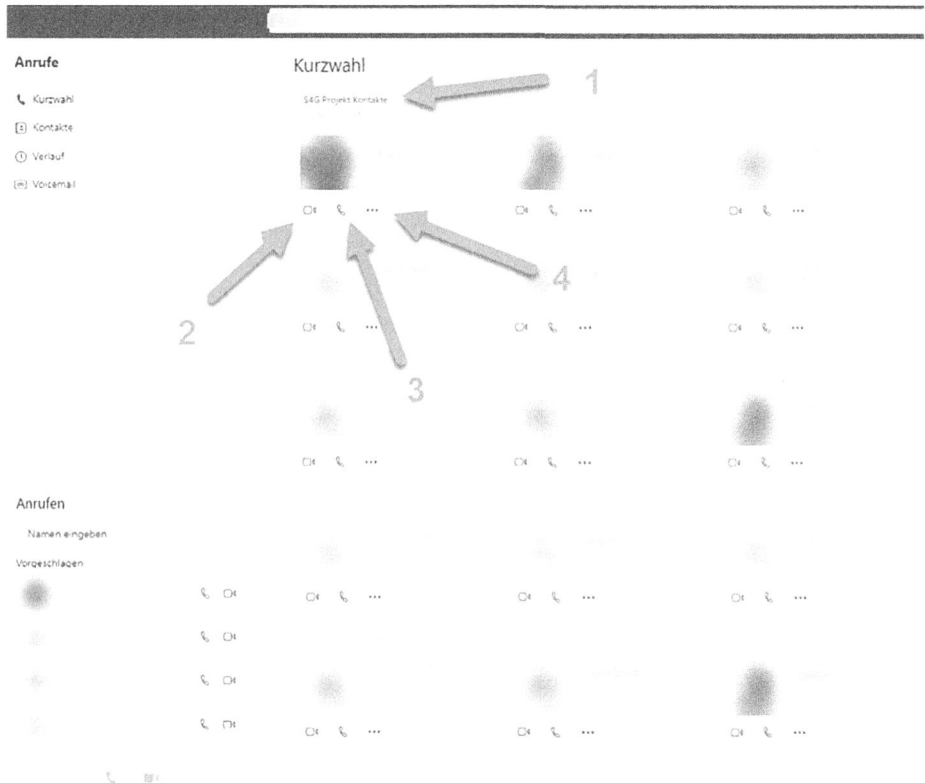

Abb. 3.13 Kollaborationsplattform. Eigene Darstellung

fache Art möglich sein, Projektmitglieder zu kontaktieren und mit ihnen sich abstimmen zu können. Da Microsoft Teams in dem Fallstudienprojekt bereits für das Dokumentenmanagement eingesetzt wird und darüber hinaus über zahlreiche weitere Funktionen verfügt, kann es ebenfalls als gemeinsame Kollaborationsplattform genutzt werden. Wie in Abb. 3.13 zu sehen, ist in diesem Programm eine Übersicht aller Projektmitglieder enthalten, die auf einfache Weise und auf unterschiedlichen Wegen orts- und zeitunabhängig kontaktiert werden können. Dazu zählen Videoanruf, Anruf und (Gruppen-)Chat.

Selbstverständlich ersetzen diese Plattformen nicht die direkte persönliche Interaktion zwischen Mitgliedern. In vielen Projektumgebungen wird daher längst auf Kreativräume Wert gelegt, in denen die Mitglieder zu bestimmten Teilaufträgen im Projekt für einige Stunden oder einen Tag zusammentreffen und die Planungen der nächsten Arbeitsschritte vornehmen, Auswertungen besprechen, über bestimmte Maßnahmen entscheiden etc. Der kreative Aspekt der persönlichen Begegnung bei einem Kaffee, an einem Stehtisch oder in einer Sitzecke kann sich auch unter motivationalen Aspekten als anregend und bereichernd erweisen. War eine gewisse Behaglichkeit oder gar Gemütlichkeit im Projektgeschäft über die längste Zeit gar nicht vorgesehen, finden solche kollaborativen Einrichtungen in Form ‚aufgelockerter' Arbeitsumgebungen in den letzten Jahren verstärkt Beachtung. Digitale

Methoden ergänzen vor allem und präzisieren dazu die Kommunikationsabläufe auch über größere Distanzen oder bei markanten Umständen (man denke nur an die pandemische Lage im Zuge der sog. Corona-Krise), die die persönliche Anwesenheit stark einschränken.

▶ **Kurz gefasst: IT-spezifische Formate als Ordnungs- und Steuerungsmittel ergänzen, erleichtern und optimieren die Durchführung von Projekten erheblich. Es ist erforderlich ihren Nutzen realistisch einzuschätzen. Die Maßnahmen ersetzen nicht die persönliche Interaktionen und ‚kurze Dienstwege', mit denen oft schnelle, kurzfristige Lösungen erzielt werden können. Der Umgang mit IT-Formaten ist je nach Arbeitszusammenhang daher anzupassen.**

Budgetauswertung Ein weiteres phasenübergreifendes Projektwerkzeug stellt die Budgetauswertung dar. Dieses Instrument ist als obligatorisches Werkzeug anzusehen, da das Projektcontrolling und -reporting Kernaufgaben des Projektmanagements sind. Das wesentliche Ziel eines solchen Werkzeuges ist es, das Projektbudget korrekt und umfassend abbilden und pflegen zu können. Es hat somit die Anforderung zu erfüllen, kalkulatorisch einwandfrei zu sein und die Ergebnisse verständlich abzubilden. Optimalerweise kommen daher für derartige Funktionen voreingestellte Systemlösungen zum Einsatz, die entsprechende Rechenformeln bereits beinhalten. Alternativ ist es ebenso möglich, die Budgetauswertung mit Microsoft Excel oder einer vergleichbaren Software durchzuführen, die auch in dem Fallstudien-Projekt zum Einsatz kommt. Ein entsprechendes Excel-Template sollte dann Elemente wie Formeln und Feldverweise beinhalten.

Im Fallstudien-Projekt (vgl. Abb. 3.14). steht für externe Dienstleistungen ein Gesamtbudget von 520.000 Euro zur Verfügung, das sich auf 490 Projekttage (PT) à 8 Stunden verteilt. Dabei liegen Vergütungssätze von 1000 Euro pro Tag für die externen BeraterInnen sowie 1500 Euro pro Tag für den/die ProjektmanagerIn zugrunde. Dieses Budget, das

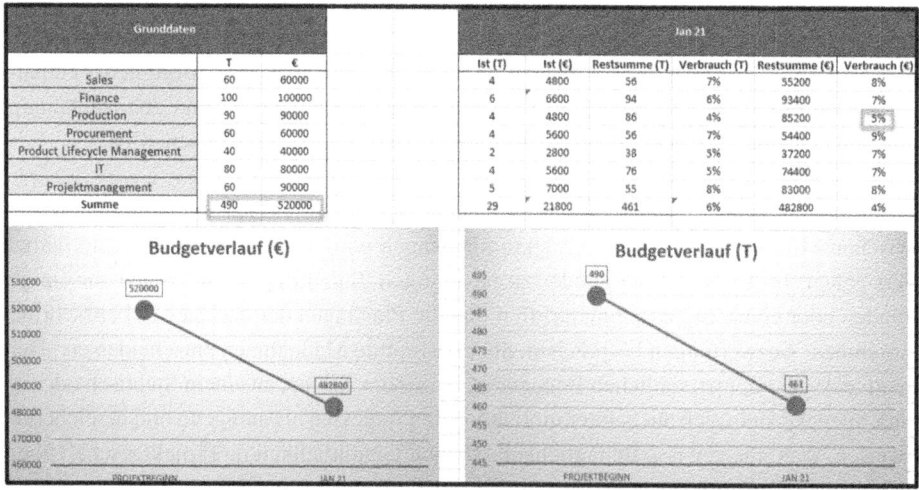

Abb. 3.14 Budgetauswertung. Eigene Darstellung

je nach Aufgaben auf die unterschiedlichen Teams aufgeteilt wurde, stellt somit die Grundlage der Budgetauswertung dar. Die ProjektmanagerInnen fertigen nun zu Ende Januar das erste monatliche Reporting an, indem ausgewertet wird, wie viele Projekttage in den einzelnen Teams verbraucht wurden. Dies kann z. B. anhand einer auf Stundenbasis anzufertigenden Zeitrückmeldung durch die UnternehmensberaterInnen ermittelt werden. Als Ergebnis kann in diesem Beispiel daraus abgeleitet werden, dass im Bereich Produktion 5 Prozent des geplanten Budgets (in Euro) verbraucht wurden. In der Summe ergibt sich ein projektübergreifender Budgetverlauf in Euro sowie zusätzlich in Tagen, der monatlich fortgeführt wird. Zusätzlich bietet es sich an, diesen Ist-Stand des Budgets mit entsprechenden ursprünglichen Planwerten zu vergleichen, die im Rahmen einer Budgetplanung ermittelt werden. Die Ergebnisse können ProjektmanagerInnen in Form monatlicher Reportings an den Lenkungskreis schicken, um über den Status des Budgets zu berichten. Darüber hinaus kann nach unterschiedlichen Methoden ein Forecast, d. h. eine prognostische Vorberechnung, angefertigt werden, um frühzeitig zu erkennen, ob das geplante Budget tatsächlich ausreichen wird.

3.8.2 Projektvorbereitung

Eines der bekanntesten und am weitesten verbreiteten Projektwerkzeuge stellt der *Projektplan* dar. Mithilfe dieses Instruments wird der zeitliche Verlauf eines Projekts genau dargestellt, indem die für das Projekt wesentlichen Termine hierin aufgeführt werden. Ein Projektplan beinhaltet außerdem kritische Termine, die Meilensteine genannt werden. Dieses Projektwerkzeug sollte somit einerseits einen Überblick über die aktuelle Terminplanung des Projekts geben und andererseits ermöglichen, dass die Terminplanung bei notwendigen Anpassungen entsprechend aktualisiert werden kann. Sollte bspw. eine der vorgeplanten Phasen aus der Projekt-Fallstudie (vgl. Abb. 3.15) länger andauern als ursprünglich geplant, so ist dies mithilfe dieses Werkzeugs in die Terminplanung nachlau-

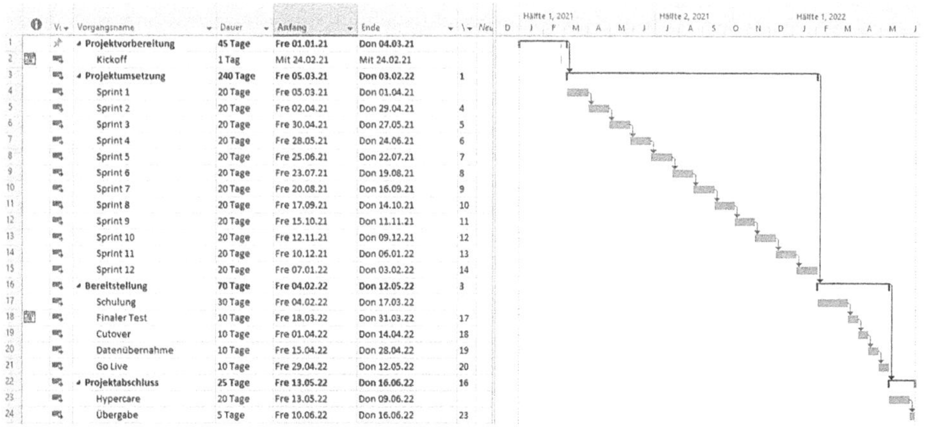

	Vorgangsname	Dauer	Anfang	Ende	Vorgänger
1	**Projektvorbereitung**	**45 Tage**	**Fre 01.01.21**	**Don 04.03.21**	
2	Kickoff	1 Tag	Mit 24.02.21	Mit 24.02.21	
3	**Projektumsetzung**	**240 Tage**	**Fre 05.03.21**	**Don 03.02.22**	1
4	Sprint 1	20 Tage	Fre 05.03.21	Don 01.04.21	
5	Sprint 2	20 Tage	Fre 02.04.21	Don 29.04.21	4
6	Sprint 3	20 Tage	Fre 30.04.21	Don 27.05.21	5
7	Sprint 4	20 Tage	Fre 28.05.21	Don 24.06.21	6
8	Sprint 5	20 Tage	Fre 25.06.21	Don 22.07.21	7
9	Sprint 6	20 Tage	Fre 23.07.21	Don 19.08.21	8
10	Sprint 7	20 Tage	Fre 20.08.21	Don 16.09.21	9
11	Sprint 8	20 Tage	Fre 17.09.21	Don 14.10.21	10
12	Sprint 9	20 Tage	Fre 15.10.21	Don 11.11.21	11
13	Sprint 10	20 Tage	Fre 12.11.21	Don 09.12.21	12
14	Sprint 11	20 Tage	Fre 10.12.21	Don 06.01.22	13
15	Sprint 12	20 Tage	Fre 07.01.22	Don 03.02.22	14
16	**Bereitstellung**	**70 Tage**	**Fre 04.02.22**	**Don 12.05.22**	3
17	Schulung	30 Tage	Fre 04.02.22	Don 17.03.22	
18	Finaler Test	10 Tage	Fre 18.03.22	Don 31.03.22	17
19	Cutover	10 Tage	Fre 01.04.22	Don 14.04.22	18
20	Datenübernahme	10 Tage	Fre 15.04.22	Don 28.04.22	19
21	Go Live	10 Tage	Fre 29.04.22	Don 12.05.22	20
22	**Projektabschluss**	**25 Tage**	**Fre 13.05.22**	**Don 16.06.22**	16
23	Hypercare	20 Tage	Fre 13.05.22	Don 09.06.22	
24	Übergabe	5 Tage	Fre 10.06.22	Don 16.06.22	23

Abb. 3.15 Projektplan. Eigene Darstellung

fend zu integrieren. Wenn, wie in diesem Fall, Microsoft Project für die Projektplanung genutzt wird, kann dies auf einfache Weise durchgeführt werden, da das Tool über verschiedene Planungsfunktionen verfügt. So können bestimmte Phasen automatisch geplant werden, sodass sie bei Verschiebungen vorheriger Phasen ohne Einwirkung des Projektmanagers/der Projektmanagerin direkt fortlaufend angepasst werden.

3.8.3 Projektumsetzung

Projektbacklog Die Aufgabenverwaltung innerhalb von Projekten stellt einen weiteren wesentlichen Bestandteil des Projektmanagements dar. Klassisch werden hierfür Arbeitspakete und entsprechende Listen genutzt. Aus dem Bereich der agilen Projektmethodik sind zudem sogenannte Backlogs bekannt, die „User Stories" (Anwendergeschichten) enthalten. Sie werden in der Praxis auf unterschiedliche Weise angewendet und stellen häufig eine Kombination der klassischen und agilen Herangehensweisen dar. Im Fallstudien-Projekt wird dies entsprechend hybrid angewendet. Zum einen stellt das Backlog eine Übersicht der Aufgaben jedes Projektteams dar (Spalten 1–3). Zum anderen wird dieses Projektwerkzeug auch dafür genutzt, die agile Planung in der Umsetzungsphase vorzunehmen. Zum Projektbeginn wird dazu eine Verteilung der „Backlog Items", d. h. der einzelnen Aufgaben, auf die 12 Sprints vorgenommen. Es wird also geplant, in welchem Sprint welches Item voraussichtlich umgesetzt werden wird. Während der einzelnen Sprintplanungen (vgl. Abschn. 3.15), wird diese Verteilung jeweils evaluiert und ggf. angepasst. Der Status der Items wird parallel dazu festgehalten und aktualisiert (vgl. Abb. 3.16, 2. u. 3. Spalte v. r.).

Statusberichte Ein weiteres Projektwerkzeug stellt der Statusbericht dar. Dieser wird in regelmäßigen Abständen und auf unterschiedlichen Projektebenen benötigt, um einen kompakten Schnellüberblick über den entsprechenden Status liefern zu können. Microsoft PowerPoint oder ein vergleichbares Präsentationsprogramm eignet sich hierfür, indem auf einer Präsentationsfolie die hauptsächlichen Punkte festgehalten werden (vgl. Abb. 3.17).

Zunächst ist es dabei wichtig, den Statusbericht sachlich einordnen zu können, d. h. es sollte schnell ersichtlich sein, um welches Projektteam und um welchen Zeitraum es sich handelt. Anschließend sind i. d. R. die wesentlichen Ergebnisse, die nächsten Schritte und

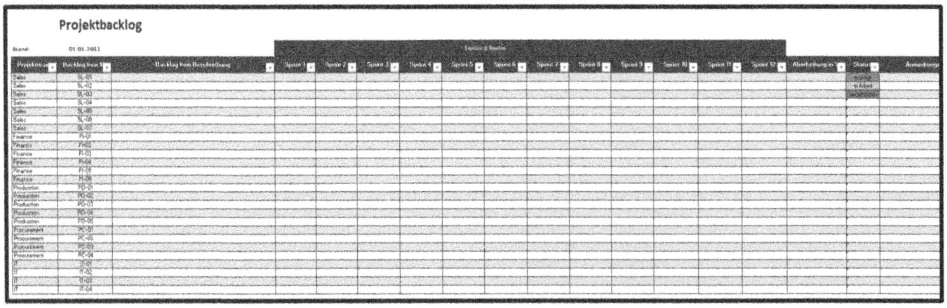

Abb. 3.16 Backlog. Eigene Darstellung

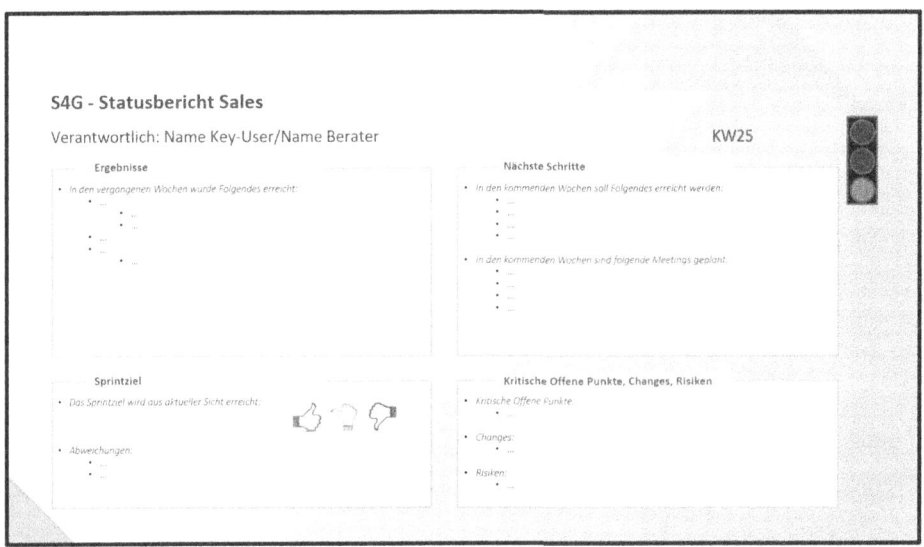

Abb. 3.17 Statusbericht. Eigene Darstellung

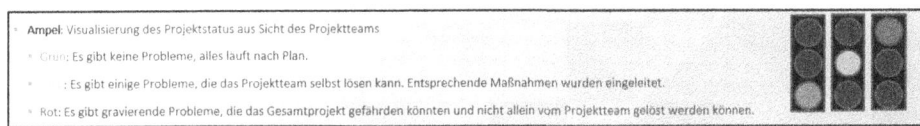

Abb. 3.18 Status-Ampel. Eigene Darstellung

der Bezug zu wichtigen Meilensteinen oder Zielen sowie Risiken aufgeführt. Ein wesentliches und anerkanntes Element in Statusberichten stellt zudem eine Ampel dar, die für EntscheiderInnen auf einen Blick zeigen soll, ob der entsprechende Status positiv (grün), negativ (rot) oder dazwischen (gelb) liegt. Häufig werden in Projektstatusberichten auch mehrere Ampeln genutzt, indem der Status von Scope, Zeit und Budget durch jeweils eine Ampel dargestellt wird (vgl. Abb. 3.18).

Projektbegleitende Dokumentation Die Dokumentation stellt aus vielerlei Hinsicht eine relevante Aufgabe für Projekte dar. Sobald ein Projekt beendet ist und sich die Projektorganisation wieder auflöst, besteht die Gefahr des Informationsverlustes. Zahlreiche ProjektteilnehmerInnen werden nicht mehr zur Verfügung stehen, sodass bei Rückfragen im schlimmsten Falle keine Antworten geliefert werden können. Aus diesem Grund sind Dokumentationen häufig auch Pflichtbestandteil von Projekten. Die Hauptanforderungen an sie stellen Vollständigkeit und Korrektheit dar. Im optimalen Fall sind jegliche Aktivitäten, wie z. B. neu definierte Prozesse, dokumentiert. Dies kann auf unterschiedliche Weise erfolgen, wie bspw. in Form von Prozessdiagrammen oder -beschreibungen. Ein mögliches Verzeichnis einer projektbegleitenden Dokumentation, wie sie im Fallstudien-Projekt verwendet wird, kann Abb. 3.19 entnommen werden. Hier sieht der Aufbau vor, dass zu Be-

Inhaltsverzeichnis

1 Administration..2
1.1 Versionsmanagement...2
1.2 Mitgeltenden Unterlagen/Dokumente..3
2 Allgemeines...3
2.1 Sprache...3
3 Organisationsstruktur..3
3.1 Buchungskreis..3
3.2 Werk...4
3.3 4
4 Prozesse...4
4.1 Übergreifende Einstellungen..4
4.2 Prozess 1..4
4.2.1 Stammdaten..4
4.2.2 Prozessablauf..4
4.2.3 Formulare...4
4.2.4 Schnittstellen..4
4.2.5 Entwicklungen..5
4.2.6 Change Requests..5
4.3 Prozess 2..5
4.3.1 Stammdaten..5
4.3.2 Prozessablauf..5
4.3.3 Formulare...5
4.3.4 Schnittstellen..5
4.3.5 Entwicklungen..5
4.3.6 Change Requests..5

Abb. 3.19 Projektbegleitende Dokumentation. Eigene Darstellung

ginn des Dokuments, das von jedem Projektteam anzufertigen ist, zunächst allgemeine Aspekte wie Organisationsstruktur oder Fachterminologie erfasst werden. Im weiteren Verlauf liegt der Fokus auf den Prozessen, deren Ablauf, Schnittstellen sowie vielen weiteren Aspekten. Insgesamt erfüllt die Dokumentation also prozessual-steuernde wie auch wissenssichernde und wissenstransferierende Funktion. Sie wird heute daher teilweise als eigenständiges Wissensmanagement verstanden, mit dem auch direkt die Qualifizierung neuer Projektmitglieder erfolgt.

3.9 Fazit

In diesem Kapitel konnten eine Reihe an Methoden, Instrumenten und Konzepte des Projektmanagements vorgestellt werden. Dabei wurde eine methodisch-betriebswirtschaftliche Perspektive verfolgt. Das Projektmanagement in seiner heutigen Ausprägung ist vor allem durch die praktische Arbeit in Projekten an Wissen genährt und entwickelt worden. Für Projekte, die mit klar definierten Qualitätsansprüchen und hoher Standardisierung einhergehen, bleibt diese klassische Dimension vordringlich. Insbesondere kann gesehen werden, dass die eingesetzten Werkzeuge und Verfahren häufig nach den betrieblichen und zweckmäßigen Erfordernissen angepasst und variiert werden. Man spricht in der Wissenschaft auch von Eklektizismus – dem Vermischen verschiedener Ideen und Ansätze in der Praxis. Vor allem die neueren Entwicklungen im Bereich des agilen Projektmanagements zeigen ein höheres Sensorium für sachliche und örtliche Feinjustierung an. Gerade in Softwareentwicklungsprojekten setzen sich agile Methoden auf breiter Front durch. Probleme lassen sich damit leichter identifizieren, Modifikationen können die Teams schon früh im Entwicklungsprozess vornehmen, ohne dafür den Abschluss aufwendiger Testläufe abwarten zu müssen. Die ProtagonistInnen agiler Methoden versprechen unter anderem reduzierte Risiken, sofortiges Feedback, weniger Komplexität und am Ende schnellere Ergebnisse. Zügigere und stärker kooperativ bewerkstelligte Entwicklungszyklen sind hierbei das Ziel, wodurch stärker standardisierte Ansätze und die klassische Meilensteinlogik etwas zurückgedrängt werden.

Als eine wesentliche Einsicht kann auch gelten, dass alle eingesetzten Modelle des Projektmanagements die AnwenderInnen nicht sklavisch an bestimmte Ablaufprinzipien fesseln sollen, sondern jeweils in ihrer organisatorischen Elastizität zu begreifen sind: Letztlich kommt es darauf an, dass Projekte zu vereinbarten Kosten, in angemessenem Zeitaufwand und mit limitierten Ressourcen erledigt werden können – und darüber hinaus die Einhaltung bestimmter Auftrags-, Sicherheits- und Qualitätsanforderungen gewährleistet wird. Der Funktionalität und Zweckmäßigkeit ist hierbei besondere Beachtung zu schenken, unabhängig der Frage, wie nach der ‚reinen Lehre' Maßnahmen generell umzusetzen sind.

Je nachdem, welche Strukturen und Methoden in einem Projektmanagement eingerichtet und gewählt worden sind, richtet sich die Wahl der Vorgehensweise zur Durchführung eines Projekts nach folgenden Aspekten:

- den *regulatorischen Bestimmungen* der Organisation oder des Auftraggebers/der Auftraggeberin (Richtlinien)
- den *qualitativen Ausmaßen* eines Projekts (z. B. Anzahl Personentage und Kostenaufwand)
- der allgemeinen *Komplexität* des Projekts, die man technisch, wirtschaftlich und personell-organisatorisch differenzieren kann

- dem *Branchenumfeld* des Projekts, insofern branchenspezifisches Wissen über die Durchführung und die Inhalte besonders zum Tragen kommt
- den jeweiligen *Typ-Kategorien* eines Projekts, wie z. B. mit Projekten in so verschiedenen Arbeitskontexten wie dem Organisationswandel, der Unternehmensentwicklung, der IT oder der Wartung und Montage

Mit einer Projektdurchführung können eine einzige Person, aber auch mehrere tausend Personen befasst sein. Entsprechend reichen die Werkzeuge des Projektmanagements von einfachen To-do-Listen bis hin zu reichhaltig bestückten ‚Koffern' mit ausschließlich zu diesem Zweck gegründeten Arbeitsformen, Arbeitsinstrumenten sowie einer intensiven Unterstützung durch Projektmanagementsoftware, die idealerweise den Umfang verschiedener Projekte angemessen abzubilden vermag. Daher besteht eine der frühen wichtigen Aufgaben des Projektmanagements vor Projektbeginn in der Festlegung, welche Projektmanagementmethoden im Projekt angewandt werden sollen. Eine Nutzung stets aller verfügbarer Methoden in einem kleinen oder mittleren Projekt würde zur Überadministrierung führen, also das Kosten-Nutzen-Verhältnis infrage stellen. Es gilt insofern das Gebot der haushälterischen Sparsamkeit zu beachten: Kenne Deine Mittel und nutze sie zweckmäßig.

Eine instrumentelle ‚Werkzeugsicht' auf das Projektmanagement mag noch so gründlich ausfallen, soziale Facetten der Projektorganisation können mit diesem Ansatz allein allerdings nicht einfach bis ins Detail erfasst und bearbeitet werden. Dies zeigt sich vor allem, wenn es um innovatives Geschehen geht und in der Organisation tiefergreifende Lernprozesse und stärker kreative Prozesse in Gang kommen sollen, um sich mit eigenen organisatorischen Strukturen einer veränderten Umwelt zu stellen und marktgerechte Anpassungen vorzunehmen. Wie lässt sich in Projekten das gute, bisweilen auch sehr erfolgskritische Wissen dauerhaft sichern und von Team zu Team weiterreichen? Wie können Lern- und Erfahrungsprozesse angestoßen werden, die zu einer Steigerung der betrieblichen Qualifizierungen und der Kompetenz der Organisation im Kontext von Projekten beitragen? Um diese und weitere Fragen wird es im nachfolgenden Kapitel von Pia Lehmkuhl, *Lernen, Wissen und Innovation in Projekten*, gehen.

Fragen zur Festigung und Vertiefung

1. *Durch welche primären Merkmale zeichnen sich Projekte aus?*
2. *Welche grundlegenden Projektmanagementmodelle können durchgeführt werden?*
3. *Inwiefern bieten Projektmethoden ihre Vorteile, inwiefern sind auch ihre Grenzen zu bedenken?*
4. *Erläutern Sie das Modell des sog. Magischen Dreiecks. Inwieweit nehmen die hier genannten Punkte wechselseitig aufeinander Einfluss? Versuchen Sie sich an Beispielen.*
5. *Welche Schlüsse können vor dem Hintergrund dieser Einführung in klassisches Projektmanagement für neue, noch wenig etablierte Projektstrukturen in einer Organisation gewonnen werden? Welchen Rat können Sie aus der Darstellung mitnehmen und ggf. auf Ihre Arbeit anwenden?*

Literatur

Ahne M, Seeberger B (2005) Projektmanagement. In: Kerres A, Seeberger B (Hrsg) Gesamtlehrbuch Pflegemanagement. Springer, Berlin, S X

Aichele C (2006) Intelligentes Projektmanagement. Kohlhammer, Stuttgart

Aichele C, Schönberger M (2014) IT-Projektmanagement. Effiziente Einführung in das Management von Projekten. Springer Vieweg, Wiesbaden

Bachmann R, Kemper G, Gerzer T (2014) Big Data – Fluch oder Segen? Unternehmen im Spiegel gesellschaftlichen Wandels. Mitp, Heidelberg

Balzert H (1998) Lehrbuch der Software-Technik. Software-Management, Software-Qualitätssicherung, Unternehmensmodellierung. Spektrum Akademischer, Berlin

Beck K, Beedle M, Van Bennekum A, Cockburn A, Cunningham W, Fowler M, Grenning J, Highsmith J, Hunt A, Jeffries R, Kern J, Marick B, Martin RC, Mellor S, Schwaber K, Sutherland J, Thomas D (2001) Manifesto for agile software development. http://www.agilemanifesto.org/. Zugegriffen am 20.03.2021

Broy M, Kuhrmann M (2013) Projektorganisation und Management im Software Engineering. Springer Vieweg, Berlin

Burghardt M (2012) Projektmanagement. Leitfaden für die Planung, Überwachung und Steuerung von Projekten. Publicis Publishing, Erlangen

Cockburn A, Giesecke J (2005) Crystal Clear. Agile Software-Entwicklung für kleine Teams. Mitp, Bonn

Deutsches Institut für Normung e. V. (2009) DIN 69901-5 (2009). Projektmanagement – Projektmanagementsysteme – Teil 5: Begriffe. Beuth, Berlin

Erne R (2019) Lean Project Management – Wie man den Lean-Gedanken im Projektmanagement einsetzen kann. Springer Gabler, Wiesbaden

Freitag M (2016) Kommunikation im Projektmanagement. Aufgabenfelder und Funktionen der Projektkommunikation. Springer VS, Wiesbaden

Friedrich B (2016) PRINCE2. Kurz und bündig. Das Foundation-Wissen kompakt. Copargo, Dreieich

Friedrich J, Kuhrmann M, Sihling M, Hammerschall U (2009) Das V-Modell XT. Für Projektleiter und QS-Verantwortliche kompakt und übersichtlich. Springer, Berlin

Gabler Wirtschaftslexikon (2018) Anspruchsgruppen. https://wirtschaftslexikon.gabler.de/definition/anspruchsgruppen-27010/version-250673. Zugegriffen am 20.03.2021

Gloger B (2016) Scrum. Produkte zuverlässig und schnell entwickeln. Carl Hanser, München

Highsmith J (2002) Agile software development ecosystems, Agile software development series. Addison Wesley, Boston

International Project Management Association (IPMA) (2021) Homepage. https://www.ipma.world/. Zugegriffen am 20.03.2021

Kilian D, Mirski P, Hauser M, Weigl M (2008) Projektmanagement. Praxis – Theorie – Werkzeuge. Linde, Wien

Kraus G, Westermann R (2019) Projektmanagement mit System. Springer Gabler, Wiesbaden

Krcmar H (2015) Informationsmanagement. Springer Gabler, Berlin

Kurray M (2007) Change Management. Problemlösung durch den Einsatz von Mediation in Change Prozessen. GRIN, Ravensburg

Lang M, Wagner R (2019) Der Weg zum projektorientierten Unternehmen – Wissen für Entscheider. Carl Hanser, München

Litke HD (2007) Projektmanagement: Methoden, Techniken, Verhaltensweisen. Evolutionäres Projektmanagement. Carl Hanser, München

Madauss BJ (1994) Handbuch Projektmanagement. Schäffer-Poeschel, Stuttgart

Nausner P (2006) Projektmanagement. Wiener Universitätsverlag, Wien

Project Management Institute (PMI) (2013) A guide to the project management body of knowledge, 5. Aufl. PMI, Newtown Square

SAP (o. J.) Homepage. https://www.sap.com/. Zugegriffen am 20.03.2021

Schwaninger M, Körner M (2001) Systematisches Projektmanagement: ein Instrumentarium für komplexe Veränderungs- und Entwicklungsprojekte. Universität St. Gallen (Institut für Betriebswirtschaft), St. Gallen

Timinger H (2017) Modernes Projektmangement. Mit traditionellem, agilem und hybridem Vorgehen zum Erfolg. Wiley-VCH, Weinheim

Trepper T (2012) Agil-systematisches Software-Projektmanagement. Springer Gabler, Wiesbaden

Lernen, Wissen und Innovation in Projekten

Pia Lehmkuhl

Vermittlungsziele dieses Kapitels
- Sie können Lernprozesse im Zusammenhang mit der Projektarbeit näher einschätzen und nachvollziehen.
- Sie verstehen, dass Projekte nicht notwendigerweise zu weitreichenden Innovationen in einer ganzen Organisation beitragen müssen.
- Sie kennen die verschiedenen Lerngrade bzw. Lerntypen einer ganzen Organisation bzw. im Rahmen von Projekten in der Organisation.
- Sie begreifen die Notwendigkeit, organisatorische Maßnahmen nicht nur auf Veränderung, sondern auch auf Stabilität auszurichten.

4.1 Zusammenfassung

Die bisherigen Darstellungen sowohl klassischer als auch neuerer Grundlagen des Projektmanagements lassen bereits den Schluss zu, dass eine projektförmige Organisation in vielen unternehmerischen Kontexten anzutreffen ist. Die Einberufung von Projekten wird dabei häufig auch mit Innovationstätigkeiten begründet: Die Vorhaben sollen dazu dienen, die Organisationen weiterzuentwickeln und Veränderungen zu implementieren. Stillstand soll vermieden werden; vielmehr ist es das Ziel, im Rahmen von (Reform-)Projekten Routinen zu hinterfragen, neue Erkenntnisse zu erlangen und Antworten auf Fragen zu finden,

P. Lehmkuhl (✉)
Carl von Ossietzky Universität, Oldenburg, Deutschland
E-Mail: pia.lehmkuhl@uni-oldenburg.de

die in der Linientätigkeit einer Organisation keine adäquate Beachtung erfahren (können). Doch inwiefern spiegeln diese Annahmen die praktische Umsetzung der Vorhaben in der Praxis wider? Gehen mit Projekten tatsächlich immer Innovationen einher? Und welche Strahlkraft besitzen die in zeitlich begrenzten Vorhaben gewonnenen Erkenntnisse für die übergeordneten Organisationen? Wir wollen uns der Frage nähern, ob und inwiefern Projekte als Motoren von Lerneffekten, neuem Wissen und Innovationstätigkeit angesehen werden können. Dazu beleuchten wir neben grundlegenden Annahmen der projektförmigen Organisation ausgewählte Konzepte, die uns eine Annäherung an die Fragestellung erlauben, welche Lerneffekte von den zeitlich begrenzten Vorhaben ausgehen können – und welchen Stellenwert diese neben dem Erreichen der Projektziele besitzen. Darüber hinaus werfen wir zudem einen Blick auf die ‚Janusköpfigkeit' der projektförmigen Organisation und beleuchten das Spannungsverhältnis, das durch den Wunsch nach Innovation bei gleichzeitiger Organisationsstabilität entsteht.

4.2 Projekte als Katalysatoren von Innovationen: Lernverhalten in projektierten Organisationen

Gilt es Reforminitiativen anzustoßen, so reagieren Organisationen oftmals mit der Einberufung von neuen Projektvorhaben. Die Idee dahinter erscheint simpel: Losgelöst von etablierten Strukturen und mithilfe neuer personeller Zusammensetzungen sollen Anliegen Bearbeitung finden, die inmitten des operativen Tagesgeschäfts keine angemessene Beachtung erfahren können. Kap. 3 hatte anhand einer klassischen Betrachtung des Projektmanagements bereits ausgeführt, welcher methodisch-technischen Hilfsmittel Organisationen sich angesichts neuer Gestaltungsvorhaben unterstützend bedienen können. Der Instrumentenkasten der betriebswirtschaftlichen Steuerung ist reichhaltig gefüllt. Das Verständnis von Projekten gleicht angesichts von Veränderungsvorhaben und Reformen dem eines Innovationsmotors, der die Chance auf Entwicklungen jenseits des Normalbetriebs bietet, gleichermaßen jedoch die Integration von Ergebnissen nach dem Projektabschluss in die reguläre Organisation erlaubt und diese damit bereichert.

Ein Blick in die organisationale Praxis zeigt: Projekte können durchaus nach der beschriebenen Logik funktionieren und organisationale Lerneffekte bereithalten. Sie allerdings von vornherein als Erfolgsgaranten für innovative Tätigkeiten und organisationales Lernen zu werten wäre fatal; zu schwer wiegen Unvorhersehbarkeiten, Emergenzen und ebenso institutionelle Abwehrreaktionen während der Projektlaufzeit.

Um diese Mehrdeutigkeit genauer zu beleuchten, erscheint eine Annäherung an die Theorie des organisationalen Lernens sinnvoll – verbunden mit der Frage, inwiefern Projekte organisationales Lernen begünstigen oder aber hemmen können.

Die allgemeine Projektmanagementliteratur behandelt ebenjene Frage vergleichsweise stiefmütterlich. Zwar erfahren Werke zum grundlegenden Vorgehen und Projekthandling bereits seit den 80er-Jahren einen nahezu ungebrochenen Boom; die Auseinandersetzung jedoch mit der Bedeutung der Vorhaben für die (Weiter-)Entwicklung von Organisationen erscheint im Vergleich dazu eher blass und unterrepräsentiert (vgl. u. a. Pfetzing und Rohde 2014; Schiersmann und Thiel 2000; Heeg 1993; Hansel und Lomnitz 1993; Beck 1996). Dieser Umstand verwundert umso mehr, wenn wir uns vor Augen führen, dass die Arbeit in Projekten häufig eben dann Anwendung findet, wenn institutionelle Wandlungsprozesse bzw. Organisationsveränderungen und organisationales Lernen angestrebt werden (vgl. Lehmkuhl 2018, S. 52). Doch was genau ist gemeint, wenn wir von der Lern- und Entwicklungsfähigkeit einer Organisation sprechen?

Grundsätzlich existieren – in enger Anlehnung an diverse organisations- und individuumsbezogene Lerntheorien – drei Dimensionen von organisationalem Lernen. Die Unterschiede der Dimensionen liegen vorrangig in ihrer Wirkungsmacht und in ihrer Nachhaltigkeit, genauer gesagt, darin, wie tief in bereits bestehende Strukturen vorgedrungen wird. Stehen in Dimension 1 vorrangig Prozesse im Vordergrund, die fehlerhafte Vorgänge erkennen und korrigieren, so rückt in Dimension 2 die Normebene in den Fokus, die bestehende Regelwerke und etablierte Strukturen umfasst (vgl. Schiersmann und Thiel 2000, S. 48; Bea und Haas 2015, S. 670). Die dritte Dimension kann als diejenige gewertet werden, die den größten Tiefgang aufweist, denn hierbei werden bereits vollzogene Lernprozesse thematisiert und im Sinne einer zukünftigen Aufgabenbewältigung aufbereitet (vgl. Bea und Haas 2015, S. 670; Schiersmann und Thiel 2000, S. 51).

▶ **Kurz gefasst: Es lassen sich organisations- und individuumsbezogene Lerntheorien und Lernbeschreibungen unterscheiden. Der Begriff des Organisationslernens wird eng mit dem des organisatorischen Wandels und der Organisationsveränderung assoziiert. Inwieweit Projekte selbst organisatorisches Lernen und Verändern prägen oder von diesem geprägt werden, wurde lange Zeit eher begrenzt betrachtet.**

Die drei beschriebenen Dimensionen haben in der Theorie des organisationalen Lernens mit den Begrifflichkeiten *Single-Loop-Learning*, *Double-Loop-Learning* und *Deutero-Learning* etablierte Titel, die ihre Ursprünge insbesondere in den Arbeiten von Argyris und Schön (1978, 1999) besitzen. Während das Single-Loop-Learning oftmals als sog. Verbesserungslernen umschrieben wird, konnte sich das Double-Loop-Learning als sog. Erneuerungslernen etablieren. Die beiden Synonyme lassen die maßgeblichen Unterschiede deutlich werden und unterstreichen, dass es sich in erster Instanz um die Identifikation und Verbesserung von Aktivitäten handelt, wohingegen in zweiter Instanz Veränderungen von bereits existierenden Regelwerken, Strukturen und Normen in den Fokus rücken. Ebenjene Veränderungen sind es, die organisationale Modifikationen und damit (Er-)Neuerungen von etablierten Vorgehensweisen befeuern.

Das Deutero-Learning wird in dritter Instanz häufig als organisationsreflexives Lernen bezeichnet und umschreibt damit eine Verfeinerung des zuvor beschriebenen Verbesserungs- und Erneuerungslernens (vgl. Lehmkuhl 2018, S. 52 f.; Bea und Haas 2015, S. 670). Lernprozesse – auch jene, die in der Vergangenheit lagen – werden thematisiert, reflektiert und sowohl für den Status quo aufbereitet als auch für künftige Situationen konserviert.

Organisationen, die dieses Lernlevel erreicht haben, setzen sich nicht lediglich mit der Sache auseinander. Die Effekte wirken wesentlich tiefgreifender und nachhaltiger – und sie helfen, gesamtorganisationale Zusammenhänge zu verstehen, denn Widerstände gegenüber Veränderungen sind organisationaler Alltag. Neuerungen bedeuten den Bruch mit Routinen und Gewohnheiten und werden von den beteiligten AkteurInnen nicht selten boykottiert. Umso bedeutsamer erscheint es, sich mit den ablehnenden Haltungen und Widerständen auseinanderzusetzen und diese zu überwinden, sofern tatsächliche organisationale (Weiter-)Entwicklungen angestrebt werden. Gerade Projekte können diese Verfeinerung des Lernens einer Organisation ermöglichen bzw. ihr einen geeigneten Spielraum geben.

▶ **Kurz gefasst: Single-Loop-Learning stellt ein Anpassungs- oder Verbesserungslernen in einer Organisation dar; Double-Loop-Learning zielt auf tiefergreifende Erneuerungen. Mit dem Begriff Deutero-Learning wird ein noch weiter gehendes organisationsreflexives Lernen beschrieben.**

Vor dem Hintergrund der vorangegangenen Darlegungen existieren zwischen den jeweiligen Lerndimensionen gravierende Unterschiede. Die Aussagen haben deutlich werden lassen, dass auf die Entwicklungsfähigkeit von Organisationen insbesondere Lernprozesse der zweiten und dritten Dimension einzahlen. Doch welche Faktoren begünstigen ebenjene Prozesse? Und inwiefern sind Projektvorhaben imstande, das Lernverhalten zu fördern?

Diverse WissenschaftlerInnen haben sich in unterschiedlichsten Studien den aufgeworfenen Fragestellungen genähert. Die Quintessenz dieser Forschungen sind lernfreundliche Unternehmenskulturen, dezentrale Strukturen und ein hohes Maß an Kommunikation – gepaart mit der Gewährung von Freiräumen. All diese Faktoren begünstigen gemäß Expertenmeinung organisationales Lernverhalten (vgl. u. a. Bea et al. 2008; Scheurer und Zahn 1998; Klimecki et al. 1994). Mit Blick auf die vorherigen Darstellungen lässt sich festhalten, dass diese Faktoren durchaus in projektierten Vorhaben anzutreffen sind. Bea et al. (2008) bspw. gehen noch einen Schritt weiter und betiteln projektförmige Unternehmungen gar als Prototypen von lernenden Organisationen, die einen perfekten Nährboden für den Anstoß von Erneuerungen, Innovationen und Veränderungsboden bereiten. Gleichzeitig ist darauf zu verweisen, dass sich insbesondere jüngere Managementliteratur vermehrt mit den tatsächlichen Lerneffekten in und aus Projekten auseinandersetzt (vgl. Swan et al. 2010). Die Ergebnisse der in diesem Zusammenhang durchgeführten Studien lassen einen durchaus einen interessanten Schluss zu: Lernen innerhalb von Projektvorhaben ist nicht zwangsläufig gleichbedeutend mit der Existenz von gesamtorganisationalen Lerneffekten (vgl. Swan et al. 2010, S. 326 ff.; Lehmkuhl 2018, S. 55). Während projektbezogene Lernprozesse im wissenschaftlichen Diskurs den Titel *Intra-Project Learning* tragen, wird die Transformation von Projektergebnissen in die Gesamtorganisation mit dem Begriff *Inter-Project Learning* umschrieben (vgl. Swan et al. 2010, S. 326 ff.; Crossan et al. 1999, S. 522 f.). Die Prozesse können sowohl Hand in Hand miteinander gehen als auch losgelöst voneinander stattfinden, wenngleich die Transformation von Projektergebnissen in die übergeordnete Organisation quantitativ betrachtet deutlich seltener in der Praxis beobachtet werden kann (vgl. Swan et al. 2010, S. 340):

> *„[M]uch of what is learnt in a project goes no further than the project itself, or, at best, is transferred through individuals moving on to new projects or trough personal networks."*
> (Swan et al. 2010, S. 340)

▶ **Kurz gefasst: Das Intra-Project Learning bezeichnet Lernprozesse, die innerhalb von Projekten stattfinden, aber nicht notwendig über die Grenze des Projekts in die Organisation vordringen. Umgekehrt bezeichnet das Inter-Project Learning gerade die Übertragung von Projektergebnissen als Lernvorgänge in die Gesamtorganisation.**

Die Expertenmeinung ist sich dahingehend einig, dass die Nutzbarmachung von Projekterkenntnissen für die Gesamtorganisation große organisationale Anstrengungen erfordert, die nicht zwangsläufig von Erfolg gekrönt sind. Das Gelingen eines derartigen Wissenstransfers sei maßgeblich davon abhängig, in welchem Maße organisationsspezifische Besonderheiten bei der Einbettung des entsprechenden Projekts Berücksichtigung erfahren haben (vgl. Packendorff 1995, S. 324; Swan et al. 2010, S. 327 f.; Zollo und Winter 2002, S. 339 f.). Somit können Kenntnisse über Struktur und Aufbau des Projektumfelds als unabdingbare Voraussetzung angesehen werden, sofern projektintern erarbeitete Resultate langfristig auch für den organisatorischen Überbau nutzbar gemacht werden sollen.

Neben der Erkenntnis, dass zwei unterschiedliche Dimensionen im Kontext von projektinitiiertem Lernverhalten existieren, lassen Studien darüber hinaus einen weiteren interessanten Schluss zu. Sie besagen, dass die Erreichung von im Vorfeld festgelegten Projektzielen nicht zwangsläufig dazu führt, dass auch Reform- und Lernimpulse initiiert werden (vgl. Lehmkuhl 2018, S. 56). Konkret bedeutet dies: Das Ausmaß der Zielerreichung eines Projekts korreliert ausdrücklich nicht automatisch mit der Existenz von gesamtorganisationalen Lerneffekten, sodass durchaus auch gescheiterte oder aber mit Fehlern behaftete Projektverläufe – man denke bspw. an das Bauvorhaben des Berliner Flughafens BER oder aber auch das der Elbphilharmonie in Hamburg – mit gesamtorganisationalen Lerneffekten verbunden sein können.

Angesichts der vorangegangenen Darlegungen können wir schlussfolgern, dass Projekte durchaus als Auslöser und Trigger sowohl von innovativem Verhalten als auch von organisationalem Lernen wirken können. Die projektierte Organisationsform jedoch als Erfolgsgarant für Generierung von Lernen, Wissen und Innovationen zu verkennen, wäre nicht zielführend, da einerseits die Unterschiedlichkeit von organisatorischen Überbauten, andererseits jedoch auch die Diversität sowohl von Projektverläufen als auch von grundsätzlichen Projektverständnissen keine allgemeingültigen Aussagen zulassen. Im kommenden Abschnitt werden wir daher einen Blick auf die organisationstheoretischen

Grundlagen werfen und uns mit der Frage auseinandersetzen, inwiefern sich insbesondere die letztgenannten Projektverständnisse voneinander abgrenzen.

4.3 Organisationstheoretische Fundierung: Projektverständnisse im Vergleich

Bereits die zuvor dargelegten Ausführungen zur Theorie des organisationalen Lernens haben zur organisationstheoretischen Fundierung des Projektgeschehens beitragen. Nunmehr rücken wir weitere Ansätze in den Fokus der Betrachtung, die uns bei der organisationstheoretischen Einordnung von zeitlich begrenzten Projektvorhaben unterstützen und helfen können, die jeweiligen Lernprozesse einzuordnen.

Wirft man einen Blick auf die Literaturbasis, die sich mit den organisationstheoretischen Grundlagen auseinandersetzt, so zeigt sich, dass diese insbesondere seit Mitte der 1990er-Jahre eine verstärkte Thematisierung gefunden hat. Die Diskussion von organisationaler Flexibilität und deren Begleiterscheinungen erfuhr maßgeblich durch den von zwei skandinavischen Wissenschaftlern veröffentlichten Artikel zur sog. *Theory of the Temporary Organization* Aufmerksamkeit, wenngleich das Autorenduo Lundin und Söderholm (1995) keineswegs Pionierstatus bei der Untersuchung von temporären Strukturen inmitten von permanenten organisatorischen Überbauten erlangte (vgl. Miles 1964; Goodman 1981; Bryman et al. 1987; Hellgren und Stjernberg 1987; Sahlin-Andersson 1992). Projekte gelten gemäß dem Expertenverständnis als das prominenteste Beispiel von temporären Organisationen (vgl. Nausner 2006, S. 62; Turner und Müller 2003, S. 7; Packendorff 1995, S. 319 ff.). Beide Ansätze – sowohl die klassische Projektidee als auch die Betrachtung der Vorhaben als temporäre Organisationen – besitzen mit dem Anstoß von organisationalen Transformationsprozessen dieselbe Intention (Lehmkuhl 2018, S. 58). Die stärkere Betrachtung von temporär geprägten Organisationen bzw. Organisationsbereichen folgte schließlich der historischen Expansion der Projektarbeit, wie sie bereits in Kap. 2 nachgezeichnet wurde.

Doch trotz des identischen Ziels unterscheidet sich das jeweilige Selbstverständnis deutlich voneinander. Während die klassische Projektmanagementtheorie einen im Vorfeld festgeschriebenen, linearen Verlauf anstrebt, folgt das Verständnis von temporären Organisationen eher einer deskriptiven Herangehensweise, in der die Beobachtung und Analyse von Handlungen auf unterschiedlichen Entwicklungsstufen im Fokus steht. Diese Denkart lehnt eine ausschließliche Konzentration auf die Erreichung von vorab definierten Zielen ab und betrachtet die zeitlich begrenzten Vorhaben vielmehr als eigenständige Organisationen mit individuellen Dynamiken (vgl. Packendorff 1995, S. 325 f.; Lehmkuhl 2018, S. 59).

▶ **Kurz gefasst: Die Entwicklung von Projekten im Laufe der letzten Jahrzehnte hat zu eigenständigen Ansätzen der (Theorie der) temporären Organisation geführt. Organisationen werden nicht mehr nur hinsichtlich einer selektiven**

Herausbildung projekthafter Strukturen betrachtet. Stattdessen werden Projekte als vermehrt autonome, in der Bedeutung zunehmend eigenständige Gebilde des Arbeits- und Wirtschaftslebens analysiert. Dieser Ansatz unterscheidet sich von reiner Projektmanagementlehre durch sein stark deskriptives Interesse.

Die skandinavische Schule der temporären Organisation unterscheidet sich mit dieser Art der theoretischen Annäherung an Projektvorhaben deutlich von der Vielzahl der bis Mitte der 90er-Jahre vorherrschenden Werke mit normativer Ausrichtung. Sie betont ausdrücklich die Wirkungsmacht von Gruppeninteraktionen, Wertvorstellungen und der Akzeptanz des Gesamtprojekts und berücksichtigt somit wesentliche Vorgänge im organisatorischen Überbau, die im Rahmen des klassischen Projektverständnisses hingegen keine gesonderte Beachtung erfahren. Tab. 4.1 verdeutlicht die beschriebenen Unterschiede.

Tab. 4.1 untergliedert das andersartige Projektverständnis in drei Dimensionen und geht dabei sowohl auf die Entwicklung als auch auf die Implementation und die Beendigung des entsprechenden Vorhabens ein. Während das klassische Projektverständnis von einer einheitlichen und stets kontrollierbaren Planung und Durchführung ausgeht und die Identifikation von Regelabweichungen als das leitende Erkenntnisinteresse besitzt, verfolgt das Projektverständnis gemäß der Theorie der temporären Organisation einen iterativen Ansatz, der Rückkopplungsprozesse, Interaktionen und Interdependenzen anerkennt. Besonders interessant erscheint die Betrachtung der Lernebene als Schwerpunktdimension bei der Beendigung eines zeitlich begrenzten Vorhabens, die die Bedeutsamkeit von Lernprozessen in eben jenem Projektverständnis unterstreicht. Folgt man den Aussagen von Packendorff (1995), so ist das Vorhandensein von sowohl personellen als auch projektbezogenen und gesamtorganisationalen Lerneffekten in zeitlich begrenzten Vorhaben nahezu unstrittig, wohingegen eine angemessene Konservierung ebenjener Organisationen vor große Herausforderungen zu stellen vermag. Das nachstehende Zitat verleiht diesem Umstand Nachdruck:

> „Finally, the project is terminated, (hopefully) achieving the desired output […]. At the same time, the organizing processes are discontinued as the project organization dissolves. Learning has occurred at the individual as well at the organizational level; the question is how to preserve the organizational learning after the dissolution of the project." (Packendorff 1995, S. 329)

Tab. 4.1 Schwerpunkte der Projektmanagementforschung bei andersartigem Projektverständnis. (Quelle: Lehmkuhl (2018, S. 62))

Projektverständnis Forschungsschwerpunkt	Projekt als Tool	Projekt als temporäre Organisation
Entwicklung	Planung	Erwartungen
Implementation	Kontrolle	Tatsächliche Handlungen
Beendigung/Auflösung	Evaluation	Lernen

Die Diskussion um die Nutzbarmachung und die Nachhaltigkeit von projektinitiierten Erkenntnissen, Erfahrungen und Lerneffekten erscheint somit wertvoll für Organisationen zu sein, die die alleinige Frage nach der Existenz von Lerneffekten und der Generierung neuen Wissens zwingend ergänzen sollte.

> ▶ **Kurz gefasst: Das Verständnis von Projekten kann hinsichtlich der damit verbundenen Entwicklungs-, Implementierungs- und Abschluss- bzw. Zielerwartungen unterschieden werden.**

Standen bei den bisherigen Betrachtungen vorrangig die Dimensionen des Lernens und des Wissens von und aus Projekten im Mittelpunkt, so widmet sich der folgende Abschnitt explizit dem Innovationsgedanken. Dabei wollen wir uns der Frage nähern, welchen Spannungsverhältnissen sich Projekte bei der Initiierung von innovativem Organisationsverhalten ausgesetzt sehen.

4.4 Innovation vs. Stabilität: Die ‚Janusköpfigkeit' der Projektorganisation

Die vorangegangenen Darstellungen haben bereits auf unterschiedliche Projektverständnisse verwiesen und Andeutungen hinsichtlich bestehender Spannungsverhältnisse geliefert. Zugegebenermaßen: Spannungen, Kontroversen und Paradoxien sind konstitutiv für Projektvorhaben. Sie bestehen sowohl im Innen- als auch im Außenverhältnis und sind somit (a) zwischen dem Projekt und seiner übergeordneten Organisation zu beobachten und (b) in der internen Projektlogik existent. Der Begriff der Janusköpfigkeit vermag dabei die Doppelgesichtigkeit und die unterschiedlichen Interdependenzverhältnisse zu umschreiben, denen sich Projektvorhaben stets ausgesetzt sehen. Man muss, kurz gesagt, den Interessen verschiedener Herren (und Damen) genügen.

> ▶ **Kurz gefasst: Unter der „Janusköpfigkeit' der Projektarbeit lassen sich ambivalente Beschaffenheiten und Eindrücke zusammenfassen. Projekte müssen sowohl nach innen als auch nach außen verschiedenen Anforderungen und Abhängigkeiten genügen. Dabei ist zum einen die innere Logik der technischen Projektdurchführung zu beachten, zum anderen die allgemeine Ordnung der Organisation in ihren verschiedenen sozialen Besonderheiten. Ferner schlagen sich ggf. äußere Erwartungen durch Interessenträger von außerhalb der Organisation nieder.**

Richten wir unseren Blick zunächst auf den erstgenannten Anwendungsfall, so betrachten wir das jeweilige Projekt im Außenverhältnis zu seiner übergeordneten Organisation. Die angespannte Beziehung von Projektvorhaben zur Linie verwundert kaum, folgen die beiden Organisationsformen doch gänzlich anderen Funktions- und Handlungslogiken.

Projekte werden gemäß ihren Grundsätzen und Definitionsmerkmalen bei einem Erfordernis von Flexibilität und Innovation ins Leben gerufen und überwinden dabei nicht selten Hierarchien und funktionale Gliederungen der Gesamtorganisation. Die langfristig angelegten organisatorischen Strukturen, die für die Linie das Fundament ihres alltäglichen Handelns darstellen, werden vom Projekt als nicht geeignet für den Anstoß von Innovationen gewertet. Die andersartigen Anforderungen erfordern nicht zuletzt aufgrund ihrer Komplexität eine personelle Zusammenstellung, die wesentlich stärker als in Linienvorhaben durch eine sowohl hierarchie- als auch disziplinübergreifende Zusammensetzung gekennzeichnet ist (vgl. u. a. Lehmkuhl 2018, S. 72; Besio 2009, S. 113; Heintel und Krainz 1994, S. 14 ff.). Angesichts der innovativen und komplexen Projektcharaktere scheint dieses Vorgehen sinnvoll, wenngleich eine vorrangig problembezogene Einberufung von Personal stets die Abkopplung von sonstigen Organisationsstrukturen unterstreicht (vgl. Hobday 2000, S. 871; Besio 2009, S. 113). Innerhalb von zeitlich limitierten Ad-hoc-Strukturen wird die interdisziplinäre Zusammenarbeit intensiviert – und gleichzeitig das Verhältnis zur Linie auf die Probe gestellt, denn die zugrunde liegende Funktionslogik von Projekten stellt einen diametralen Gegensatz zu der von sowohl hierarchisch als auch bürokratisch geprägten Linienorganisationen dar. Eine reine Orientierung an Ressortgrenzen würde dem nicht gerecht. Stattdessen wird in Projekten mit innovativem Charakter versucht, möglichst eine immerhin teilweise vom Regelbetrieb gelöste Innovationsorganisation zu errichten, die den dort Tätigen größere Freiräume und Entfaltungsmöglichkeiten erlaubt. Diese schlagen sich dann bestenfalls in kognitiver Offenheit und größerer Ideenentwicklung und -verfeinerung nieder.

▶ **Kurz gefasst: Für wissensbezogene Projekte sind gesonderte personelle und organisatorische Anpassungen erforderlich, da die reguläre Linientätigkeit mit ihren oft andersartigen Qualifikationen diese nicht unbedingt und unmittelbar bereithält. In der interdisziplinären Projektarbeit kommt dies besonders markant zum Ausdruck.**

Das Vorhandensein von Widerspruchs- und Spannungsfeldern erscheint vor diesem Hintergrund charakteristisch und normal, gleichwohl die Beziehungsqualität von Projekten im Außenverhältnis – insbesondere mit Blick auf die Verwertung von (innovativen) Projektideen und -ergebnissen – zu keinem Zeitpunkt vernachlässigt werden sollte. Bei der Projektinitiierung und -durchführung darf nicht verkannt werden, dass das Bestreben einer temporären Entkopplung von den bewährten Organisationsstrukturen das Erfordernis einer Integration und Zusammenführung zu einem späteren Zeitpunkt – spätestens jedoch zum Projektende – mit sich bringt. Und ebendieses Vorhaben gestaltet sich umso schwieriger, je stärker die Einberufung eines Projekts vonseiten der Linie als Übergriff und/oder Provokation verstanden wird. Der Aufbau von projektförmigen Strukturen innerhalb einer gefestigten Linienorganisation muss zweifelsohne als ein nicht zu unterschätzender Eingriff in bewährte Organisationsabläufe verstanden werden, der nicht ohne Grund auch als „Gewaltsamkeit von außen" betitelt wird (Heintel und Krainz 2015, S. 215).

„Projekte werden geschaffen, wenn eine Gesamtorganisation (oder ein Teil einer solchen) an die Grenze ihrer (seiner) Problemlösungskapazität stößt. Ein Projekt ist somit das Mahnmal einer Unzulänglichkeit, ja einer Kapitulation der Organisation vor der Komplexität einer Problemstellung, die in der Struktur der Hierarchie nicht zu bewältigen ist. Mit der Einrichtung eines Projekts kann die Organisation das Problem zunächst für einige Zeit ausgrenzen, es kommt aber wieder. Im Entscheidungsprozeß zwischen Projektteam und den betrieblichen und zuständigen Entscheidungsinstanzen klopft das ausgegrenzte Problem kräftig an jene Tür der Hierarchie, durch die es zuvor hinausbefördert wurde – jetzt aber als gelöstes Problem und somit als Provokation." (Janes und Schober 1994, S. 178 f.)

▶ **Kurz gefasst: Hierarchisch-bürokratische Ordnungen im gewohnten Konzept von Fachbereichen und Abteilungen mit ihren klar geschnittenen Ressortzuständigkeiten und Abgrenzungen erweisen sich in innovativ angelegten Projekten als unzureichend. Innovationstätigkeit erfordert eine zumindest teilselbstständige Innovationsorganisation.**

Vor dem Hintergrund dieses Zitats verwundert es kaum, dass Projektvorhaben als ‚ungeliebte Kinder' der Linienorganisationen häufig Systemabwehrreaktionen provozieren, die vorrangig auf die hohen Widersprüchlichkeiten beider Organisationsformen zurückzuführen sind (Kraus und Westermann 1997, S. 5). Während die Linie eine hierarchische Ordnung und eine vorwiegend sachlogisch funktionsteilige Struktur aufweist, kennzeichnen sich Projekte durch eine große Kooperationsdichte und ein hohes Maß an Selbstorganisation (Lehmkuhl 2018, S. 73). Bei aller Widersprüchlichkeit jedoch kann mit Blick in die Praxis eine stete Koexistenz beider Organisationsarten festgestellt werden. Mehr noch: Angesichts der heutigen von Dynamik, Wandel und Wettbewerb gezeichneten organisationalen Rahmenbedingungen ist schon fast davon auszugehen, dass beide Organisationsformen sich gegenseitig erfordern, um die passende Balance zwischen organisationaler Stabilität und Innovationstätigkeit zu sichern und somit den Fortbestand der entsprechenden Organisation gewährleisten zu können. Und eben an dieser Stelle zeichnet sich neben der Janusköpfigkeit des Verhältnisses zwischen Projekt und Linie ein weiteres Paradox ab: die Gleichzeitigkeit von Stabilität und Innovation. Mit diesem Paradox sieht sich die Projektlogik gewissermaßen sowohl im Innen- als auch im Außenverhältnis konfrontiert.

▶ **Kurz gefasst: Im Hinblick auf die Generierung und Verarbeitung von Wissen und Innovation bestehen in Projekt und Organisation teils unterschiedliche Ordnungen bzw. Doppel- und Nebenstrukturen. Eine besondere Herausforderung besteht im Hinblick auf die Ausbalancierung von Stabilität und Veränderung. Während Projekte die Änderung und Irritation der Organisation bedingen, müssen Organisationen die Rückbindung und Festigung von Maßnahmen, das Einrasten neuer Ordnungen, sicherstellen.**

Das Projekt selbst besitzt qua seiner Definition den Auftrag, ergebnisoffene Experimentierräume zu schaffen und darüber innovatives Verhalten zu befeuern – denn genau

4 Lernen, Wissen und Innovation in Projekten

darin besteht die originäre Daseinsberechtigung gegenüber der Linie. Der Begriff der Stabilität hingegen wird dabei weniger mit dem Projekt als mit der übergeordneten Dachorganisation in Verbindung gebracht und nicht selten mit Stillstand assoziiert. Der Begriff des Experimentierraums bringt auch zum Ausdruck, dass die darin vorgenommenen Tätigkeiten Erprobungscharakter haben und nicht ohne Weiteres auf die Gesamtorganisation ausgerollt werden sollen. Im Experimentiermodus des Projekts prüft die Organisation vielmehr zunächst, ob eine solche Übertragung und Erweiterung auf die gesamten Regelaufgaben überhaupt erwünscht ist und sie die beabsichtigten Ziele bzw. Verbesserungen erreichen kann. Das Ergebnis kann auch sein, erwogene Vorhaben nach entsprechenden Tests und Szenarien im geschützten Rahmen wieder fallen zu lassen oder gegenüber der Ausgangsplanung stark modifiziert durchzuführen. Gerade im technisch-materiellen Bereich werden Prototypen für spätere Einsätze z. B. im Bau und Verkehr passender Weise häufig mit dem Zusatz ‚Experimental' versehen.

Im Außenverhältnis des Projektvorhabens besteht die Schwierigkeit stets darin, eine hinreichende Abkopplung von den eigentlichen Organisationsstrukturen und -routinen während der Projektlaufzeit sicherzustellen, die gleichzeitig eine spätere Reintegration der neu gewonnenen Erkenntnisse und Ergebnisse in die Stammorganisation erlaubt.

▶ **Kurz gefasst: Innovations- und Wissensprojekte gehen mit dem Charakter eines Experimentierraums einher. Sie sollen Neu- und Umordnungen außerhalb der fixierten Bahnen ermöglichen. Zugleich dienen Experimentierräume aber auch einer gewissen Abkopplung von der Regelorganisation, die durch die versuchsweisen und vorläufigen Arbeiten der Projekte nicht weiter gestört werden soll. Experimentierräume sind vor allem Vorräume einer späteren möglichen Entwicklung – aber zunächst noch unter Beachtung der Eingrenzung von Risiken, die sich im Projektverlauf ergeben könnten.**

Im Innenverhältnis von Projektvorhaben jedoch zeigt sich ein weiteres Spannungsverhältnis zwischen Innovation einerseits und Stabilität andererseits, denn Projekte unterliegen dem Paradoxon, etwas Unbekanntes und damit Innovatives auf einem bereits bekannten Weg erforschen zu wollen (vgl. Zierer 2011, S. 15; Lehmkuhl 2018, S. 70). Ein Blick in die organisationale Praxis lässt immer wieder deutlich werden, dass die Einberufung von Projekten bzw. die Einwerbung von entsprechenden Projektmitteln eine en-detail-Planung erforderlich werden lässt. So soll nicht selten über mehrere Jahre hinweg im Vorfeld vor dem eigentlichen Projektstart beschrieben werden, welche Schritte zu welchem Zeitpunkt in die Wege geleitet werden sollen. Das Flexibilitätserfordernis während der Projektlaufzeit besitzt dabei rhetorisch einen hohen Stellenwert, wenngleich an dieser Stelle der permanente Wunsch nach Planbarkeit und Stabilität der Dachorganisation verdeutlicht und entsprechend höher priorisiert wird.

Dass die exakte Planung eines innovativen Vorhabens jeglicher Logik entbehrt und eine innere Konsistenz vermissen lässt, liegt angesichts der vorangegangenen Aussagen auf der Hand. Zwar entspricht sie dem Wunsch nach Sicherheit, Stabilität und Voraussicht von nahezu allen Organisationen, andererseits läuft sie dem Grundgedanken von Projekten zuwider. Kap. 3 konnte bereits mit dem agilen Management auf das Erfordernis kurz- und mittelfristiger Anpassungen in Abstimmung mit jeweiligen Anspruchsgruppen bzw. KundInnen hinweisen; gerade auch zum Zweck einer tatsächlich realistischen gemeinsamen Abstimmung, um nachteiliges ‚aneinander vorbeireden' zu meiden. Das Spannende dabei: Das Paradox zwischen Innovation und Stabilität kann ebenso wenig wie das des Verhältnisses zwischen Projekt und Linie aufgelöst werden; vielmehr erscheint es fraglich, inwiefern Organisationen und die darin tätig werdenden AkteurInnen sich mit diesem Umstand arrangieren. Die Ergebnisse von entsprechenden Untersuchungen, u. a. die von Packendorff (2002), verweisen darauf, dass die tatsächlich innerhalb von Projekten bearbeiteten Aufgaben keineswegs immer innovativ, neuartig oder aber komplex anmuten (vgl. Packendorff 2002, S. 39 ff.). Diese Beobachtung ist dabei nicht neu; bereits im Verlauf der 1990er-Jahre wurden ähnliche Stimmen laut, die Kritik dahingehend geübt haben, dass Projekte gemäß ihrer Grundidee per se innovativ sein müssten, es jedoch de facto nicht seien (vgl. u. a. Braun 1998, S. 818 oder aber Kornhuber 1988, S. 363). Die Studienergebnisse lassen den Schluss zu, dass das innovative Potenzial von Projekten durch den Wunsch von interner Stabilität und Planbarkeit sowie durch ein gewisses Maß an Risikoaversion konterkariert wird (vgl. Lehmkuhl 2018, S. 71). Projekte sind demnach durchaus in der Lage, als Katalysatoren und Wegbereiter von Innovationen zu fungieren – gleichzeitig jedoch sehen sie sich in der praktischen Umsetzung nicht selten mit Ängsten und Ablehnung vonseiten der Linie konfrontiert. Gemäß Besio (2009) werden Innovationen durch Projekte gleichermaßen begrenzt wie auch erzwungen. Es sollte Anerkennung finden, dass Projekte – auch wenn aus ihnen keine echten Innovationen hervorgehen – stets zur Auseinandersetzung der Linie mit genau diesem Thema beitragen und eine bewusste Positionierung der Dachorganisation gegenüber innovativem Verhalten fördern.

▶ **Kurz gefasst: Auch die Durchführung innovativer Vorhaben sieht sich mit verschiedenen Planungs- und Kontrollerwartungen aus der Organisation konfrontiert. Innovationen werden durch die Projektform ebenso gefördert wie auch begrenzt. Die Vorstellung einer über lange Zeiträume, Monate und Jahre stabilen Projektplanung wird durch die Realität der Organisationspraxis immer wieder erschüttert. Projekte mit innovativem Bezug erfordern konstant eine kurz- und mittelfristige Anpassbarkeit.**

4.5 Fallskizze: Über projektinitiiertes Lernen und Wissen der deutschen Hochschullandschaft

Die Arbeit in Projekten ist für Hochschulen heutzutage konstitutiv und eine ihrer typischen Organisationsformen. Der nahezu schon rasante Anstieg von temporären Vorhaben innerhalb der deutschen Hochschullandschaft in den vergangenen Jahren ist maßgeblich auf die Einführung neuer Steuerungselemente zurückzuführen. Letztere sind ursächlich für die Ablösung des Bürokratiemodells, das für Hochschulen jahrzehntelang Gültigkeit besaß. Heute sehen sich die Institutionen mit einem primär betriebswirtschaftlichen Managementmodell konfrontiert, das u. a. Auswirkungen auf die Finanzierungslogik der Organisationen besitzt. So stellt bspw. die leistungsorientierte Mittelzuweisung seit geraumer Zeit ein zentrales Element der Umsetzung von neuen Steuerungsmodellen dar, das die vergleichsweise geringen Anteile an bereitgestellter Grundfinanzierung ergänzt. Ebenso werden vonseiten des Bundes und der Länder diverse Sonderprogramme aufgesetzt. Das Ziel entsprechender Mitteltöpfe ist es, Hochschulen gezielt bei der themengerichteten Umsetzung von Innovationen und strukturellen Entwicklungen zu unterstützen. Konkret in der Anwendung bedeutet dies: Hochschulen können sich mit einem Förderantrag um die zur Verfügung stehenden Drittmittel bewerben. Während ein negativer Förderbescheid den Organisationen nahezu jegliche Handlungsgrundlage für den Anstoß und die Umsetzung von Innovationen entzieht, mündet ein positiver Förderbescheid hingegen in der Einwerbung von temporär zur Verfügung stehenden Mitteln, mithilfe derer im Rahmen von neu aufgesetzten Projektvorhaben zunehmend organisationale Entwicklungen und Reformen angestoßen werden sollen – so die Theorie. Ob sich die tatsächliche Ausgestaltung der Reformprojekte in der wissenschaftlichen Praxis mit dem Ziel projektbasierter Organisationsentwicklung an Hochschulen deckt, war lange Zeit fraglich. Eine im Jahr 2018 veröffentlichte Studie von Lehmkuhl hat sich daraufhin mit den Voraussetzungen, Gelingensbedingungen und Hemmnisfaktoren von Projekten im Bereich Studium und Lehre auseinandergesetzt. Die Ergebnisse liefern interessante Einblicke in die Wahrnehmung und Ausgestaltung der Projektorientierung. So bilden die Projekte den befragten AkteurInnen zufolge nicht selten Altbekanntes ab, machen sich jedoch dabei die zusätzlich durch die Projektförderung zur Verfügung stehenden Ressourcen zunutze. Die thematische Ausrichtung liegt in Bereichen, die entweder bereits bekannt sind oder aber deren Bearbeitung nicht zwangsläufig einer Projektorganisation bedurft hätte. Damit einher geht die Feststellung, dass oftmals originäre Daueraufgaben der Linie im Mittelpunkt der Projektvorhaben stehen. Lenkt man den Fokus darüber hinaus auf die von den Organisationsentwicklungs- und Reformprojekten wahrgenommenen Funktionen, so wird ein großes Spektrum deutlich. In enger Anlehnung an die in den vorherigen Zeilen dargestellten Inhalte wird den Projektvorhaben eine große Kompensationsfunktion zugeschrieben, im Rahmen derer die Projektressourcen als temporäre Unterfütterung der Haushaltsfinanzierung verstanden werden. Die Ressourcenkompensation allerdings als alleinige Funktion projektierter Arbeit anzusehen greift gemäß den Studienergebnissen deutlich zu kurz, denn mit Blick auf den Anstoß von Innovationen und Neuerungen lassen sich ebenso spannende Tendenzen erkennen. Die Studienergebnisse konstatieren den untersuchten Projekten u. a. eine Veränderungsfunktion, die den Organisationen die Chance eröffnet, dem ihnen bekannten Alltag im Liniengeschäft zu entkommen. Die Projekte erlauben in einem festgesetzten Zeitfenster mit Routinen zu brechen und befeuern somit neue Vorgehensweisen. Die Studie weist vor diesem Hintergrund auch auf eine Innovationsfunktion von Projekten hin und betitelt Letztere als Katalysatoren für neuartige Systemimpulse. Ebenso wird den Vorhaben im Rahmen des Untersuchungsumfelds eine Organisationsentwicklungsfunktion zugeschrieben, die im Hochschulkontext zu einem spürbaren Professionalisierungsschub beigetragen hat.

Es erscheint ratsam noch zu erwähnen, dass die dargestellten Funktionen grundsätzlich nachgewiesen werden konnten, dies jedoch nicht bedeutet, dass ebendiese Funktionen auch zwangsläufig immer in den entsprechenden Projektvorhaben zu beobachten sind. Die Ergebnisse des dargestellten theoretischen Fundaments finden demnach in der empirischen Studie durchaus Bestätigung. Die Projekte scheinen förderliche Rahmenbedingungen für organisationale Lernprozesse zu schaffen, ohne dass sie jedoch als Garanten für Letztere anzusehen sind. Mögliche Erklärungsansätze liegen u. a. in alternativen Verwendungsmöglichkeiten der zur Verfügung stehenden Projektmittel. Ein kompensatorischer Mitteleinsatz bspw. führt dazu, dass organisationale Lernprozesse nicht als *die* logische Konsequenz von Projekten gelten – diese ihnen jedoch durchaus einen fruchtbaren Boden bereiten können.

4.6 Fazit

Die vorangehenden Aussagen haben Einblicke in die tatsächlichen Innovationsleistungen von Projektorganisationen geliefert und die Strahlkraft neuer Projekterkenntnisse für die übergeordneten Organisationen beleuchtet. Projekte können demnach durchaus als Motoren von Lerneffekten, neuem Wissen und innovativem Organisationsgeschehen angesehen werden; ihnen jedoch eine zwangsläufige und kausale Wirkungskette zu unterstellen, würde den in der Praxis gewonnenen Erkenntnissen nicht gerecht – zu vielschichtig und mehrdimensional erscheinen die Gelingensbedingungen und auch Hemmnisfaktoren, die auf die von den Projekten ausgehende Wirkungsmacht Einfluss nehmen. Ein Umstand jedoch ist bei einem jeden Projekt stets sicher: Lernen, Innovation und organisatorische Veränderung bilden einen sehr bedeutsamen Bestandteil der sozial- und organisationswissenschaftlichen Sicht auf das Projektmanagement. Doch dabei können nicht allein formale Abläufe als maßgeblich veranschlagt werden. Hinzu treten informale Komponenten, wie sie auch mit dem Begriff der Organisationskultur beschrieben werden. Davon handelt das anschließende Kapitel von Marcel Schütz: *Informale Ordnung: Organisations- und Projektkultur*.

Fragen zur Festigung und Vertiefung

1. *Wie kommt es zu der Einschätzung, dass Projekte auch als Katalysatoren von Innovation und Veränderung verstanden werden können?*
2. *Unterscheiden Sie verschiedene Projektverständnisse aus organisationswissenschaftlicher Sicht, wie sie im Text vorgestellt wurden.*
3. *Was kann unter Lernprozessen in Organisationen und in der Projektarbeit allgemein verstanden werden?*

4. *Nicht nur Veränderung bestimmt die Entwicklung von Organisationen und Projekten. Organisatorische Stabilität bildet gewissermaßen die andere Seite der Medaille. Inwiefern kommt Stabilität für den betrieblichen Erfolg zum Tragen?*
5. *Welche Bedingungen sind vor dem Hintergrund des Kapitels und aus möglichen weiteren Erfahrungen und Kenntnissen, die Sie besitzen, als innovationsförderlich zu bestimmen? Inwiefern bzw. wodurch können Innovationsprojekte tatsächlich eine innovationsfreundliche Umgebung erhalten; und wodurch kann eine organisatorische Umgebung auch innovationsabträglich und lernhemmend beschaffen sein? Führen Sie Ihre Überlegungen aus.*

Literatur

Argyris C, Schön D (1978) Organizational learning: a theory of action perspective. Addison-Wesley, Reading
Argyris C, Schön D (1999) Die lernende Organisation. Klett-Cotta, Stuttgart
Bea FX, Haas J (2015) Strategisches Management. utb, Stuttgart
Bea FX, Scheurer S, Hesselmann S (2008) Projektmanagement. Lucius & Lucius, Stuttgart
Beck T (1996) Die Projektorganisation und ihre Gestaltung. Duncker & Humblot, Berlin
Besio C (2009) Forschungsprojekte. Zum Organisationswandel in der Wissenschaft. transcript, Bielefeld
Braun D (1998) The role of funding agencies in the cognitive development of science. Res Policy 27:807–821
Bryman A, Bresnen M, Beardsworth AD, Ford J, Keil ET (1987) The concept of the temporary system: the case of the construction project. Res Sociol Organ 5:253–283
Crossan M, Lane HW, White RE (1999) An organizational learning framework: from intuition to institution. Acad Manag Rev 24(3):522–537
Goodman RA (1981) Temporary systems. Professional development, manpower utilization, task effectiveness and innovation. Praeger, New York
Hansel J, Lomnitz G (1993) Projektleiter-Praxis. Erfolgreiche Projektabwicklung durch verbesserte Kommunikation und Kooperation. Springer Gabler, Berlin
Heeg FJ (1993) Projektmanagement. Grundlagen der Planung und Steuerung von betrieblichen Problemlöseprozessen. Hanser, München
Heintel P, Krainz E (1994) Projektmanagement. Eine Antwort auf die Hierarchiekrise? Springer Gabler, Wiesbaden
Heintel P, Krainz E (2015) Projektmanagement. Grundlagen der Planung und Steuerung von betrieblichen Problemlöseprozessen. Hanser, München
Hellgren B, Stjernberg T (1987) Networks: an analytical tool for understanding complex decision processes. Int Stud Manag Organ 17:88–102
Hobday M (2000) The project-based organisation: an ideal form for managing complex products and systems? Res Policy 29:871–893
Janes A, Schober H (1994) Systemische Beratung in einem Großprojekt. In: Heintel P, Krainz E (Hrsg) Projektmanagement: Eine Antwort auf die Hierarchiekrise? Springer Gabler, Wiesbaden, S 174–199
Klimecki R, Probst GJB, Eberl P (1994) Entwicklungsorientiertes Management. Schaeffer-Poeschel, Stuttgart

Kornhuber HH (1988) Mehr Forschungseffizienz durch objektivere Beurteilungen von Forschungsleistungen. In: Daniel HR, Fisch R (Hrsg) Evaluation von Forschung: Methoden, Ergebnisse, Stellungnahmen. Universitätsverlag Konstanz, Konstanz, S 361–382

Kraus G, Westermann R (1997) Projektmanagement mit System: Organisation, Methoden, Steuerung, 2., erw. Aufl. Gabler, Wiesbaden

Lehmkuhl P (2018) Die temporäre Expertenorganisation. Voraussetzungen, Gelingensbedingungen und Hemmnisfaktoren von Projekten im Bereich Studium und Lehre an deutschen Hochschulen. Logos, Berlin

Lundin RA, Söderholm A (1995) A theory of the temporary organization. https://www.kth.se/polopoly_fs/1.220824!/Menu/general/column-content/attachment/Article2-LundinSoderholm.pdf. Zugegriffen am 20.01.2016

Miles MB (1964) On temporary systems. In: Miles MB (Hrsg) Innovation in education. Teachers College Press, New York, S 437–490

Nausner P (2006) Projektmanagement. Die Entwicklung und Produktion des Neuen in Form von Projekten. utb, Wiesbaden

Packendorff J (1995) Inquiring into the temporary organization: new directions for project management research. http://www.lindgren-packendorff.com/Packendorff_1995_ScJM.pdf. Zugegriffen am 01.08.2020

Packendorff J (2002) The temporary society and its enemies: projects from an individual perspective. In: Sahlin-Andersson K, Söderholm A (Hrsg) Beyond project management. New perspectives on the temporary-permanent dilemma. Copenhagen Business Press, Copenhagen, S 39–58

Pfetzing K, Rohde A (2014) Ganzheitliches Projektmanagement. Dr. Götz Schmidt, Gießen

Sahlin-Andersson K (1992) The use of ambiguity – the organizing of an extraordinary project. In: Hägg I, Segelod E (Hrsg) Issues in empirical investment research. Elsevier, Amsterdam, S 143–158

Scheurer S, Zahn M (1998) Organisationales Lernen. Z Führ Organ 3:174–180

Schiersmann C, Thiel HU (2000) Projektmanagement als organisationales Lernen. Ein Studien- und Werkbuch (nicht nur) für den Bildungs- und Sozialbereich. Leske + Budrich, Opladen

Swan J, Scarbrough H, Newell S (2010) Why don't (or do) organizations learn from projects? http://mlq.sagepub.com/content/41/3/325.full.pdf+html. Zugegriffen am 01.08.2020

Turner JR, Müller R (2003) On the nature of the project as a temporary organization. Int J Proj Manag 21:1–8

Zierer K (2011) Wider den Projektezwang. Erziehungswissenschaft. Mitt Dtsch Ges Erziehungswiss (DGfE) 42:9–18

Zollo M, Winter SG (2002) Deliberate learning and the evolution of dynamic capabilities. Organ Sci 13:339–353

Informale Ordnung: Organisations- und Projektkultur(en)

Marcel Schütz

Vermittlungsziele dieses Kapitels
- Sie kennen hauptsächliche Beobachtungen zum Thema der Informalität bzw. Organisationskultur.
- Sie begreifen Organisationskultur in oft eher dezenten, sich allmählich einschleichenden, dauerhafter gefestigten und wirkmächtigen Ausdrucksformen.
- Sie wissen, dass sich die Organisationskultur in verschiedener Weise auf die formale/offizielle Struktur einer Organisation bezieht.
- Sie haben verstanden, dass der gestalterische Zugriff auf die Organisationskultur wirksam über die formale Ordnung geschieht.
- Sie können nachvollziehen, wie Projekte durch ihre teilweise Entkopplung eine Organisationskultur eigenförmig nachbilden, d. h. sich (auch) mithilfe von Projekten verschiedene Varianten bzw. Spielarten einer Kultur in einer Unternehmung oder Einrichtung entwickeln.

M. Schütz (✉)
Northern Business School, Hamburg, Hamburg, Deutschland
E-Mail: marcel.schuetz@nbs-hochschule.de

5.1 Zusammenfassung

Organisationen werden üblicherweise vor allem über formale Ordnungen, d. h. offizielle Strukturen, beschrieben. In den vergangenen Jahren hat ein Blick auf Organisationen größere Beachtung gefunden, dessen Ansätze bereits Jahrzehnte in die Vergangenheit reichen: die sog. Organisationskultur oder Informalität. Unter diesem Begriff werden Zusammenhänge verstanden, die sich, vereinfacht gesagt, insbesondere auf die inoffiziellen, d. h. ungeschriebenen, aber wirkmächtigen Abläufe einer Organisation beziehen. Der besondere Reiz dieses Themas bei vielen PraktikerInnen und auch ForscherInnen dürfte gerade darin bestehen, dass es hier um ein Geschehen geht, das an sich zwar irgendwie unsichtbar und undefiniert bleibt, sich aber in Stilen, Praktiken und Routinen niederschlägt, die auf verschiedene Beteiligte sehr konkret erfahrbare Auswirkungen haben. Die Kultur einer Organisation steht nicht einfach im Raum, sie erfüllt ihn vielmehr durch Unausgesprochenes, stillschweigend Erwartetes und inoffiziell Geduldetes, das aber mit den formalen, offiziellen Abläufen in Verbindung steht. In diesem Kapitel soll in einige Grundaspekte der Organisationskultur eingeführt werden, um dadurch die Verhältnisse speziell für die Projektarbeit näher zu ergründen.

5.2 Einstieg

Die Beschreibung von Lernen, Wissen und Innovation im vorangehenden Kap. 4 hatte bereits darauf hindeuten können, dass nicht alles von dem, was in Projekten geschieht, der unmittelbaren Planung unterworfen werden kann. Prägt zwar die formale Ordnung, also das, was mit *Planung, Regulierung, Schriftlichkeit* und *Entschiedenheit* in Verbindung steht oder gebracht werden kann, die Normalität der Organisationen auch noch so maßgeblich – ganz allein durch ihre formale Ordnung erwiesen sich Organisationen nicht als funktional. Hinzu tritt eine *informale Dimension*, die zwar nicht direkt auf Regulierung, Schriftlichkeit und Entschiedenheit zurückgeführt werden kann, die aber für die Durchführung all dessen einen flexibilisierenden und stützenden, eher untergründigen Beitrag leistet (vgl. Luhmann 2011, S. 21; Morand 1995; Kühl 2018).

In einer sehr groben Weise wird unter Informalität eine organisatorische Ordnung ‚abseits des Protokolls' und ‚zwischen den Zeilen' verstanden. Diese Nebenordnung, weithin auch Organisationskultur genannt (vgl. Kühl 2018; Kühl und Schütz 2018), erbringt für die Organisation gleichwohl relevante Leistungen, da in der Sphäre des Regelfernen und Ungeregelten andere und bisweilen größere Möglichkeiten liegen, für die Organisation nützliche und vorteilsbringende Aktivitäten zu verrichten, wiewohl es auch möglich ist, dass die informalen Prozeduren der formalen Ordnung klar „zuwiderlaufen", sich ihr „widersetzen" und sie „scheitern lassen" (Luhmann 2011, S. 22).

Die Organisationskultur wird häufig, eher schwammig, mit Werten und Normen einer Organisation übersetzt (vgl. Kieser und Walgenbach 2007, S. 129 f.). Die Ausgangsannahme ist im Kern, dass Organisationen nicht allein eine formale Struktur hervorbringen, sondern begleitend dazu auch informelle bzw. kulturelle Elemente sich in ihnen festigen, die die formale Ordnung mit einer gewissen Elastizität und Auflockerung ausstatten. Man kann von einer Organisationskultur *im engeren Sinne* und einer *im weiteren Sinne* sprechen. Zunächst zur engeren Lesart.[1]

▶ **Kurz gefasst: Während die geschäftsförmige, entscheidungsmäßige Ordnung üblicherweise als formale Organisation beschrieben wird, versteht man unter den nicht entschiedenen bzw. nicht durch Entscheidungen geregelten Abläufen die informale Organisation/Informalität, die auch als Organisationskultur bezeichnet werden kann.**

1. Ein engeres Verständnis geht danach, Ordnungen einer Organisation direkt auf die Art und Weise der Entscheidung zu beziehen. All das, was *nicht entschieden* ist, wird durch Improvisation ausgefüllt, also informal geregelt und interpretiert. Dieses Verständnis wird vor allem von systemtheoretischen Arbeiten vertreten (vgl. Kühl 2018; Kühl und Schütz 2018; Grubendorfer 2019). Die systemtheoretische Bestimmung des Kulturbegriffs differenziert informale Ordnung in zwei wesentlichen Hinsichten (vgl. Kühl 2017, 2018, S. 17 ff., 2020, S. 102–105). So bestehen zum einen *prinzipiell entscheidbare, aber nicht entschiedene* Ordnungsformen. Angesprochen wurde oben bereits die Unmöglichkeit einer vollständigen organisatorischen Formalisierung. Dies erklärt aber noch nicht, weshalb Organisationen trotz gegebener Möglichkeiten zur Intervention davon trotzdem zum Teil ausdrücklich absehen. Wichtige Gründe lassen sich in der *geringen Relevanz* einer Intervention oder in einem gewissen *Ermessensspielraum* finden, mit dem eine situationsgerechte Auslegung gewahrt wird; ferner auch in einer gewissen *Zurückhaltung* beim Regulieren, da hierdurch kreative und innovatorische Kompetenzen beschnitten werden können, und schließlich bedingt durch das *Risiko*, mit Formalisierungszwängen motivationale Störungen zu verursachen. Im Rahmen von Projekten sind diesbezüglich verschiedene Szenarien bekannt: Gewonnene reputierliche SpezialistInnen sollen vor direkter Kontrolle verschont bleiben, da Sorge besteht, sie ansonsten zu verschrecken; oder: ProjektleiterInnen weisen bestimmte Schwächen im Führungsverhalten auf, bringen ihre Projekte aber ressourcengerecht und ‚in time' zu Ende, weshalb auf klärende Gespräche einstweilen verzichtet wird; oder: Teams in Abteilungen der Forschung und Entwicklung arbeiten nicht nur an offiziellen Aufträgen, sondern experimentieren an weiteren Innovationsideen, auch wenn für diese womöglich gar keine Mittel freigegeben sind und derlei Zusatztätigkeit in gewissem Umfang stillschweigend geduldet wird; oder: bestimmte Entscheidungsverfahren im Gang der Lenkungsausschüsse eines Projekts werden je nach Situation auch einmal pragma-

---

[1] Den nachfolgenden Absatz habe ich in anderer Form bereits in einem Working Paper „Projektierung und Informalität: Strukturelle Grundlagen der organisatorischen Projektierung" (Univ. Oldenburg, 2021) ausgeführt.

tisch verschlankt, wenn die federführend Mitwirkenden im Prozedere hin und wieder mal ein Auge zudrücken, um den normalen protokollmäßigen Genehmigungsprozess abzukürzen. Die zweite Variante der organisatorischen Informalität erweist sich hingegen als von vornherein steuerungsprekär, und zwar unabhängig davon, ob und wie Organisationen dazu neigen könnten, im Wege von Interventionen ihre Abläufe zu formalisieren. Der Einfluss der Organisation ist bei diesen ‚naturwüchsigen' Strukturen, den *prinzipiell nicht entscheidbaren Ordnungen*, nämlich buchstäblich regelmäßig begrenzt. Die hierunter beschriebenen Phänomene betreffen Wissensoperationen im Bewusstsein von Personen, sinnliche Wahrnehmungen, Fertigkeiten und Interaktionen, die sich einer direkten Steuerung weitgehend entziehen, da sie eher sporadisch und wenig replizierbar in Erscheinung treten. Auch hier fehlt es nicht an erfahrungsgesättigten Szenarien im Projektmanagement: Der eher beiläufige Plausch in der betrieblichen Kaffeeküche kann innovatorische Ideen für ein Projekt freisetzen, die beim besten Willen nicht formalisiert oder gar vorhergesehen werden konnten – und das obwohl die involvierten ProjektmanagerInnen für einen solchen Erkenntnisgewinn die theoretisch und praktisch geeignete Qualifizierung durchlaufen haben. Auch hohe Expertise bietet keine Garantie für sprudelnde Kreativität, gerade dann nicht, wenn die jeweiligen Projektaufgaben im konkreten Ablauf bisher gar nicht bekannt gewesen sind. Momente, Assoziationen und Gelegenheiten ergeben sich mit der Zeit und durch interdisziplinäre Arrangements, innerhalb derer mithilfe der Diskussion vonseiten verschiedener Arbeitsgebiete und verschiedener Wissensdomänen unerwartete Lösungen erfunden und konkretisiert werden; wobei wiederum eine gewisse Grundübereinstimmung und Konnektivität des Wissens vorhanden sein muss (bspw. Projekterfahrung, geeigneter fachlicher Hintergrund, Vertrautheit mit Fachterminologie), da ansonsten die Übersetzungs- und Anpassungskosten ggf. die Informalitäts- bzw. Innovationsrendite schmälern.

2. Nun zu einem weniger engen Kulturbegriff. Unter *Organisationskultur i. w. S.* finden sich in der Betriebswirtschaftslehre und nach sozialwissenschaftlichen Ansätzen weitere klassische Bestimmungsversuche. Diese beinhalten insbesondere Vorschläge in Richtung latenter bzw. automatisch mitlaufender Symbol-, Sprach- und Wertesysteme in Organisationen, die teilweise auch entschieden sein können, teilweise aber zumeist durch informale Erwartungen (Art und Weise des Verhaltens, des Sprechens, des Stils etc.) ergänzt werden (vgl. prominent vor allem Schein 1985; Herget und Strobl 2018). Die originäre Referenz der Organisationskultur liegt aber außerhalb der wirtschaftlichen und Unternehmensforschung. Bekannt ist der Begriff insbesondere über seine Prägung in der Anthropologie, also der Menschheitsforschung, und aus der Völkerkunde. Verstanden werden hierunter zumeist „die spezifischen, historisch gewachsenen, zu einer komplexen Gestalt verdichteten Merkmale von Volksgruppen" (Breisig 2006, S. 150; Schreyögg 2003, S. 449 f.). Mögen die vielen gebräuchlichen Definitionen von Organisationskultur zum Teil unterschiedlich eng oder weit gehalten sein, kennzeichnet die Bestimmung doch allgemein, dass es um tradierte Sinn- und Orientierungsmuster geht, die sich über die Zeit verstetigen und auch narrativ, d. h. durch Erzählungen und Vermittlungsbotschaften, in einer Organisation entwickelt werden.

Übertragen auf Projekte bedeutet dies zweierlei: *Erstens* folgen Projekte und Projektmanagement den Möglichkeiten, die im Hinblick auf Wert- und Normvorstellungen einer Organisation gegeben sind; diese können sowohl einen eher engeren oder einen eher weiteren Gestaltungsraum ermöglichen. *Zweitens* bringen Projektstrukturen womöglich aber auch eigene Unter- und oder Spezialkulturen innerhalb einer Organisation hervor, die von jenen gestaltet werden, die in dieser Bereichslogik ihr betriebliches Zuhause haben und bspw. mit besonderer Geschwindigkeit, Umsetzungskreativität und gelockerten formalen Bestimmungen länger vertraut sind. Personen, die aus der Regelorganisation erst neuerdings in diese Projektstrukturen übertreten, haben demgegenüber bisweilen mit einem ‚culture clash' zu rechnen: sie bemerken, wie die KollegInnen dieses Arbeitsbereichs anders ‚auf Zack' sind und anders ‚ticken', wie die Teamkonstellation eigensinnig anders aufgebaut und gepflegt wird, wie sich Meetings und Absprachen von denen der Regelabteilung auch in größerem Maße als erwartet unterscheiden können. Der Eindruck ist mitunter, eigentlich in eine ganz andere Arbeits- und Umgangskultur einzutauchen.

▶ **Kurz gefasst: Nach systemtheoretischem Verständnis lässt sich Informalität abhängig davon unterscheiden, ob die nicht entschiedenen Abläufe prinzipiell entschieden werden könnten oder prinzipiell nicht entschieden werden können. Das weit verbreitete, eher praxisnahe Verständnis der Informalität zählt hierzu auch größere Symbol-, Sprach- und Wertesysteme, die in einer Organisation spezifisch vorherrschen und die Aktivitäten beeinflussen.**

5.3 Erwartungsbildung: Aneignung organisationaler Kultur

Mitglieder einer Organisation übernehmen einen bestimmten Stil, sie übernehmen Erwartungen oder Vorstellungen, die mit einer Tätigkeit in ihrer Organisation typisch verbunden werden. Ein/e ProjektmanagerIn, die/der bspw. in einer Bauunternehmung tätig wird, wird sich an einen bestimmten Baustellenton gewöhnen müssen oder mit diesem selbst auch schon lange vertraut sein. Womöglich entspricht der etwas schroffe Stil gar nicht der eigenen Natur, aber sie/er weiß sich in diese Erwartung zu fügen bzw. kann mit den untergebenen Leuten so sprechen, wie sie es gewohnt sind. Dieses gemeinsame Befolgen von *Erwartungen* wird häufig zur Grundlage einer Bestimmung von Organisationskultur herangezogen, um darüber typische Eigenschaften auch innerhalb der formalen Geschäftsverläufe nachvollziehbar zu machen (vgl. Kieser und Walgenbach 2007, S. 130).

Typisch für den Begriff der Organisations- oder Unternehmenskultur ist das „für jedes Unternehmen spezifisch herausgebildete[s] Gefüge von Regeln, Normen und Wertvorstellungen, die die betriebliche Wirklichkeit in den Kooperationsbeziehungen unter den MitarbeiterInnen und Bereichen prägen und insofern ein – mehr oder weniger hohes – Potenzial an verhaltenskoordinierender Wirkung haben" (Breisig 2006, S. 84). Von vornherein liegt in der Organisationskultur das Merkmal, dass sie formale Verfahren zu einem gewissen Teil nicht nur ergänzen, sondern sogar ersetzen kann. Werden *Organisationsmitglieder* dahingehend *eingestellt, geführt und weiterentwickelt*, dass sie vorn vornherein mit bestimmten Wert- und Normvorstellung einer Unternehmung übereinstimmen, können formale Abläufe auch ‚gespart' und längere disziplinarische Weisungen überflüssig werden (vgl. Breisig 2006, S. 84). Zum Beispiel können erfahrene und bewährte ProjektmangerInnen, die bereits längere Jahre in einer Organisation ihre Dienste erbracht haben, viel einfacher für neue Projekte eingesetzt werden, ohne zunächst aufwendige Einführungen in formalen Angelegenheiten jedes Mal vermitteln zu müssen. – Kontinuität bildet eine wichtige Klammer für die Ausbildung und Vertiefung organisationaler Kultur.

Ein wichtiger Ausgangspunkt dafür liegt besonders in den *Mitgliedschaften* bzw. Beschäftigungen einer Organisation: „Je mehr Mitglieder in einer Unternehmung in ihren Überzeugungen übereinstimmen und je stärker diese Übereinstimmung ist, desto eher werden diese Vorstellungen handlungsleitend, desto eher können sie eine Koordination der Aktivitäten verschiedener Organisationsmitglieder bewirken." (Kieser und Walgenbach 2007, S. 130 f., i. O. kursiv) Ein weiterer Aspekt liegt insbesondere auf dem Prozess der Verinnerlichung von Werten und Normen, wie sie in einem Betrieb erfahren und gelebt werden. Hier kommen insbesondere solche *Dokumente* und *Verfahrensweisen* unterstützend ins Spiel, die eine wiederholte Einübung in bestimmte Strukturen begünstigen. Zu denken ist insbesondere an *Führungsbestimmungen*, *Unternehmensleitlinien* oder *Firmenphilosophien*, die eine bestimmte Optik oder Grundstimmung der Organisationsabläufe vorgeben oder zumindest konturieren (vgl. Kieser und Walgenbach 2007, S. 131). Diese verschiedenen Dokumente selbst sind formaler Natur. Aber ihr Gebrauch entscheidet mit darüber, wie engmaschig oder offen eine Organisationskultur ermöglicht werden kann.

Ein großer Unterschied wird klassisch darin gesehen, ob derartige Grundsatzbekundungen der Organisation ‚Par ordre du mufti' von oben herab erlassen werden, oder ob sie durch die Beteiligten wirklich verinnerlicht werden (vgl. Kieser und Walgenbach 2007, S. 131). In einer Projektumgebung kann dies besonders prägnant zur Entscheidung stehen. Werden Vorgaben über das Verständnis der Projektarbeit aus einer übergeordneten Einheit einfach ‚aufgedrückt', oder können sich die ProjektmanagerInnen hieran maßgeblich beteiligen? In einem Feld wie der Projektarbeit sind die ProjektmanagerInnen es oft gewohnt, handwerklich und sichtbar auf das organisatorische Geschehen Einfluss zunehmen. Es erweist sich insofern als naheliegend, dass sie nicht einfach übergangen werden, sondern den Stil und die Rahmenbedingungen des Projektmanagements auch selbst erfahrbar mitgestalten bzw. beeinflussen zu können. Generell ist davon auszugehen, dass sich Beteiligungen positiv auf die Akzeptanz neuer Regelungen und ihre Verbreitung auswirken.

▶ **Kurz gefasst: Die Planung von Projekten entscheidet darüber mit, wie weitreichend oder eingegrenzt Möglichkeiten der Organisationskultur ausgenutzt und gestaltet werden können.**

5.4 Symbol- und Bildsprache rund um Organisationskultur

Der Ansatz der Organisationskultur hat bisweilen auch schon beinahe spirituelle Vorstellungen über das Arbeits- und Organisationsleben hervorgebracht. So ist die Rede teilweise von einem tieferen oder wahlweise höheren ‚Sinn', von ‚visionären Vorreitern' oder einer ‚heldenhaften Führung'. Derartige Aufladungen heben sich von dem regulären Arbeitsleben ab und erscheinen daher schwer mit praktischem Nutzen zu verbinden. Zwar trägt bspw. auch das Projektmanagement den Gedanke in sich, dass Projekte die Fähigkeiten von Personen deutlich verbessern können und Mitwirkung und Teilhabe steigern mögen; deshalb aber gleich auf eine vollständige Erneuerung und Mission einer Unternehmenskultur zu setzen, erschiene gleichwohl übertrieben, haben Projekte doch klassisch bestimmte betriebswirtschaftliche Vorteile, die maßgeblich ins Gewicht fallen und zur Verbreitung dieser Arbeitsform beitragen. Die Gründe für das Projektemachen sind also, immerhin von der Ursache her gedacht, oft vergleichsweise pragmatischer Natur und alles andere als inspirativ.

Eine große Bedeutung nimmt im Zusammenhang mit Organisationskultur die Rolle der *Rituale* ein (vgl. Kieser und Walgenbach 2007, S. 131). Rituale in Organisationen können als wiederkehrende Praktiken bzw. Abläufe verstanden werden, denen eine gewisse Wertschätzung oder gar eine zeremonielle Bedeutung beigemessen wird. Es handelt sich um Gepflogenheiten, die als schicklich, anständig oder immerhin erhaltungswürdig gelten. Sie können von bestimmten feierlichen Anlässen über soziale Treffpunkte in Kaffeeküchen, Kantinen und bestimmten Räumen einer Organisation bis hin zu inoffiziellen dienstlichen Standards reichen, in deren Erhaltung eine wichtige bzw. wünschenswerte Tradition gesehen wird.

Im Projektmanagement sind Rituale insbesondere bei Zwischenständen und Abschlüssen eines Projekts markanter ausgeprägt. Es kann durchaus üblich sein, einen größeren Teil- oder abschließenden Erfolg unter Anwesenheit kulinarischer und flüssiger Köstlichkeiten zu feiern, d. h. bewusst einen Entspannungsmoment zu setzen nach Phasen harter Arbeit und großer Anstrengungen, die Nerven gekostet und körperliche Energie in Anspruch genommen haben. Man kann feststellen, dass speziell das Projektmanagement eine ausgeprägte Zeitsensibilität hervorbringt. Phasenabschlüsse und Zäsuren können sich insofern durchaus stimmungsanregend auswirken. Hochleistungsteams in innovativen Projekten setzen ganz besonders auf solche gemeinsamen Entspannungsevents, die einerseits der Feier des Erreichten und andererseits der Bestätigung des persönlichen Fortschritts dienen.

Mit verschiedenen *Symbolmaßnahmen* wird zudem versucht, die Organisation auch sichtbar zu charakterisieren, etwa anhand einer bestimmten Werbesprache, anhand bestimmter bildlicher Ausdrucksformen oder der prägnanten Kontaktpflege mit anderen Organisationen. Symbolische Handlungen können bspw. darin bestehen, dass eine Unternehmensleitung bewusst das Projektmanagement verstärkt lobt und protegiert, da man sich hierüber positive Ausstrahlung in die Belegschaft erhofft und/oder eine Unterstützung der

ProjektmanagerInnen damit zu erreichen versucht. Manche ProjektmangerInnen bspw. wollen noch ‚direkt bei den Leuten sitzen', um im operativen Geschehen als Ansprechpersonen zu fungieren und auch ansonsten keine größeren Privilegien in Anspruch zu nehmen. Durch eine häufige Präsenz an den Baustellen und insgesamt hohe Bereitschaft, mit den Praktikern wiederkehrend guten Kontakt und Gespräche zu pflegen, kann die Symbolwirkung in der Organisation dahingehend beschaffen sein, dass die ProjektmanagerInnen noch ‚richtig mitarbeiten' und als echte Handwerker nah bei den Leuten ihre Führungsaufgaben wahrnehmen.

Einen besonderen Stellenwert nehmen auch *heroisch* erscheinende Aktivitäten ein: Bestimmte EntscheiderInnen gehen mit dem Image großer Macher einher (vgl. Kieser und Walgenbach 2007, S. 132). Häufig ist dies gerade bei Projekten zu beobachten. Eine organisatorische Reform, eine Fusion, eine technische Meisterleistung wird als ‚Kind' einer leitenden Figur betrachtet, womit die Person in Verdacht gerät, sich ein ‚Denkmal' setzen zu wollen. Ob dies anerkennend oder eher ironisch gemeint ist, ergibt sich häufig abhängig erst davon, ob es ein Erfolg wurde oder eine Sache – was bei großen Projekten immer ein Risiko darstellt – gescheitert ist. Generell ist davon auszugehen, dass neu in die Organisation eintretende EntscheiderInnen mit größerer Projekterfahrung diese Arbeitsweise auch vor Ort stärker propagieren. Teilweise werden bewusst aus Beratungs- und Projektgeschäft kommende Persönlichkeiten gesucht, um schwierige Umstellungs- und Überleitungsprozesse zu managen. Ein Beispiel sind die InterimsmanagerInnen, die nur für einen Zeitraum von ein oder zwei Jahren die Führung einer Organisation übernehmen und – befristet mit dem Veränderungsprojekt – einen bestimmten Kurs in die Zukunft des Unternehmens vertreten.

Kieser und Walgenbach (2007, S. 132) führen aus, dass Organisationen ihre Kultur insbesondere im Zuge von innovativen Projekten als wichtigen Faktor erfahren können, und dieser Faktor auch wiederholt Schwierigkeiten im Arbeitsprozess zur Folge hat:

> „Dies ist besonders bei abteilungsübergreifenden Projekten wichtig: Verschiedene Abteilungen wie Marketing, Produktion oder Forschung und Entwicklung vermitteln ihren Mitgliedern meist unterschiedliche Ziele. Für die Erledigung von Routineaufgaben innerhalb der jeweiligen Abteilungen ist dies durchaus zweckmäßig, erschwert jedoch die Zusammenarbeit bei abteilungsübergreifenden Projekten, zu denen die meisten innovativen Vorhaben zählen. Teilen die Mitglieder dieser Abteilung jedoch die in der Organisationskultur angelegten Werte, dann finden sie eher zu einem Konsens. Die meisten innovativen Projekte in Organisationen sind abteilungsübergreifende Projekte."

Ein wichtiger Punkt ist der *Vertrauensfaktor* der Organisationskultur (vgl. Kieser und Walgenbach 2007, S. 132 f.). Können die Organisationsmitglieder darauf bauen, dass erwünschte Verhaltensweisen in Übereinstimmung mit den Werten und Normen der Organisation positiv sanktioniert, also anerkannt, gefördert und gelobt werden, haben sie genügend Anreiz, ihr Verhalten dahingehend fortzusetzen. Es kommt also zur Stabilisierung von Erwartungen, die einen betrieblich akzeptierten Stil fördern. In gewohnten Bahnen ergibt sich für alle Beteiligten eine größere Sicherheit, die schließlich auch günstige Folgen für die Arbeits- und Leistungsmotivation in Aussicht stellt.

Eine Besonderheit der Diskussion um Organisationskultur besteht weithin in dem Umstand, dass sie zahlreiche optimistische und normative Vorstellung guter Organisationsführung- und -entwicklung angestoßen hat. Nicht zuletzt die Verbreitung von Projektarbeit hat, neben anderen Impulsen, diese Entwicklung begünstigt. Innovative, wissensintensive und kreative Arbeitsumgebungen, wie sie durch Projektarbeit dargestellt werden, fördern bestenfalls die Bereitwilligkeit und das Engagement der Mitglieder sowie die soziale Verträglichkeit bzw. Kohäsion.

▶ **Kurz gefasst: Die Symbol- und Bildsprache prägt den Charakter einer Organisationskultur bzw. wird mit ihr assoziiert. Daran schließen sich Vertrauensbildung und Erwartungsstabilisierung als Funktionen der Organisationskultur an.**

5.5 Organisatorische Regelabweichungen

Verbreitet wird die Organisationskultur, wie dargestellt, mit aus Sicht der Organisation positiven Beschreibungen verbunden. Allerdings ist darauf hinzuweisen, dass organisationskulturelle Phänomene sich immer auch durch Regelabweichungen und teilweise Regelbrüche ausbilden können. Regeldehnungen oder -umgehungen sind eine informale Praxis, die abseits konkreter Vorgaben erfolgt. Gerade Regelungslücken bieten dafür die Grundlage. Ganz nach dem Motto: Was nicht ausdrücklich untersagt ist, ist wohl gestattet. Häufig wird in diesem Zusammenhang auch von den Grauzonen zwischen Formalität und Informalität einer Organisation gesprochen (vgl. Kühl 2020). Eine Auswahl der Möglichkeiten für Regelabweichungen im Projektmanagement sei an dieser Stelle in kurzer Form aufgezeigt:

- *Dokumente*, wie sie mit projektierten Richtlinien, Protokollen, Auswertungen, Fortschrittsanalysen oder Berichtsformularen vorliegen, können je nach Projektablauf in gewissem Maße hinsichtlich relevanter Daten ‚kosmetisch' leicht verändert, gekürzt und umformuliert werden (vgl. Schütz et al. 2018, S. 177), um damit wiederum einen vorgegebenen, formalen Prozess zu erleichtern, zu beschleunigen, ihn aber ggf. auch zu bestimmten Zwecken zu irritieren.
- *Umgehungspraktiken*, die im Kommunikationsprozess als ‚kleiner Dienstweg' (vgl. Hillenbrand 2019, S. 102; Mensching 2020, S. 288; Kühl 2018, S. 18) bekannt sind, können formal kaum sinnvoll bis ins letzte Detail geregelt sein; sie treten im Lauf der Projektaufträge eigenwüchsig hervor. Es ist möglich, dass das Bestehen dieser Gepflogenheiten nur den damit unmittelbar Betrauten bekannt ist. Ebenso ist es möglich, dass die Praktiken als Nebenordnung zu formal gegebenen bestehen, da sie früher bereits entstanden sind oder als bevorzugt geeignet gelten.
- *Abreden* (vgl. Schütz et al. 2018, S. 120; Preisendörfer 2016, S. 59) zwischen verschiedenen Instanzen einer Projektarbeit können bewusst formlos gehalten bleiben, wie

bspw. Fälle der Konfliktbewältigung oder Fehlerbehebung zeigen. Um entstehende Probleme möglichst lokal einzugrenzen und die formale Ordnung der Organisation nicht mit Regelbedarf zu belasten, entstehen ‚Notlösungen' oder ‚Überbrückungen' als alternative Arrangements, die ohne entsprechende besondere Lage gar nicht in Betracht kämen.

- *Zurückhaltungen* und *(Selbst-)Zensurmechanismen* (vgl. Kühl 2008, S. 491) im Blick auf Informationen und Überlegungen, die im Arbeitsprozess aufkommen. Bei zeitlicher Knappheit oder drohenden Risiken – häufig abgebildet über sog. ‚Ampel'-Warnsysteme – werden die projektbezogenen Statusangaben zunächst moderater berichtet als im Verfahren streng genommen vorgesehen wäre. Hierin kann der Versuch gesehen werden, nachteilige Beobachtungen abzuwehren und so Zeit und Spielraum zu erkaufen.

▶ **Kurz gefasst: Regelabweichungen bilden eine besondere Ausprägung, einen Unterfall der Informalität. Sie bestehen im expliziten, nicht nur indirekten Abweichen von einer formalen Ordnung – Regeln werden gedehnt, übergangen, uminterpretiert oder offensiv missachtet.**

5.6 Einschränkungen und Hürden

Ein grundsätzlich positives Potenzial der Organisationskultur wird wohl nach verbreiteter Erfahrung nirgendwo bestritten. Dennoch gilt es aber einige Einschränkungen festzuhalten. Wie jede ansprechend erscheinende Gestaltungsform von Arbeitsabläufen und Organisationen, ist auch die Organisationskultur mit großen Erwartungen behaftet. Allerdings erschließt sich eine kritische Perspektive leicht, „wenn man an die Stelle von Organisationskultur oder Unternehmenskultur den Begriff ‚Management durch Ideologie' setzt" (Kieser und Walgenbach 2007, S. 133). Ideologien sind dabei zunächst nichts von vornherein schlechtes oder gefährliches. Normativ-weltanschauliche Vorstellungen sind überall in der Gesellschaft zu finden, selbst Wissenschaft, Kultur und Wirtschaft folgen bestimmten ideologischen Pfaden, wie sie unvermeidlich in Ritualen, Zeremonien, Geschichten und Symbolen ihren Ausdruck finden.

Auch hier sind geschäftspolitische Aspekte zu beachten – gerade im Hinblick auf das Projektmanagement. Werden eher klassisch standardisierte Formen bevorzugt, oder gibt man die Freiheit, agile Projektformen auszutesten und so mit der veränderten Herangehensweise auch neue, bisher nicht vorgesehene Handlungsspielräume zu ermöglichen? In einer konservativen und stark regulierten Organisationsumgebung wird man wiederholt auf Vorbehalte und Widerstand stoßen, hat man das Ansinnen, die Projektarbeit stärker zu entbürokratisieren und auf schnelle, dafür womöglich auch nicht direkt perfekte Umsetzung zu bringen. In jungen Start-ups hingegen wird man erleben, dass Projekte für den weiteren Auf- und Ausbau des Unternehmens oft von dem Prinzip ‚von der Hand in den

5 Informale Ordnung: Organisations- und Projektkultur(en)

Mund' profitieren. Es wird direkt umgesetzt, wofür anderswo zunächst noch Ausschüsse und Gremienbeschlüsse erzielt werden müssten. Die Projektgröße selbst hat auch einen Einfluss auf den Grad der Flexibilität im Vorgehen. Werden verschiedene Instanzen mit Ansprüchen und Rechten eingebunden, wird allseits der Versuch zu beobachten sein, bloß nichts zu schnell und zu viel in Gang zu bringen, ohne die Zustimmung verschiedener Mitwirkender einzuholen.

Organisationskulturen bilden sich im Rahmen eines Unternehmens oder einer sonstigen Einrichtung nicht nur verschiedenartig aus (abhängig von Arbeitssparten, Fachbereichen, Abteilungs- und Projektstrukturen), sie können auch zu einer Verstetigung von Erwartungen führen, wie sie sich für die Organisation oder Personen mittelfristig als schwierig oder gar ungünstig erweisen. Beispielsweise wird im Zusammenhang mit Projektarbeit erfahren, dass projektferne Personen teilweise nur aufwendig in Projektarbeit hineinzuentwickeln sind. Umgekehrt fällt es Personen, die bereits seit langer Zeit in Projekten Aufgaben wahrnehmen, mitunter schwierig, einfach wieder in frühere Linienaufgaben ohne einen besonderen Projektbezug zurückzukehren. Der Stil des Projektemachens fordert manchen Organisationsmitgliedern ungewohnt viel Umstellung und Energie ab, während andere hier einen ‚Kick' bekommen, das Tempo, die Komplexität und die verschiedenartigen Herausforderungen dieses Arbeitens möglichst lange zu erhalten und immer noch weiter zu steigern.

In Veränderungsprojekten gelingt es Organisationen mitunter, das Interesse und Engagement ihrer Mitglieder zumindest kurz- und mittelfristig enorm zu steigern; allerdings mit dem Risiko verbunden, dass der große Elan nach Beendigung des Projekts wieder verzieht. Noch problematischer wird es, wenn das Projekt gar nicht zu einem Erfolg geführt werden kann, vorzeitig eingestellt wird oder man sich nach dem Abschluss zu schnell auf dem bis dahin Erreichten ausruht, wodurch es nicht zu jenen Umsetzungseffekten und Erfolgserlebnissen kommt, die man sich eigentlich wünschen würde. Vielfach hängt es an der Organisationskultur, wie viel Support und Werbung aus der Organisation – speziell aus ihrer Führung – für bestimmte Projekte mit größerer Ausstrahlung bereitgestellt werden. Wenn die ProjektmanagerInnen alles auf eigene Faust erledigen müssen, können Demotivation eintreten und Gründlichkeit nachlassen. Eine beträchtliche Bedeutung wird daher der Rolle der organisatorischen Leitung, der Geschäftsführungen und Vorstände beigemessen, die in Veränderungs-, Innovations- und Transformationsprozessen den Kurs des Managements namentlich mit ihren Gesichtern vertreten müssen.

▸ **Kurz gefasst: Die Akzeptanz von Organisationskulturen ist nach Personen, Arbeitsbereichen, Arbeits- und Umgangsweisen unterschiedlich zu bestimmen. Kulturelle Ordnung wird auch durch eine rahmengebend vorherrschende normative bzw. ideologische Ordnung geprägt. Veränderungsprojekte erweisen sich häufig als kritische Wegmarken einer Organisationskultur, ihrer bisherigen und ihrer davon ausgehenden künftigen Entwicklung.**

5.7 Kultur und Organisations- bzw. Projektrisiken

Projekte sind vielmals das Risikogeschäft schlechthin – sie gehören, immerhin in der größeren, interorganisationalen und interdisziplinären Form, zu den besonders risikoreichen Arbeitsumgebungen, da diese Organisationsform nun einmal häufig mit dem Betreten von Neuland, experimentellen Verfahren und Lernen durch Versuch und Irrtum verbunden ist. Jedes Projekt ist eine Planung in teilweise ungewisse Zukunft. Manche Faktoren lassen sich einigermaßen stabil in Aussicht stellen, andere hingegen können erst kurzfristiger genau eingeschätzt werden. Wiederum andere sind eigentlich Schattenfaktoren, die gar nicht oder erst später und unerwartet ins Geschehen treten. Jede Entwicklung, die über Monate oder sogar Jahre projektiert werden soll, birgt Unsicherheiten, die niemals vollständig zu Beginn abgeklärt und abgestellt werden können.

Viele Organisationen, die intensiv Projektarbeit durchführen, sind vor allem mit Ungewissheit und hoher Komplexität konfrontiert. Projekte können misslingen, falsch eingeschätzt werden, auf eine gewisse Restgröße an Unsicherheit über den Erfolg sogar angewiesen sein. Es lässt sich bei einer Raummission, einem großen Brückenbau oder einer neuen Schiffstechnologie eben nicht im Vorfeld schon alles über den Erfolg der Maßnahmen aussagen. Gerade innovative Planungs-, Fertigungs-, Installations- und Wartungsprozesse bergen auch das Risiko, dass einzelne Verfahren sich als ungeeignet erweisen und möglicherweise auch kleinere oder größere Unfälle nach menschlichem Ermessen schlicht nicht völlig auszuschließen sind. Der Untergang der Titanic, der Absturz der Raumfähre Challenger oder der schwere Zugunfall des Intercity-Express in Eschede verweisen auf ungeeignete Erwartungen und Abschätzungen im Vorfeld dieser technologischen Entwicklungen, die immer auch im Kontext einer vorherrschenden Betriebs- und Risiko- bzw. Fehlerkultur in Gang kamen und aus denen später mehr für die Sicherheit von Betriebsabläufen gelernt werden konnte (vgl. Schütz et al. 2018, S. 104). Der Literatur zufolge sind Organisationen, die Projekte unter erhöhten Risikofaktoren durchführen, besonders auf die Entwicklung einer (erwünschten) Organisationskultur angewiesen (vgl. Kieser und Walgenbach 2007, S. 133; Wilkins und Ouchi 1983). Allerdings hat diese Angewiesenheit ihren Preis; sie geht ins Geld und in die Zeit. „Wie auch die anderen Koordinationsinstrumente sind die Instrumente der Organisationskultur mit spezifischen Kosten verbunden (…) Organisationen mit einer ‚reichen' Kultur müssen viel Zeit in die zwischenmenschliche Kommunikation investieren." (Kieser und Walgenbach 2007, S. 133).

Die Diskussion um Projekte und Risiken ist also auch in Verbindung mit dem Thema der Organisationskultur zu sehen. Denn Organisationskulturen haben immer wieder im Zusammenhang mit Unfällen, Betrugsfällen oder sonstigen möglichen Krisen eines Unternehmens für Schlagzeilen gesorgt. Können bestimmte Erwartungen einer Organisation dazu führen, dass MitarbeiterInnen leichtsinnig handeln, unaufmerksam werden oder sich sogar in kriminelle Aktivitäten verstricken? Für diese Überlegungen haben wiederholt auch Projekte Anlässe geboten, und zwar im Zusammenhang mit folgenden Geschäftsabläufen:

- *Risiken im Bereich der Kriminalität/Devianz*. Auslandsgeschäfte größerer Konzerne oder Verbände stehen seit jeher im Risiko, dass dubiose Vorgänge (Korruption, Vetternwirtschaft, Betrugsdelikte etc.) fern der Heimat und der Zentrale nicht sofort oder gar nicht erkannt werden. In großen Infrastrukturprojekten oder Kooperationsprojekten mit örtlichen Partnern kann es zu finanziellen Unregelmäßigkeiten und Interessenkonflikten kommen. Für Organisationen ist daher das Bemühen wichtig, die Vorgänge außerhalb des eigenen direkten Einflussbereichs kontrollieren zu lassen und die ohnehin schon durch die Projektstruktur erreichte gewisse Entkoppelung nicht noch durch Devianz aller Art zu steigern.
- Neben juristischen Feinheiten sind auch ganz andersartige Risikofaktoren zu beachten: *Technische und Sicherheitsrisiken* stellen sich insbesondere in innovativen bzw. baulichen Projekten ein. Verkehrsinfrastrukturen und Verkehrsmittel können mit einer Komplexität einhergehen, die womöglich erst schrittweise in vollem Maße erkannt und bewältigt wird. So können bei technischer Planung in einem früheren Stadium der Projektierung bestimmte Bemessungen bzw. Schätzungen hinsichtlich Belastung und Beanspruchung von Materialien sich als fehlerhaft herausstellen bzw. ungünstigerweise zu spät erkannt werden. Dies wiederum kann mit Eigenheiten einer Organisationskultur zumindest mittelbar im Zusammenhang stehen, wie die Unfallforschung wiederholt gezeigt hat: Starke Hierarchien behindern ggf. eine etwaige Fehlerkultur, die frühen Warnhinweisen Beachtung schenken könnte. Auch kann es an der mangelnden Kompetenz und fixierten Vorstellungen über die unterschiedlichen Rollen und die Professionalität im Unternehmen liegen, dass riskante Umstände zu spät erkannt werden. Organisationen versuchen entsprechend, eine Arbeitskultur der Vorsicht und Wachsamkeit zu entwickeln, die Nachlässigkeit und Kommunikationskonflikte in Projektabläufen reduziert (vgl. Weick und Sutcliffe 2016; Schütz und Röbken 2020).
- Weitere Aspekte ergeben sich mit *wirtschaftlichen Risiken*. Manche Unternehmen sind hinsichtlich bestimmter Projekte für besonderen Optimismus oder auch Ehrgeiz der Verwirklichung bekannt geworden. Im Ringen um Branche- bzw. Marktführerschaft wird versucht, einen Spagat zwischen gegenwärtigem Risiko und künftigen Potenzialen zu bewältigen. Hierbei können Marktentwicklungen auch überschätzt oder – gelegentlich auch das – übertrieben positiv präsentiert werden, um entsprechende Genehmigungen für einen Projektprozess zu erreichen. Wirtschaftliche Risiken können sich dabei sowohl vor der Fertigstellung ergeben (im bemessenen Aufwand, der womöglich zu niedrig veranschlagt ist) als auch nach Abschluss des Projekts beim Übertritt in das Marktgeschehen und die beginnende Phase der Refinanzierung. Gerade positive Erfolgserwartungen, herrührend aus vergangenen Erfolgen, scheinen gelegentlich überaus optimistische Vorstellungen zu nähren. Hier stellt sich die Herausforderung für Organisationen, Erfolgserwartungen kritisch zu hinterfragen (siehe speziell für den Fall von Großprojekten Flyvbjerg et al. 2017).

▶ **Kurz gefasst: Risiken einer Projektorganisation können durch verschiedene informale Faktoren gefördert werden. Dazu zählen Risiken der echten Devianz bzw. Kriminalität, Risiken der Technik und Sicherheit sowie Risiken im wirtschaftlichen Bereich.**

5.8 Rahmenbedingungen und Gestaltungszugriffe

Breisig (2006, S. 150 f.) führt verschiedene Bezüge aus, anhand derer die praktische Griffigkeit bzw. Genauigkeit des Kulturbegriffs für Organisationen festgemacht werden kann. Diese sollen im Folgenden auf die Projektarbeit zusammenfassend übertragen und erweitert werden:

- Die Organisationskultur kennzeichnet unternehmensspezifische Werte, Normen und Regeln, die nicht einfach auf andere Organisationen adaptiert werden können. Dies kommt speziell dort zum Tragen, wo Projekte interdisziplinär-interorganisational, d. h. in einem Unternehmensverbund, durchgeführt werden.
- Eine Kultur ist historisch gewachsen und ihre Bedeutung für das Unternehmen ist nachhaltig bzw. hoch. Für Projekte bedeutet dies: Je nachdem, wie das Unternehmen seine bisherigen Projektarbeiten institutionalisiert hat bzw. noch nicht institutionalisiert hat, kann der Komplexität neuer Aufträge mehr oder weniger passgenau und erfolgreich begegnet werden. Fehlende Strukturen müssen Unternehmen ggf. durch zusätzliche Einkäufe kompensieren.
- Die Organisation stellt als ganzes System ein Kultursystem dar bzw. wird als solches betrachtet. Innerhalb von Projekten mögen eigene (Unter-)Strukturen entstehen und teilweise diese auch von der übrigen Unternehmung losgelöst ausgefüllt werden, dennoch wird es in vielen Fragen des interpersonellen Umgangs und der Gepflogenheiten immer einen Rahmeneinfluss aus der Gesamtorganisation an Basisannahmen und Grundkonsens geben.
- Die Organisationskultur bestimmt zu einem gewissen Teil das Verhalten der Organisationsmitglieder. Entsprechend der in der Organisation vorherrschenden Erwartungen passen sich auch die ProjektmanagerInnen den jeweiligen Bedingungen an. Schließlich sind sie i. d. R. gegenüber der Gesamtorganisation Rechenschaft schuldig und müssen dahingehend ihr Verhalten bedenken.
- Organisationskultur stellt die Folge von Lernprozessen (vgl. Kap. 4) dar, die sich im Unternehmen durch Austesten und Einspielen auswirken bzw. in konkrete Anpassungen übergehen. Die Lern- und Aneignungsseite kann in Projektumgebungen eine besondere Relevanz entfalten, da Projektmanagement häufig mit kurzfristigem, schnellem Anpassen der Strukturen einhergeht. Es stellt sich die Frage, wie kulturelle Abläufe des Projektmanagements auch für die Gesamtorganisation übertragen werden können bzw. dort genügende Akzeptanz und Nachahmung finden. Mit größeren Projekten kann die Hoffnung verbunden sein, eine ‚Kultur der Innovation' insgesamt auf die Organisa-

tion überspringen zu lassen. Dies hängt davon ab, welche Treiber in welchen Strukturen einen solchen Kulturwandel voranbringen können und inwieweit man sie dies tun lässt.
- Organisationskultur wird aber nicht einfach bewusst erlernt, zumindest nicht in einer typisch fortlaufenden, systematisch zu bezeichnenden Art und Weise. Wesentliche Hebel zur Aneignung von Organisationskultur bestehen in der betrieblichen Sozialisation und Routine. ProjektmanagerInnen, die in der Organisation ihre Ausbildung durchlaufen oder einige Jahre bereits in Linientätigkeiten verbracht haben, sind mit den informalen Besonderheiten einer Organisation ganz anders vertraut als von außen hinzu gekaufte EntscheiderInnen. Der Sozialisationsprozess, also die soziale Einformung und Prägung Einzelner über die Organisationsstruktur, lässt eine höhere Sensibilität erwarten, vorsichtig, geschickt und effizient Entscheidungen in der Organisation in Gang zu bringen, statt sich an einzelnen Stellen zu verbeißen und auf der Stelle zu treten. Erfahrene ProjektmanagerInnen kennen insbesondere kleine Abkürzungen, inoffizielle Wege und den schnellen Draht zu wichtigen Instanzen des Hauses, die Neulingen in dieser Intensität gar nicht vertraut sein können. Faktisches Informiertsein bietet noch keine Aussichten auf Erfolg. Es kommt auch darauf an, dass man örtlich, personell und situativ begreift, wann und in welcher Form ein Vorbringen oder Betreiben aussichtsreich erscheint und wann man es lieber zurückhält. Auch der Ton macht die Musik – Feinheiten, die in dieser Ausführlichkeit erst über Beobachten angeeignet werden.
- Praktisch ergeben sich aus alledem für Organisationen insgesamt und Projekte im Besonderen verschiedene Zugriffe einer Beeinflussung oder Stimulierung von Organisationskultur. Im Wesentlichen bestimmen zahlreiche formale Gegebenheiten darüber mit, in welchen Grenzen oder Weiten sich eine Organisations- und Projektkultur weiterentwickeln kann. Dies beginnt bei der Frage, welche Regelabweichungen im Laufe von Innovationsprojekten geduldet werden sollen, um möglicherweise eine höhere Ausbeute zu generieren, und welche Regeln nicht zu biegen sind, da ansonsten Nachteile für den Betriebsablauf oder sogar echte Schäden zu erwarten sind. Auch die Frage der Ressourcen und finanziellen Mittel drängt sich im Kontext von Projekten regelmäßig auf. Werden Projekte eher knapp gehalten und dürfen, überspitzt gesagt, mit einer Drei-Mann-Truppe im Keller ein Nischendasein fristen, oder gesteht man ihnen angemessen – neudeutsch gesprochen – ‚Workspace' zur Entfaltung zu. Dies kann sich auch bereits optisch, sensorisch und vom allgemeinen Eindruck her niederschlagen: Neuere Arbeitsmodelle und wenig bürokratisch geformte Projektabläufe lassen sich am Besten nicht in einer starren klassischen Abteilungsstruktur verrichten, sondern in Räumlichkeiten, die für Workshops, Teilprojekte und Konferenzformate eine geeignete Umgebung bieten. Große Bedeutung wird heute generell dem personellen Umgang beigemessen. Abhängig davon, über welche Entfaltungsmöglichkeiten ProjektmanagerInnen in einer Arbeitsumgebung verfügen, kann sich ein recht unterschiedliches soziales Klima einstellen, das sich, vereinfacht und schematisch gesagt, zwischen den Polen direktiv-instruktiv und kooperativ-teilautonom bewegt.

5.9 Fallskizze: Organisations- und Projektkulturen im Reibungsprozess

Im Folgenden werden Hürden der ‚Kulturpflege' am Beispiel einer Reorganisation – aus eigener Erfahrung – berichtet. Im darzustellenden Fall handelt es sich um ein Unternehmen im Bereich der Lebensmittelindustrie. Im Zuge eines Veränderungsprojekts sind größere Kosteneinsparungen und veränderte Managementstrukturen für die Organisation vorgesehen. Hierzu werden an unterschiedlichen Stellen des Unternehmens Vorschläge erarbeitet und in einem zentral eingerichteten Projektbüro zusammengeführt und weiter verdichtet. In Abstimmung mit der Geschäftsführung erfolgt dann die eigentliche Projektbearbeitung. Die Abstimmungen mit den Fachbereichen gehen nicht immer glatt über die Bühne. Es zeigen sich im Verlauf der Erarbeitung Widerstände und Interessenskonflikte, die sich teilweise auch noch auf den Bereich der Personalpolitik und der betrieblichen Mitbestimmung auf Arbeitnehmerseite ausweiten. Eine eingerichtete Projektmanagement-Gruppe als neue Organisationseinheit steht derweil vor der Herausforderung, sich selbst im Geschehen einen Platz zu verschaffen und damit die eigene Legitimation zu unterstreichen. Dies wiederum sorgt auch für subtile Entgegnung in den Fachbereichen. Schließlich bildet sich im Laufe des Projekts auch mithilfe eigener Räumlichkeiten und höherer Ressourcen eine zunehmend selbstständiger auftretende Managementeinheit heraus. In diesem Arbeitsbereich unterscheiden sich die Abläufe gegenüber der Regelorganisation allein schon aufgrund der Einführung von agilen Methoden, d. h. alternativer Steuerungsformen im Projektmanagement, die sich insbesondere auf die Teamstruktur und -kooperation auswirken. Im Vergleich zu anderen Organisationsbereichen gibt es in den Räumlichkeiten der neuen Einheit optisch einige Veränderungen. Mit der Einrichtung von Kreativräumen und einer Kaffeebar werden Nischen geschaffen, in denen die ProjektmangerInnen auch einmal etwas abseitig ihre Aufträge besprechen und abstimmen können. Es treten allerdings solche Personen in die Projektstruktur hinzu, die diesen Arbeitsprozess nicht gewohnt sind. Der Konfliktpunkt besteht, wie eine gemeinsame Aussprache zu Tage fördert, in unterschiedlichen Herangehensweisen – zum einen den bisherigen, an bestimmten Standardprozessen stärker formal festzuhalten, während zum anderen die neu eingesetzten ProjektmanagerInnen diese Erfahrungsspanne nicht aufweisen und stattdessen flexibleres Vorgehen bevorzugten. Wie sich herauskristallisiert, sind beide Seiten dazu in der Lage, jeweils den anderen Standpunkt nachzuvollziehen – soweit dies jedenfalls zur Sprache gebracht wird. Durch Umverteilung einzelner Rollen und Zuständigkeiten wird versucht, die bestehenden Konflikte zu reduzieren und weniger reibungsintensiv im Projekt voranzukommen. Ein Erfolg ist zu diesem Zeitpunkt nicht garantiert. Die Beteiligten vereinbaren, in 14-tägigen Meetings eine Art Methoden- und Vorgehensreflexion vorzunehmen. Es soll darin festgehalten werden, wie effizient die bisherigen Arbeitsschritte jeweils ausfielen, an welchen Stellen Unterstützungsbedarf erforderlich ist und wo Maßnahmen ggf. auch verschlankt und flexibilisiert werden können. Immerhin in den ersten Wochen – solange dieses Projekt vom Autor noch begleitet wurde – trägt dieses Vorgehen ausweislich der Einschätzung der Beteiligten zu einem besseren Arbeitsklima bei.

Für diesen und ähnlich gelagerte Fälle dürften in der Praxis ein paar wesentliche kulturförderliche Kriterien vorausgesetzt werden; dazu gehört eine angemessene Sichtbarkeit der Personen, Aufmerksamkeit gegenüber ihren Anliegen, ausreichende und überzeugende Möglichkeiten zu aktiver Gestaltung bzw. Mitwirkung sowie eine gewisse konstruktive Erfolgserwartung, die wechselseitig zur nötigen Mitwirkungsbereitschaft motiviert.

5.10 Fazit

Grundsätzlich ist hervorzuheben, dass es sich bei der Organisationskultur um die Ausprägung von Informalität in Organisationen handelt. Informalität kann verstanden werden als die Dimension des Unentschiedenen, Nichtregulierten oder nur randläufig mit offiziellen Vorgaben Bestimmten. Formalität hingegen bringt die entschiedene Organisation zum Ausdruck: Anweisungen, Richtwerke, Leitlinien, die konkrete Handlungsvorgaben kommunizieren und auch die Möglichkeit der Sanktion bei Zuwiderhandlung aufzeigen. Durch die gewisse ‚natürliche' Teilentkopplung der Projektarbeit ist diese von vornherein von einigen informalen Grauzonen geprägt.

Viele Organisationen stellen sich die Frage, wie sie die Entwicklung einer positiven Kultur nicht nur ermöglichen und beeinflussen, sondern bestenfalls sogar regelrecht programmieren könnten. Ein solcher Gestaltungsanspruch steht verschiedenen Limitationen gegenüber. Vor allem ist zu sehen, dass man sich Kulturen nicht nach einer linearkonsekutiven Erwartung vorstellen kann. „Kulturen sind keine wohlstrukturierten Gebilde, die Ausfluss klar geschnittener Strukturpläne wären, sondern symbolische Konstruktionen, die sich dem einfachen Schema von Ursache-Wirkungs-Beziehungen versagen." (Schreyögg 2003, S. 481) Organisationskulturen schälen sich im längeren Prozess heraus. Sie werden insoweit beeinflusst, wie es gelingt, auch in den alltäglichen Routinen eines Betriebs Änderungen zu erreichen, erwünschte Verhaltensweisen zur Durchsetzung zu bringen und unerwünschte Verhaltensweisen zu reduzieren. Über die formale Ebene einer Organisation können informale, d. h. organisationskulturelle Änderungen angestoßen werden, weil über offizielle Entscheidungen der Spielraum für flexible, improvisierte Lösungen zumindest mittelbar festgelegt werden kann.

Diesen Zusammenhang ernstzunehmen, hat auch Auswirkungen auf die Projektarbeit: Projektumgebungen, die nur eine schwache formal-institutionelle Verankerung aufweisen, können naheliegend weniger über feststehende Regeln und Routinen bestimmte Wert- und Normvorstellungen etablieren. Stattdessen treten dann informale Aktivitäten hervor, die insbesondere Improvisation begünstigen. Wer also in Projektumgebungen auch die soziale Kultur beeinflussen möchte, wird gerade auf die formale Ebene des Arbeitens blicken müssen und hier den Hebel entsprechender Maßnahmen ansetzen (vgl. Kühl 2018). Für ManagerInnen ist hierbei wichtig, dass die Kultur eines Projekts sich nicht von der Gesamtorganisation vollkommen wegdifferenziert. Es muss möglich sein, dass die Beteiligten zwischen beiden Organisationsberichen eine gewisse Anschlussfähigkeit erhalten. Auch für die innere Kommunikation ist dies von Bedeutung: Die Projektorganisation eines Unternehmens ist auf gute Zusammenarbeit mit der regelförmigen Organisation der Linien und Fachbereiche angewiesen. Es sind also Bemühungen erforderlich, eine einigermaßen gemeinsame Sprache und zumindest den Nachvollzug jeweiliger Interessen sicherzustellen.

Informale Aspekte schlagen sich besonders dort nieder, wo es um kollegiale Beziehungen und Interaktionen geht. Hier stellt sich die Frage, welche Eigenschaften und Eignungen Organisationsmitglieder aufweisen (sollen), wenn sie in Projekten tätig werden und wie dahingehende Ausprägungen mit Blick auf die Persönlichkeit auch durch organisatorisches Zutun beeinflusst werden können – sei es durch Auswahlverfahren, durch Führungsmaßnahmen und durch die weitere Qualifizierung im Rahmen von Personalentwicklung. Das nachfolgende Kapitel rückt damit die Organisationsmitglieder in den Mittelpunkt des Interesses: *Personal im Projekt: Besonderheiten und Anforderungen.*

Fragen zur Festigung und Vertiefung

1. *Inwiefern unterscheidet man organisatorische Informalität bzw. Organisationskultur i. e. S. und i. w. S. ?*
2. *Welchen Nutzen birgt die informale Ordnung für die Durchführung von Projekten?*
3. *Inwiefern können auch negative Effekte für die Organisation hervortreten?*
4. *Warum nimmt die Gestaltung der formalen Ordnung ihrerseits Einfluss auf die informale; je nachdem wie man den ‚Hebel' der Entscheidungen und Regularien in Gang setzt?*
5. *Reflektieren Sie kulturelle Merkmale der Projekte, in denen Sie tätig sind bzw. im Rahmen derer Sie eine Funktion ausfüllen (derzeit oder in der Vergangenheit). Gibt es Ankerpunkte bzw. Bezüge, die Sie vor dem Hintergrund des Kapitels identifizieren könnten bzw. hier wiederfinden? Sind diese kulturellen Aspekte leicht oder eher schwierig zu beeinflussen bzw. zu verändern?*

Literatur

Breisig T (2006) Betriebliche Organisation. NWB, Herne/Berlin

Flyvbjerg B, Bruzelius N, Rothengatter W (2017) Megaprojects and risk: An anatomy of ambition, 17. Aufl. Cambridge University Press, Cambridge

Grubendorfer C (2019) Einführung in systemische Konzepte der Unternehmenskultur, 2. Aufl. Carl Auer, Heidelberg

Herget J, Strobl H (2018) Unternehmenskultur in der Praxis. Grundlagen – Methoden – Best Practices. Springer Fachmedien, Wiesbaden

Hillenbrand T (2019) Das Spiel mit der Grenze. Führung im Spannungsfeld von Formalität und Informalität (Diss.). Julius-Maximilians-Universität Würzburg, Würzburg

Kieser A, Walgenbach P (2007) Organisation, 5. Aufl. Schäffer-Poeschel, Stuttgart

Kühl S (2008) Dyaden, Gruppen und Teams: Die Rahmungen von Coachings und Supervisionen. Gruppendyn Organisationsberat 39(4):477–498

Kühl S (2017) Organisationskultur Eine systemtheoretische Anwendung von Ockhams Rasier- messer. Working Paper. Bielefeld. https://www.uni-bielefeld.de/soz/personen/kuehl/pdf/Kuehl-Stefan-Working-Paper-7_2017-Organisationskultur-Eine-systemtheoretische-Bestimmung-.pdf. Zugegriffen am 01.05.2021

Kühl S (2018) Organisationskultur. Eine Konkretisierung aus systemtheoretischer Perspektive. Managementforschung 28(1):7–35

Kühl S (2020) Organisationen. Eine sehr kurze Einführung, 2. Aufl. Springer VS, Wiesbaden

Kühl S, Schütz M (2018) Organisationskultur – Verwaltungskultur. Eine neue Perspektive auf ein altes Thema. Die Personalvertretung. Fachz Gesamt Personalwes Personalvertr Dienstell 61(8):297–311

Luhmann N (2011) Organisation und Entscheidung, 2. Aufl. VS Verlag für Sozialwissenschaften, Wiesbaden

Mensching A (2020) Die referenzierende Interpretation als Weiterentwicklung der dokumentarischen Methode zur Rekonstruktion des Verhältnisses von Kommunikativität und Konjunktivität in Organisationen. In: Amling S, Geimer A, Rundel S, Thomsen S (Hrsg) Jahrbuch Dokumentarische Methode. Heft 2–3. Centrum für qualitative Evaluations- und Sozialforschung e.V., Berlin, S 279–296

Morand DA (1995) The role of behavioral formality and informality in the enactment of bureaucratic versus organic. Acad Manage Rev 20(4):831–872

Preisendörfer P (2016) Von Formalität hin zu mehr Informalität: Wandlungstendenzen der Außenbeziehungen von Organisationen zu Individuen in der modernen Gesellschaft. Managementforschung 26:41–62

Schein EH (1985) Organizational culture and leadership. Jossey-Bass Publishers, San Francisco, CA

Schreyögg G (2003) Organisation. Grundlagen moderner Organisationsgestaltung, 4. Aufl. Gabler Verlag, Wiesbaden

Schütz M, Röbken H (2020) Gewappnet gegen die Gefahr – Wie Rettung auch informell organisiert wird. Innov Verwalt 42(12):S 29–31

Schütz M, Beckmann R, Röbken H (2018) Compliance-Kontrolle in Organisationen. Soziologische, juristische und ökonomische Aspekte. Springer VS, Wiesbaden

Weick KE, Sutcliffe KM (2016) Das Unerwartete managen. Wie Unternehmen aus Extremsituationen lernen, 3. Aufl. Schäffer-Poeschel, Stuttgart

Wilkins AL, Ouchi WG (1983) Efficient cultures: Exploring the relationship between culture and organizational performance. Adm Sci Q 28(3):468–481

Personal im Projekt: Besonderheiten und Anforderungen

Pia Lehmkuhl und Marcel Schütz

Vermittlungsziele dieses Kapitels
- Sie gewinnen einen Überblick hinsichtlich der Besonderheiten des Personalwesens in der Projektarbeit.
- Sie verstehen, warum die klassischen Personalmaßnahmen nach projektmäßigen Anforderungen angepasst werden müssen.
- Sie können zentrale Auswahl- und Entwicklungsinstrumente aus dem allgemeinen Personalwesen auf die Umstände in Projekten beziehen.
- Sie wissen um die Stellung von ExpertInnen in Projekten und die Rahmenbedingungen hinsichtlich ihrer Führung.

6.1 Zusammenfassung

Personen gehören zu den entscheidenden Stellschrauben jedes Projekts. Der Erfolg eines Projekts ist ohne das Vorhandensein breiter Kompetenzen schlicht nicht vorstellbar; angefangen von operativen Umsetzungen über kommunikatives Vermögen im Abstimmungsprozess bis hin zum anspruchsvollen konzeptionell-strategischen Arbeiten. Die hohen

---

P. Lehmkuhl (✉)
Carl von Ossietzky Universität, Oldenburg, Deutschland
E-Mail: pia.lehmkuhl@uni-oldenburg.de

M. Schütz
Northern Business School, Hamburg, Deutschland
E-Mail: marcel.schuetz@nbs-hochschule.de

© Springer Fachmedien Wiesbaden GmbH, ein Teil von Springer Nature 2022
M. Schütz et al., *Projektmanagement*, https://doi.org/10.1007/978-3-658-34841-0_6

Ansprüche an das Projektpersonal begründen zugleich ein typisches Problem im Projektgeschäft: Es fehlt häufig schlicht an Nachschub qualifizierter Fachkräfte, die entweder aufwendig am Markt rekrutiert oder aber innerhalb einer Organisation aufgebaut werden müssen. Beide Wege gehen mit verschiedenen Vor- und Nachteilen einher. Einen wichtigen Faktor stellt die Zeit in Projekten dar, die Orientierung an Fristen, die hohe Geschwindigkeit des Arbeitsablaufs und die hohen Anforderungen in puncto Flexibilität und Einsatzfähigkeit. Beschäftigte müssen als engagiert, tatkräftig und dauerhaft belastbar gelten, um in diesem Prozess bestehen zu können. Dies macht Schwerpunktsetzungen in der Personalarbeit erforderlich, die sich an den reellen, vordringlichen Bedarfen orientieren. Dazu gehört besonders der Abgleich von Befähigungen und Anforderungen, aber auch die Qualität der Personalführung und das Management verschiedener Expertisen, wie sie in Projekten interdisziplinär hervortreten. Das Kapitel skizziert die besonderen Ausgangsbedingungen einer projektierten Personalarbeit und widmet sich dazu der Personalbeschaffung und -entwicklung sowie der Steuerung von ExpertInnen.

6.2 Personalmanagement als Projektfunktion

Um die Relevanz des Personalfaktors in der Projektarbeit zu begreifen, lohnt der Blick auf traditionelle Entwicklungen. Lange Zeit fristete der Personalfaktor ein Schattendasein – ein Schicksal, wie es für informale Praktiken bzw. Ordnungsmuster, die in Kap. 5 ausgeführt wurde, ganz ähnlich gilt. Im letzten Drittel des vergangenen Jahrhunderts hat sich dies vermehrt geändert. Neue wissenschaftliche Erkenntnisse rückten das Personal unter Verhaltens- und Motivationsaspekten zumindest etwas mehr in den wirtschaftlichen Mittelpunkt. Häufig allerdings gilt das Personalwesen immer noch als wenig geschäftsnahe Einheit, deren Legitimation mitunter bezweifelt wird. Aus organisationstheoretischer Sicht stellen Personen und Personalentscheidungen eine durchaus wichtige Größe im betrieblichen Geschehen dar. Denn mit Personalauswahl, Personaleinsatz und Beförderungen werden immer auch Festlegungen darüber getroffen, welche Personen mit welchen Eigenschaften in einer Organisation über kurz oder lang gefragt sind und das Geschehen nachhaltig beeinflussen. „Jeder Beobachter kann feststellen, dass in Organisationen nicht nur *über* Personal entschieden wird, sondern dass Personalentscheidungen wichtige Prämissen für weitere Entscheidungen in der Organisation sind." (Kühl 2011, S. 107).

Dies ist in der Projektpraxis leicht an entsprechenden Besetzungen zu beobachten. Die Besetzung einer Stelle kann sich danach unterscheiden, ob und wie wirtschaftliche, psychologische oder eher technische Hintergründe gefragt sind. Je spezifischer das Projektmanagement auf bestimmte Branchenthemen abgestimmt ist, desto wichtiger können solche Unterscheidungen sein. Auch können Personen an entscheidender Stelle eigene Führungsstile in die Organisation einbringen (vgl. Kühl 2011, S. 108). „Und man stellt fest, dass bei jedem personellen Wechsel in einer Organisation Diskontinuitäten entstehen, und zwar auch dann, wenn die Kommunikationswege und Programme der Organisation identisch bleiben." (Kühl 2011, S. 108) Diese Diskontinuitäten prägen die Projektarbeit in besonderer Weise, wie unten noch zu zeigen sein wird. Generell können die Personalaufgaben eines Projekts in drei hauptsächliche Anlässe unterschieden werden: *Personalauswahl/Einstellung*, *Platzierung/Personalbe- und versetzung* und *Personalentwicklung* (vgl. orientiert an klassischer Einteilung Berthel und Becker 2017; Huf 2020).

Mit *Auswahl/Einstellung* wird festgelegt, welche Eignungen erforderlich sind bzw. welche Typen von Personen im Projekt künftig Entscheidungen treffen werden. Auffällig ist hier, dass es aufgrund der hohen Ausdifferenzierung der Besonderheiten des Projektmanagements schon bei der Formulierung von Stellenanzeigen, Kandidatenprofilen und Bewerbungsunterlagen darauf ankommt, die passenden Daten bzw. Merkmale zu definieren und den gewünschten Ton zu treffen, um die Auswahl in einer bestimmten Art und Weise schon im Vorfeld zu lenken. Mitunter auch „wird heftig darum gerungen, welche Merkmale – und damit letztlich für die Organisation relevante Entscheidungsstile – eine Person mitbringen soll." (Kühl 2011, S. 108; vgl. Huf 2020, S. 33–54) Mit *Platzierung/Be- und Versetzung* können sowohl direkte oder indirekte Beförderungen als auch Degradierungen erfolgen. Ein Vorteil rein interner ‚Verschiebeaktivitäten' dieser Art besteht darin, „dass die Person in der Organisation bereits bekannt ist und eingeschätzt werden kann" (Kühl 2011, S. 108). Unsicherheiten bestehen im Projektmanagement gleichwohl aus dem Umstand herrührend, dass ein Bewähren in einem Projekt keine Garantie für ein folgendes, womöglich anspruchsvolleres bedeutet. Umgekehrt kann aus Misserfolgen in einem bestimmten Projekt noch keine generelle Untauglichkeit für andere Aufgaben festgestellt werden. Mit der *Personalentwicklung* „wird versucht, das Verhalten einer Person so zu verändern, dass sie künftig auf der gleichen Position andere Entscheidungen trifft" (Kühl 2011, S. 109; vgl. Huf 2020, S. 87–105). Allerdings können Personen sich auch in höhere Positionen durch Qualifizierungen hinein entwickeln. Eine wichtige Erkenntnis besteht in der Organisationsforschung hinsichtlich der Begrenzung dieser Möglichkeiten. Personen lassen sich nur schwer in ihren grundlegenden Einstellungen verändern (vgl. Kühl 2011, S. 109). Voraussetzung dafür ist eine hohe Mitwirkungsbereitschaft und die Orientierung an Wissensinhalten, die strukturiert erlernt und in die weiteren Arbeitsaktivitäten integriert werden können.

▶ **Kurz gefasst: Auswahl, Besetzung und Personalentwicklung sind die wichtigen Stellschrauben der Personalarbeit im Projektmanagement.**

Die Personalarbeit im Projektmanagement ist durch eine Reihe von Besonderheiten geprägt. Diese finden sich vor allem in den typischen Restriktionen der Organisationsform. Sachlich, zeitlich und örtlich ergeben sich Rahmenbedingungen, die schnelle Anpassungen und Umplanungen erforderlich machen können, worauf auch der Faktor Personal in geeigneter Weise abzustimmen ist. Doch nicht allein diese durch Fristen und Kapazitäten charakteristischen Umstände machen das Projektmanagement zu einer Herausforderung für die Personalarbeit. Besondere Bedeutung nehmen auch die Rollen in Projekten ein. Da die klassische Hierarchie einer Organisation in Projekten teilweise deutlich verändert bzw. abgesenkt in Erscheinung tritt, gilt die Orientierung generell mehr der Ausbildung von Experten- und Spezialistentätigkeiten, die sich durch ein erhöhtes Maß an Selbstorganisation auszeichnen. Professionelle im Projektmanagement werden schlicht viel mehr dazu gebracht und sind auch dazu angehalten, sich stärker selbst zu führen. Dafür werden letztlich solche ‚Typen' nachgefragt, die diese Disposition zur weitreichenden Selbstorganisation generell mitbringen. Wohl auch deshalb machen nach Einschätzung von Szinovatz und Müller (2012, S. 79) „die typischen Rahmenbedingungen eines Projekts es schwierig, das Personalmanagement nach ‚Lehrbuch' aufzuziehen".

Hervorzuheben ist hier die Rolle der Projektleitung. Projektleitende übernehmen Aufgaben einer Führungskraft, auch wenn ihnen diese Funktion rein formal in dieser Entschiedenheit gar nicht zugeschrieben wird. Entsprechend viele Hinweise gibt die anwendungsorientierte Projektliteratur hinsichtlich gelingender Teambildung und -entwicklung. Ein bekanntes Modell bietet die Phasenstruktur von Tuckman (1965; siehe Abb. 6.1). Durchaus ist vielen ProjektmanagerInnen die Erfahrung vertraut, dass ihr „Projektteam demotiviert ist und es zu zwischenmenschlichen Problemen kommt" (Szinovatz und Müller 2012, S. 78). Es wird daher weithin als eine eminente Aufgabe der Projektleitenden gesehen, „ein funktionierendes und leistungsfähiges Team zu formen" (Szinovatz und Müller 2012, S. 78). Komplizierend tritt hier allerdings hinzu, dass die Rolle der Projektleitung vielmals gar nicht direkt disziplinarisch verankert ist und daher auch keine direkte Personalverantwortung in arbeitsrechtlicher Hinsicht besteht. Wenn es sich bei den Projektleitenden nicht gerade um die eigene Führungskraft handelt, treten diese gegenüber dem zugewiesenen Personal eher als *vorsitzende SpezialistInnen* statt echte *Vorgesetzte* in Erscheinung (Primus-inter-Pares-Prinzip).

▶ **Kurz gefasst: Im Projektmanagement werden an die Rolle der MitarbeiterInnen tendenziell höhere Anforderungen der Selbstorganisation gestellt. Auch die Team- und Führungskomponenten treten anspruchsvoll hervor. Eine wichtige Führungsaufgabe ist das Teambuilding.**

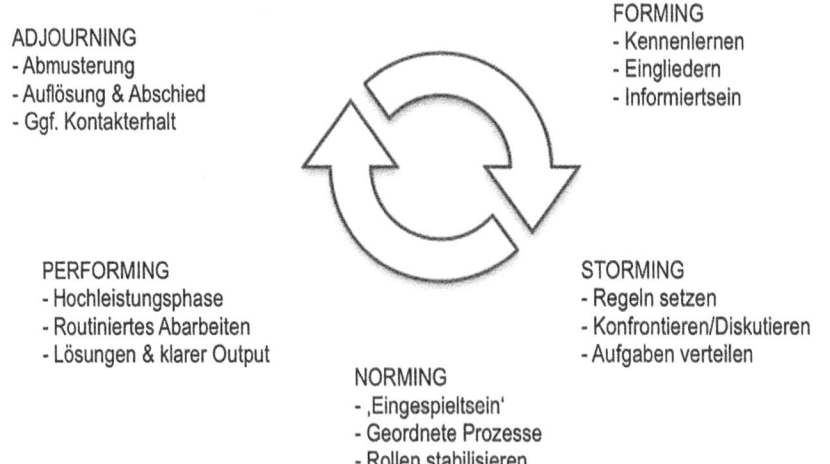

Abb. 6.1 Phasenbildung in (kleineren) Teams bzw. Projektgruppen. (Quelle: nach Tuckman 1965). Eigene Darstellung

6.3 Führung und Motivation in Projekten

Wir haben bereits in Kap. 2 geklärt, dass dem Merkmal der Mitgliedschaft hohe organisatorische Bedeutung zukommt. Hingewiesen wurde dazu auch auf indirekte Wege der Motivierung eines Verhaltens; nämlich durch Arbeitsverträge, die sowohl eine motivationshemmende (Begrenzung auf wichtigste Daten) als auch eine motivationssteigernde Wirkung entfalten können (Andeutung möglicher Aufstiegswege). Die Forschung über Organisationen und Arbeitsprozesse hat verschiedene Motivationsmittel herausgearbeitet, mithilfe derer Beschäftigungen mal direkter, mal weniger direkt stimuliert werden können. Die wichtigsten sollen im kurzen Abriss präsentiert werden (dazu hier im Folgenden Kühl 2014, S. 345; Huf 2020):

- *Geldzahlung/Vergütung.* Monetäre Motivation ermöglicht die Erledigung auch schwieriger, unangenehmer bzw. mit Einschränkungen und Belastungen verbundener Arbeiten. Die Betriebswirtschaft als Heimatdisziplin der Lohngestaltung in Organisationen hat verschiedene Bewertungsdimensionen zur Lohnfindung bzw. Vergütungsstruktur entwickelt, die sich an fachlichen Voraussetzungen, Dauer der Betriebszugehörigkeit, Dauer der benötigten Qualifizierung, und der physischen und psychischen Beanspruchung etc. orientieren. Ferner wurden fixe und variable Lohnanteile bzw. zusätzliche Gratifikations- und Bonuszahlungen – diese sind nicht zuletzt in der hochrangigen Projektarbeit bekannt, wenn ProjektmanagerInnen mit besonderer Reputation ein attraktiver Gehaltsaufschlag geboten wird – entwickelt, die eine noch differenzierte Einflussnahme auf die Motivation ermöglichen sollen. Geldzahlungen helfen aber nicht nur bei der Anregung zur Arbeit bzw. bei der ‚Überwindung' möglicher Motivationshemmnisse; eine nicht zu unterschätzende Funktion liegt in der kohäsiven Wirkung, die sie entfalten. „Da Menschen chronisch Bedarf an Geld haben, können Mitglieder nicht nur zeitlich befristet, sondern dauerhaft an eine Organisation gebunden werden." (Kühl 2014, S. 345) Im internationalen und vor allem baulich-technischen Projektmanagement haben Geldzahlungen unter dem Gesichtspunkt der unlauteren ‚Zusatzmotivation' wiederholt zu spektakulären Betrugs- und Korruptionsaffären geführt; bspw. um örtliche Vorschriften und aufwendige Genehmigungen zu umgehen oder besondere Lizenzen auf kurzem Wege zu erreichen – mithilfe unzulässiger Gefälligkeiten und Zuwendungen für EntscheidungsträgerInnen.
- *Kollegialität/Kohäsion.* Die Bindung von Mitgliedern wird auch dahingehend motiviert, dass die Organisation in ihren oft personell heterogenen bzw. sozial diversen Projektumgebungen möglichst ein gutes Miteinander stimulieren kann: Respektgesten, kommunizierte Sympathie, Gemeinschaftsgefühl, Identifikation, Entfaltungsspielraum etc. Produktiv bzw. zufriedenstellend empfundene Kollegialität hebt die Leistungsbereitschaft und -fähigkeit eher als sie sie behindert. Gerade in Projekten, die ja den Expertenstatus der Beteiligten regelmäßig stärker betonen als es in Regelaufgaben geschieht, spielt die kollegiale Achtung keine Nebenrolle. Die Wahrnehmung von

Unkollegialität, Zurücksetzung, Schikane oder gar Mobbing kann hingegen zu Belastungen und Spannungen beitragen, die sich auch auf die Wirtschaftlichkeit der Arbeit niederschlagen. Ferner können Animositäten nach und nach wachsende Konflikte begünstigen und sie lassen uninformiertes Entscheiden bzw. Fehler erwarten, weil offiziell vorgesehene Kommunikationsabläufe aus persönlichen Gründen umgangen werden. Nicht zuletzt ist die allgemein sinnstiftende Wirkung sozialer Kohäsion (Zusammenhalt und Zugehörigkeitsempfinden) bzw. Vergemeinschaftung zu beachten: „[d]as Bedürfnis nach Kontakt und Zusammensein mit anderen Menschen" (Kühl 2014, S. 345).

- *Handlungsattraktivität/Tätigkeitserfüllung.* Naheliegend können Organisationen auch dahingehend tätig werden, ihre Mitglieder unter Berücksichtigung deren verschiedener Eignungen und Interessen über abwechslungsreiche, herausfordernde und interessante Projektaufgaben zu motivieren. Allerdings muss Handlungsattraktivität nicht gleichbedeutend sein mit Attraktivität von Zwecken (vgl. Kühl 2014, S. 345; s. u.). So kann es sich ergeben, dass Personen Projekttätigkeiten in einem Unternehmen in Angriff nehmen, obwohl ihnen womöglich die Zwecke des Unternehmens nicht besonders zusagen bzw. sie diesen gegenüber eigentlich eher kritisch eingestellt sind, darüber aber nicht sprechen. Die Folge ist eine gewisse Indifferenzhaltung: Die lokalen Aufgaben, die man in seinem Bereich zu erledigen hat, werden engagiert erfüllt, ohne zugleich aber alle Zwecke der Gesamtorganisation, denen diese dienen, pauschal mitzutragen. In gewisser Weise sind hierfür Projekte prädestiniert, denn in Projekten können Verselbstständigungen der Arbeit stattfinden, die auf übergeordneter organisatorischer Ebene so nicht geduldet würden bzw. nicht vorgesehen wären. Das Projekt als ‚Abenteuer' beinhaltet eine Attraktion, die einen letztlich ggf. überhaupt noch in der Organisation hält. Außerdem stellen Projekte vielleicht eine sehr typische handlungsattraktive Arbeitsform dar, wird ihnen doch häufig ein besonders innovatorisches oder kreatives Potenzial und damit die Loslösung von reiner Bürokratie zugeschrieben. Zumindest können sich Projekte gewiss ein Stück weit von der Regelorganisation emanzipieren; wenn auch die gewonnene methodische und organisatorische Freizügigkeit wiederum mit einem angezogenen Termin- und Fristmanagement aufzurechnen ist.
- *Zweckidentifikation.* Hier wird Motivation über die formalen Resultate erreicht. Während Handlungsaktivität wesentlich auf die Art und Weise der Verrichtung der Arbeit, ihre Qualität bzw. erfüllende Erfahrung für den Beschäftigten, bezogen ist – sozusagen inputorientiert –, ist eine zweckbezogene Motivation auf das Ergebnis der Leistungserstellung, auf wie auch immer erfahrbare Resultate (Output) und entsprechende Erwartungen an die Sinnhaftigkeit des Ziels gerichtet. Einen Vorzug für die Organisation bietet ein erhöhtes Maß an Zweckidentifikation dadurch, dass die Mitglieder aufgrund dieser regelmäßig geringere Zahlungsansprüche artikulieren (können) bzw. eine ausgeprägte intrinsische Motivation gegeben ist. Mit dieser werden die womöglich im Gegenzug reduzierten monetären Anreize kompensiert. Zweckmotivation ist, kurz gesagt, globaler orientiert an den Gesamtzielen eines Arbeitsprozesses; Handlungsmotivation hingegen ist eher lokaler bzw. räumlich begrenzt adressiert. Beides wird die Motivation von ExpertInnen in Projekten typischerweise in unterschiedlicher Mixtur prägen.

- *Zwang/Repression.* Offizielle repressive Formen der Herstellung von Motivation waren traditionell etabliert (Sklavendienst, Knechtschaft etc.), sind heute in der freien Welt aber diskreditiert. Wahrscheinlich wären die heute zu bestaunenden architektonischen Meisterleistungen der früheren Hochkulturen nicht existent, wäre die Bereitschaft der Herrschaft dahingehend nicht so groß gewesen, nötigenfalls auch physischen Zwang in einer ‚motivationsförderlichen' Weise auszuüben. Erzwungene Arbeitstätigkeit ist in der modernen Gesellschaft im Zuge der Demokratisierung und der Verfreiwilligung der Organisationen und der Mitgliedschaften in ihnen nach und nach verschwunden. Wenige Ausnahmen bestehen, wenn auch nur temporär, in gemilderten Form z. B. der Haft oder Wehrpflicht (vgl. Kühl 2011, S. 345; Huf 2020, S. 4, 132).

▶ **Kurz gefasst: Neben monetären Anreizen und Kollegialität kommt es bei der Motivation in Projekten auch auf die Handlungs- und Zweckidentifikation an. Die Arbeit im Projekt ist gerade bei hoch spezialisierten Personen mit besonderen Entfaltungs- und Erfüllungserwartungen verbunden, die ihrer Anspruchsbefriedigung dienen und die Bleibebereitschaft stärken.**

Wie zu erwarten, zeigt die organisatorische Praxis verschiedene Motivationsmixturen. Dazu kommt, dass Motivationen sich wechselwirkend verstärken und kompensieren können, abhängig von der bisherigen Zugehörigkeit der MitarbeiterInnen, nach dem Grad ihrer bisher verwirklichten Motivation, auch dem Rang bzw. der hierarchischen Stellung sowie bezüglich der ‚weichen Faktoren' in den interpersonellen Beziehungen. Entscheidend bleibt aber bei alledem, dass Organisationen im Zweifelsfall auch losgelöst von bestimmten Motivationsanreizen Arbeitstätigkeit einfordern können, nämlich durch das Druckmittel der arbeitsvertraglichen Mitgliedschaftsregeln. Hinzu kommen die soften Druckmittel etwaiger Karriereaussichten und -verhandlungen (vgl. Huf 2020, S. 103 ff.) und die Befristung der Tätigkeit (gerade kennzeichnend für die Projektarbeit), die ggf. bei entsprechender Leistung auch aufgehoben und in eine unbefristete Anstellung gewandelt werden kann. Der subtile Zusammenhang von Wohlverhalten und Wohlwollen spielt hier eine nicht zu unterschätzende Rolle. Die motivationalen Umstände spiegeln sich auch in einigen typischen Voraussetzungen der Personalpraxis in Projekten wider (vgl. im Weiteren Szinovatz und Müller 2012, S. 78). Charakteristische Umstände sollen nachfolgend hervorgehoben werden:

- *Im Konfliktfall fehlt es vielmals am direkten Durchgriff.* Motivations- und Leistungsmängel müssen zunächst an bzw. über die Fachbereiche kommuniziert werden, denen die im Projekt Mitarbeitenden rechtlich bzw. nach Anstellungsvertrag und organisatorischer Eingliederung zugewiesen sind. Die Vorstellung, dass Projektleitende hierbei gleich zum Hörer greifen oder E-Mails schreiben, in denen sie der tatsächlich unmittelbar zuständigen Führungskraft ihr Leid schildern, ginge in der Regel wohl an der Realität organisatorischer Praxis oft vorbei. Erstens fehlt es den ProjektleiterInnen im Alltag häufig an der Zeit und Ruhe für solche Klärungen. Es können Tage oder Wochen vergehen, bis eine Klärung gesucht wird, obwohl die Konflikte bis dahin vielleicht schon ungünstig fortgeschritten sind und eine frühe Intervention womöglich eine leichtere Lösung hätte erzielen können. Zweitens scheuen erfahrungsgemäß viele Projektleitende das selbst im Profigeschäft als ‚Anschwärzen' empfundene Beklagen bei Vorgesetzten, hätten sie doch zunächst das Gespräch mit den Betroffenen suchen können. Dazu aber ist ein gewisses Standing und eine Routine in der Führungspraxis erforderlich, die speziell von jüngeren Projektleitenden und solchen mit wenig Konflikterfahrung nicht von vornherein selbstverständlich zu erwarten ist. Ein Risiko besteht dann darin, personelle Dissonanzen einfach auszusitzen, auf den baldigen Projektabschluss zu hoffen und sich dann um eine geeignete Neubesetzung zu bemühen. Gerade die Fristorientierung des Projekts begünstigt dieses Ausweichverhalten, da alle Beteiligten um ihre absehbare Trennung wissen. Zu einer schwierigen sozialen Konstellation führt dies freilich, wenn das Projekt noch über eine längere Zeit verlaufen wird. Ratsam sind daher eben doch zeitige persönliche Gespräche, in denen den Betroffenen zunächst schonend die Unstimmigkeiten aufgezeigt und Angebote zur gemeinsamen Lösung vorgebracht werden. Wie die Erfahrung in Organisationen generell zeigt, hängt in den Konflikten vieles an den eingebundenen Personen: an der Einsicht bei den kritisch Betroffenen, ein bestimmtes Verhalten in gewünschter Weise zu ändern, aber auch an der Sensibilität der ihnen zugeordneten Verantwortlichen, konstruktiv und wohlwollend aufzutreten. Scheitert dies, kann über eine gemeinsame Auflösung der Zusammenarbeit zu einem bestimmten Stichtag gesprochen werden. Erfahrene ProjektmanagerInnen empfehlen bei Konflikten auch ganz offensiv einen frühen, schnellen Schlussstrich zu ziehen. Sie verweisen darauf, dass die Projektleitenden „den Mitarbeiter nicht im klassischen Sinne ‚auf Lebenszeit' angestellt, sondern auf Zeit mit einem definierten Ende engagiert" (Szinovatz und Müller 2012, S. 79) haben. Plausibel kann diese Argumentation erscheinen, wird bedacht, dass viele ProjektmitarbeiterInnen bei einem Austritt aus dem Arbeitskreis zumeist weich fallen – sie kehren in die Regelorganisation zurück oder gehen in ein anderes Projekt. Für den Betroffenen kann dies ggf. sogar eine Besserung und optimierte Entfaltung seiner Eignung bedeuten. In vielen Fällen werden sich relativ schmerzarme Lösungen finden lassen. Auch trifft natürlich der Punkt zu, dass mit dem Ende des Projekts die personellen Karten ohnehin neu gemischt werden, eine Trennung also lediglich eine sonst spätere Entscheidung zu einem früheren Zeitpunkt zustande bringt. Schließlich ist auch zu bedenken, dass es in der Alltagswirklichkeit von Projekten einfach an Zeit fehlt, allen Beteiligten ihr gutes Recht zuzugestehen und jeden Konflikt bis ins Detail aufzuklären. Ab einem gewissen Grad würde damit die Handlungsfähigkeit in Projekten gelähmt. Unter Zeit- und Lösungsdruck kann es rational erscheinen, komplizierten Auseinandersetzungen aus dem Weg zu gehen bzw. sie pragmatisch abzumoderieren.

- *Es kommt häufiger zu Fluktuationen im Projekt.* In Projektteams gibt es immer wieder „ein ständiges Kommen und Gehen" (Szinovatz und Müller 2012, S. 78). Vorzeitige Trennungen müssen sich gar nicht aufgrund von Konflikten ereignen. Sie können schlicht dadurch zustande kommen, dass Personen aufgrund organisatorischer Bedarfe oder eigener Präferenzen wieder vorzeitig aus dem Projekt ausscheiden. Insbesondere sog. Hochleistende, also SpezialistInnen und ExpertInnen mit größerem Renommee und ausgezeichnetem Fach- und Praxishintergrund, entwickeln nach einer gewissen Zeit eine ‚Wechselstimmung'. Sie sind statusbedingt auch eher anspruchsvoll. Hinzu kommen zeitkritisch bisweilen besonders problematische Ausfälle, die sich durch Erkrankung, verstärkte Urlaubszeiten und Feiertagskonstellationen sowie – insbesondere im technisch-baulichen Sektor – witterungsbedingte Störungen ergeben und zwischenzeitliche Verknappung im Ablauf bedeuten. Besonders schwierig wiegt all das, wenn – Unglück im Unglück – personelle Einbrüche ausgerechnet während akuter Arbeitsspitzen auftreten und ggf. notdürftig das in der Regel weniger qualifizierte Ersatzpersonal aus anderen Teilen der Organisation hinzugezogen werden muss oder gar externe SpezialistInnen angeheuert werden. Einarbeitungen werden erforderlich, die aus Mangel an Personal eigentlich gar nicht gründlich durchführbar sind. Beide Mängelabhilfen können mit erhöhten direkten und indirekten Kosten verbunden sein. Auch zeigt sich, dass gerade länger andauernde Projekte eine hohe kontinuierliche Beanspruchung einzelner Fachkräfte zur Folge haben können, wodurch sich mögliche Interessen der Umorientierung und eines rechtzeitigen Ausstiegs ergeben. Eine häufigere Entwicklung kann es sein, dass Projekte je nach verschiedenen Phasen unterschiedliche Besetzungen aufweisen. Bestimmte ExpertInnen sehen ihren Schwerpunkt im Planen und Aufsetzen eines Projekts, ziehen sich dann aber in der Umsetzungsphase zurück; andere hingegen werden als umsetzungsorientierte ‚Macher' angefordert, die die planmäßige Integration eines Projektauftrags in der Organisation sicherstellen sollen. Fluktuationen ergeben sich auch bedingt durch die Linienorganisation. Zu bestimmten Projektabschnitten müssen Leute ins Boot geholt werden, um die Anknüpfung des Projekts in ihrem Arbeitsbereich abzustimmen. Es ist möglich, dass die Personen nur für einige Tage oder Wochen eingebunden sind und sodann wieder aus dem Beteiligtenkreis ausscheiden. Gleichwohl müssen auch für kurze Abstimmungen Informationen dargelegt, besprochen und mögliche Einsprüche oder abweichende Sichtweisen eingefangen bzw. geklärt werden. Auch dies erfordert Zeit und Energie, die schnell zum Gefühl beitragen kann, für reine Kommunikation in Meetings, Telefonaten, bei Baustellenbesuchen und Einzelgesprächen schon wieder ‚einen Tag verloren' zu haben, der eigentlich schon für die nächsten Arbeitsschritte gebraucht würde. Zugespitzt lässt sich sagen, dass eine komplexe Phasen- und Bausteinlogik des Projektmanagements in personeller Hinsicht Fluch und Segen darstellt: Strukturierte Arbeitsteilung ermöglicht theoretisch große Leistungsfortschritte und rasche Ergebnisse in überschaubarer Zeit. Doch es sind die realen Bedingungen kurz- und mittelfristiger Ausfälle, zusätzlicher Einarbeitungen und Neuabstimmungen zu bedenken. Leicht kommt es zu Verzögerungen nur allein deshalb, weil der Personalwechsel einen Rückstau an Aufgaben verursacht und teilweise bisherige Kompetenzen auch nicht eins zu eins durch die nachfolgende Person abgedeckt werden können.

- *Zeitmangel bei der Teambildung und Vertrauensarbeit.* Das Projektmanagement zählt zu den strukturiertesten Bereichen der Arbeitswelt und hat ausgefeilte Methoden der systematischen Planung hervorgebracht. Doch keine noch so formal korrekte Gestaltung von Arbeitsprozessen vermag die interpersonelle Arbeit zu ersetzen. Generell gibt es in Projekten häufig nur „wenig Zeit, um jeden Mitarbeiter kennenzulernen" (Szinovatz und Müller 2012, S. 78). Dieser Umstand betrifft sowohl die kollegialen Beziehungen zwischen den MitarbeiterInnen eines Projekts als auch das Verhältnis der Projektleitung und ihren MitarbeiterInnen. Eine ernüchternde Beobachtung der Praxis lautet sogar, dass zumeist gar „keine Zeit für Teambuilding" (Szinovatz und Müller 2012, S. 78) verbleibt. Woran liegt das? Zum einen trägt die oben genannte Fluktuation nicht eben dazu bei, vertrauensstabile Arbeitsbeziehungen aufzubauen. Die Besetzungen erfolgen nicht immer zur Freude aller und aus voller Freiwilligkeit. Es kommt schlicht vor, dass Personen ihre Kollegialität nur auf tatsächlich formaler Ebene ausdrücken können, während jedoch unausgesprochene Vorbehalte und gewisse Typunterschiede im Hintergrund bestehen, die eine direktere, unkomplizierte Abstimmung erschweren. Würde man höhere kollegiale Sympathie aufbringen können, wären womöglich bessere Leistungen bzw. eine leichtere Bewältigung zum Nutzen aller zu erreichen. Dazu müssten aber ‚kurze Dienstwege' und lockere Gespräche am Rande entstehen. Fällt dies aus, hält man sich an Dienst nach Vorschrift, der bekanntermaßen zu Trägheit und langsameren Fortschritten führt. Zum anderen ist es mit einer schnellen Begrüßung und Vorstellungsrunde der neuen MitarbeiterInnen selten getan. Im Projektgeschäft steht Eile vor Weile. So sind alle bemüht, auch ja zu signalisieren, dass man sofort loslegen wolle und keine Zeit zu verlieren sei. Eine wirklich nachhaltige Teambildung, wie sie z. B. mit dem Konzept „Forming" beschrieben wurde (Tuckman 1965, vgl. Abb. 6.1), kann so nicht zustande kommen. Gelegentlich hält man nachhaltige Vergemeinschaftung aber auch gar nicht für nötig, da die Teams ja nur auf Zeit gebildet werden, was eben eine Neigung für Arbeit am Zusammenhalt nicht fördert. Zur Einarbeitung in ein Projekt gehört in sozialer Hinsicht auch das langsame Ertasten der gemeinsamen Erwartungen und Bedürfnisse. Es muss mit anderen Worten eine Ahnung davon gewonnen werden, durch welche Stärken die Beteiligten sich hervortun und in welchen Aspekten ihrer Eignung womöglich auch Einschränkungen oder Entwicklungspotenziale bestehen – wie sie nun einmal für so gut wie alle Stellen einer Organisation ganz normal zu erwarten sind. Diese ‚Erkundung' erlaubt es den Projektleitenden, die individuelle Befähigung genauer einzuschätzen und ihre Arbeitsaufträge daher nicht nur nach spontaner Verfügbarkeit oder formaler Zuständigkeit, sondern auch nach dem gezeigten Leistungsverhalten zu vergeben. Sie haben dabei noch etwas Weiteres zu berücksichtigen: die sog. Gruppendynamik. Einzelne können sich in einer solchen Konstellation deutlich anders verhalten, in der sie sich unter Stress und Belastung mit verschiedenen KollegInnen laufend abstimmen, Termine einhalten und eigene Zulieferungen einfordern müssen. Der Unterschied zwischen regelmäßiger bzw. ausgeprägter Einzelarbeit einerseits und intensiver, überwiegender Teamarbeit andererseits wirkt sich mitunter deutlich auf Motivation und Ergebnis der individuellen Leistung aus.

Projektleitende werden womöglich einsehen müssen, dass sie sehr viel mehr Zeit in die Teambetreuung zu investieren haben als ihnen anfänglich bewusst gewesen sein mag, da die Eignungen, Stile und Persönlichkeiten insgesamt relativ heterogen ausgeprägt sind. Leichter mag es ihnen fallen, bereits im Vorfeld stärker auf die Auswahl von Personen für das Projekt Einfluss zu nehmen. Generell ist zu sehen, dass diese Vertrauens- und ‚Leutearbeit' der Projektleitungen über das formale Regelwerk der Planung von Projekten oftmals nur gering eingepreist ist, wenn es überhaupt mit eigenem Zeitaufwand ausgewiesen wird. In vielen Organisationen wird stillschweigend erwartet, dass sich die Projektteams einfach in Kürze zusammenfinden und aufeinander einstellen können. Zu einem guten Teil bleibt die Projektplanung gegenüber dem tatsächlichen Arbeitsaufwand zur Entwicklung neuer MitarbeiterInnen geradezu blind.

- *Anerkennung in Projekten bleibt begrenzt.* Die vielleicht wichtigste Besonderheit der Projektarbeit wird vielen im Laufe eines engagierten Arbeitseinsatzes bewusst. Kurz- und mittelfristig werden gerade in hochkarätigen und bedeutsamen Projekten zum Teil besonders intensive Arbeitseinsätze als Vorleistungen abverlangt oder immerhin stillschweigend erwartet. Im gleichen Maße kann die Befriedigung in Form bestimmter materieller und immaterieller Anerkennungen nicht immer mithalten. Die Option, „die Projektmitarbeiter über ein höheres Gehalt bzw. einen Bonus zu belohnen, ist stark eingeschränkt" (Szinovatz und Müller 2012, S. 79). Es versteht sich im Projektgeschäft häufig von selbst, dass die Arbeitseinsätze erst einmal überdurchschnittlich erbracht werden, in der Erwartung, später auch mit etwaigen Honorierungen eine angemessene Kompensation zu erhalten. Faktisch arbeiten viele Projektbeschäftigte eher ober- als unterhalb der Normalleistung. Wonach sich Normalleistung bemisst, ist freilich von der Organisation und dem Arbeitsbereich abhängig. In einem hochdynamischen Start-up voller frischgebackener HochschulabsolventInnen noch ohne familiären Anhang mag das nächtelange App-Programmieren oder Entwickeln einer Werbekampagne weitgehend unproblematisch sein. Freizeit und etwaige Belohnungen werden vielleicht später nachkonsumiert. Man spricht vom Bedürfnisaufschub. In einer Konzernunternehmung oder Baugesellschaft mit vielen mittelalten Beschäftigten mögen die Verhältnisse schon andersartig sein. Mit höherem Bürokratisierungs- und Hierarchiegrad werden kollektive Bestimmungen genauer und verbindlicher festgelegt. Auch arbeitsrechtlich bedeutet dies einige Einschränkungen. Werden Beschäftigte, wie in vielen Unternehmen der Fall, tariflich vergütet, können Sonderleistungen bzw. Bonuskompensationen nicht einfach freihändig gewährt werden. Im öffentlichen Sektor ist die Handhabe noch weiter eingeschränkt. So müssen alternative Kompensationen vornehmlich ideeller Art gewährt werden. Dies ist für Hochleistende bzw. Profis am ehesten noch über die Erweiterung ihrer Zeit- und Arbeitsautonomie möglich. Personen, die sich durch besonders engagierte Leistung hervorgetan haben, können großzügiger geführt werden, schließlich dient Personalführung ja genau dazu, Personen zur Leistung anzuhalten und zu motivieren. Sind diese Voraussetzungen stabil gegeben, kann die Intensität der Führung zurückgefahren werden, um den starken MitarbeiterInnen eine größere Beweglichkeit zu ermöglichen und in dieser Form die Anerkennung zu signalisieren. In größeren Organisationen wird über die Karriereschraube versucht, verdienten MitarbeiterInnen Perspektiven in der Projektleitung oder in der Linienführung der Regelorganisation, also in Abteilungen, zu gewähren. Diese Möglichkeiten hängen natürlich davon ab, wie viele freie Vakanzen durchschnittlich in der Hierarchie bestehen und auch davon, ob sehr gute ProjektmitarbeiterInnen ihren Leistungspegel für weitere Führungsaufgaben vergleichbar erhalten können. Ein Abfallen der Leistung drohte die Arbeitsbeziehung zu belasten und ist nicht leicht wieder durch Rückversetzung zu heilen.

▶ **Kurz gefasst: Stärker noch als die reguläre Organisation ist die Projektarbeit mit typischen Restriktionen der Personalführung verbunden. So fehlt es typischerweise häufig an direkten disziplinarischen Möglichkeiten, an zeitlichen Ressourcen einer tiefergehenden Abstimmung sowie an der genauen Abklärung von Leistungserwartungen und wechselseitiger Interessen. Eine weitere Herausforderung stellen die begrenzten Möglichkeiten dar, besonders hohe Leistungen bzw. Leistungsbereitschaft besonders zu honorieren.**

Wie einschlägige Ratgeber und Handbücher zum Projektmanagement zeigen, gibt es in der Praxis viel Bemühung um „das richtige Maß" (Szinovatz und Müller 2012, S. 80) der Führung. Dieser Anspruch gleicht aber oft einer Quadratur des Kreises; zumindest, wenn man ihn über alle möglichen Projekte hinweg zu definieren versucht. So unterschiedlich die Rahmenbedingungen von Projekten sind, so unterschiedlich sind oft auch die Stile und Dringlichkeiten in Personalsachen beschaffen. Chronische Knappheit an Personal, schneller Wechsel und unverbindliche Abstimmungen können rasch zum Stressfaktor werden. Auch versuchen sich die Beteiligten bei Unstimmigkeiten oft an Lösungen, die die Probleme vertagen, ohne sie tatsächlich zu lösen. Ganz offensichtlich ergeben sich in Projekten einige Interaktionshemmungen, da alle, die hier involviert sind, um die erhöhte Sichtbarkeit ihres Tuns wissen und größere Selbstbeschäftigungen und Störungen ungern in die breitere Organisation tragen wollen. „Die Projektkulturen bewegen sich zwischen Sklaverei und Kuschelparadies", resümieren Szinovatz und Müller (2012, S. 80) die beiden Extreme in der Projektarbeit. Eher kurz und bündig geben sie die Empfehlung mit, im Rahmen eines Projekts die verfügbare wenige Zeit für ein klassisches Personalmanagement gar nicht erst aufzuwenden, sondern sich an eher leicht umsetzbaren Selbstverständlichkeiten des fachlichen und persönlichen Umgangs, direkt von Fall zu Fall und unter vier Augen, zu orientieren (vgl. Szinovatz und Müller 2012, S. 80).

6.4 Personalbeschaffung

Die relevanten Ressourcen zum richtigen Zeitpunkt am richtigen Ort in erforderlicher Qualität und Anzahl zur Verfügung zu stellen – so etwa lautet der Kern eines klassischen Beschaffungsmanagements von Gütern und Dienstleistungen. Dieses Gefüge ist auch dann zutreffend, sofern wir uns mit der personellen Aufstellung in der Projektarbeit befassen. Zu Beginn eines jeden Vorhabens werden im Rahmen von Projektanträgen und -plänen detailliert die Maßnahmen für die künftige Projektlaufzeit dargelegt und es wird festgehalten, mithilfe welcher personellen und sachlichen Ressourcen die formulierten Ziele erreicht werden sollen.

Die Personalbeschaffung ist demnach als Realisierung einer vorlaufenden Personalbedarfsplanung anzusehen. Im Folgenden werden wir uns unterschiedlichen Wegen der Personalbeschaffung widmen und dabei den Fokus auf diverse Instrumente der Personalauswahl richten. Zuvor jedoch stellen wir mit der sowohl innerbetrieblichen als auch externen Personalbeschaffung zwei unterschiedliche Quellen vor, aus denen Personal grundsätzlich rekrutiert werden kann.

6.4.1 Quellen der Personalbeschaffung

Interne Auswahl
Die interne Personalauswahl orientiert sich maßgeblich an einer innerbetrieblichen Beschaffungsstrategie. Stellenvakanzen werden dem organisationseigenen Stamm an MitarbeiterInnen allgemein oder aber individuell durch gezielte Ansprachen angeboten. So oder so: Eine entsprechende (Nach-)Besetzung der offenen Position erfolgt im Rahmen des betriebsinternen Arbeitsmarkts, der durch innerbetriebliche Ausschreibungen, Fluktuationen und Versetzungen fortlaufend in Gang bleibt.

Die innerbetriebliche Personalbeschaffung kann insbesondere mit Blick auf die Existenz von *Aufstiegschancen* für bereits Beschäftigte als vorteilhaft angesehen werden. Gleichsam werden über die interne Personalbeschaffung *Bleibeanreize* für Qualifizierte geschaffen, die an einer Veränderung ihres beruflichen Lebenswegs interessiert sind (vgl. Becker 2019, S. 29). Für eine derartige Form der Personalrekrutierung spricht darüber hinaus ein im Vergleich zur externen Personalbeschaffung deutlich geringeres Maß an anfallenden Transaktionskosten, also dem Prüfungs- und Besetzungsaufwand, denn: Die Fähigkeiten, Fertigkeiten und auch Potenziale der geeignet befundenen KandidatInnen sind aufgrund ihrer bisherigen Beschäftigung in der Organisation bereits bekannt (vgl. Breisig 2005, S. 152). Das Ausmaß der auch als sog. Suchkosten bekannten Investitionen ist in seiner Größenordnung nicht zu unterschätzen und sowohl bei der internen als auch bei der externen Rekrutierung vorhanden – bei letztgenannter Variante allerdings regelmäßig höher.

Vorteilhaft an einer innerbetrieblichen Personalbeschaffung erscheint ebenfalls das Vorhandensein von betriebsspezifischen Qualifikationen. Die Kenntnis von Betriebsabläufen, bestehenden Wertvorstellungen, Vertrautheit mit der Betriebs- und Arbeitskultur sowie mit den relevanten AnsprechpartnerInnen und das bereits existierende Netzwerk können die innere Wechsel- und Einarbeitungsphase positiv beeinflussen, die erforderlichen Transaktionskosten reduzieren und die Herstellung einer produktiven Arbeitsorganisation des Einzelnen sowie mit Blick auf seine Einbettung im Team bzw. Organisationsumfeld optimieren.

Die bis hierhin herausgestellten Vorteile interner Personalbeschaffungen lassen in diversen personalpolitischen Erörterungen der Rekrutierungsproblematik den Schluss einer generellen Überlegenheit des internen Arbeitsmarkts gegenüber einer externen Personalauswahl zu. Eine derartige Beurteilung jedoch ist stets kontextabhängig und kann nicht als allgemeingültig gelten – zu schwer wiegen schließlich auch die Probleme, die mit den Vorteilen des internen Arbeitsmarkts einhergehen. Das Argument stark eingeschränkter Auswahlmöglichkeiten aufgrund der Beschränkung auf einen ausgewählten internen Kreis liegt dabei auf der Hand, wenngleich auch noch weitere Punkte Beachtung finden sollten. So bleibt der umgangssprachlich bemühte ‚frische Wind von außen' durch die Konzentration auf bereits in der Organisation tätige KandidatInnen aus. Das Risiko einer inneren kognitiven Schließung und die damit verbundene Sorge vor einer sich einschleichenden Betriebsblindheit ist gewiss nicht unbegründet, denn eine interne Beschaffung verhindert oftmals den Import von neuen äußeren Impulsen. Leicht ist einzusehen, dass sich dies in innovativen Projekten als hinderlich erweisen kann. Darüber hinaus bestehen auf mikropolitischer Ebene weitere Besonderheiten, die im Vorfeld der Entscheidungsfindung für ein entsprechendes Vorgehen bekannt sein sollten. Die innerbetriebliche Personalbeschaffung ist möglicher Wegbereiter für psychologische Verwicklungen der MitarbeiterInnen. Die interne berufliche Veränderung ist nicht selten auch mit hierarchischen Veränderungen verbunden; derartige – womöglich auch noch teaminterne – Verschiebungen beeinflussen das Klima der Zusammenarbeit. Aspekte wie Neid, Missgunst oder auch Durchsetzungsschwierigkeiten aufgrund sich ändernder Rollenprofile sind in der Praxis durchaus bekannte Schwierigkeiten, sofern Rekrutierungen auf dem internen Arbeitsmarkt stattfinden.

Darüber hinaus sei ebenfalls angemerkt, dass bereits langjährige Beschäftigte zu einem gewissen Beharrungsvermögen neigen. Diese Beobachtung ist nicht ausschließlich mit fehlendem Veränderungswillen des infrage kommenden Personenkreises zu erklären, sondern ebenso mit Überlegungen zur eigenen internen Positionierung und dem eventuellen Umgang mit Ablehnung verbunden. Breisig (2005) bspw. verweist darauf, das BewerberInnen aufgrund ihrer internen Bekanntheit bei Bewerbungen etwas zu verlieren haben und negative Reaktionen ihrer jetzigen Vorgesetzten sowie der auszuschreibenden Abteilung bei Nichteignung fürchteten. Loyalitäten könnten dabei infrage gestellt und ein Verbleib in der ursprünglichen Position zu einem Spießrutenlauf werden – ungeachtet der formalen Beteuerungen, dass interne Bewerbungen niemals nachteilig ausgelegt würden.

Überträgt man die vorangegangenen Darlegungen auf das Projektgeschehen, so zeigt sich auch hier eine ambivalente Betrachtung. Die temporären Vorhaben profitieren aufgrund ihrer zeitlichen Limitierung stark von einer schnellen Arbeitsfähigkeit und der Nutzung bereits bestehender Netzwerke, gleichzeitig erscheint die Mitwirkung in ihnen aufgrund ihrer zeitlichen Befristung im Vergleich zu unbefristeten Arbeitsverhältnissen eher unattraktiv. Darüber hinaus sind Projekte bekannt für ihre interdisziplinär zusammengestellten Projektteams, in denen nicht selten bestehende hierarchische Verhältnisse der Linie aufgrund der Übernahme von Projekt(leitungs)aufgaben im Zuge von temporären Vorhabens verschoben werden. Derart fluide Gegebenheiten sind der Sache zwar dienlich; ihre praktische Gestaltung und Umsetzung jedoch sind oftmals problembehaftet. Ob und inwiefern sich die Umstände mit Blick auf eine externe Personalbeschaffung anders darstellen, wird Kern der Betrachtungen im nachfolgenden Abschnitt sein.

Externe Auswahl
Die externe Beschaffungsstrategie (d. h. der institutionalisierte Arbeitsmarkt) ist neben dem internen Reservoir eine weitere Möglichkeit für Organisationen, geeignete KandidatInnen für bestehende Vakanzen zu finden. Wann immer Stellen nicht auf dem internen Wege besetzt werden können oder sollen, so liefert der externe Stellenmarkt eine deutlich größere Grundgesamtheit an potenziell passenden BewerberInnen. Die Ansprache von BewerberInnen kann auf unterschiedlichsten Wegen erfolgen Die suchenden Organisationen können im Rahmen von Stelleninseraten selbst auf die freien Positionen aufmerksam machen oder aber sich am institutionalisierten Arbeitsmarkt über die Agentur für Arbeit bedienen. Darüber hinaus stehen ihnen durch die Beauftragung von Personaldienstleistern und/oder PersonalberaterInnen weitere Möglichkeiten zur Verfügung, um geeignete KandidatInnen für die jeweilige Vakanz zu rekrutieren.

Ebenso wie bei der internen Personalbeschaffung erscheint auch hier eine dezidierte Betrachtung der Vor- und Nachteile sinnvoll – wenngleich direkt zu Beginn darauf verwiesen werden kann, dass die Vorteile der einen Variante gleichsam die Nachteile der jeweils anderen Vorgehensweise zusammenfassen. Neben deutlichen breiteren Auswahlmöglichkeiten geht die externe Personalbeschaffung mit neuen Zugewinnen an Qualifikationen einher. Der Eintritt von bis dato organisationsfremden MitarbeiterInnen kann Betriebsblindheit entgegenwirken und neue Sichtweisen fördern. Die Gefahr mikropolitischer Auseinandersetzungen kann auch bei der externen Personalauswahl nicht eliminiert werden, jedoch scheint sie gegenüber der internen Stellenbesetzung deutlich geringer – nicht zuletzt auch, da externe BewerberInnen durch ihre in anderen Organisationen gewonnenen Kenntnisse ggf. eine höhere Akzeptanz und Anerkennung in ihren neuen Positionen erfahren. Sie agieren oftmals unbeschwerter in den Aufgaben, sehen sie sich doch keinem Vergleich zu ihrem Verhalten und ihrer Leistung in anderen früheren Situationen ausgesetzt.

Die im vorherigen Abschnitt der internen Personalbeschaffung betonte Betriebskenntnis ist im Szenario der externen Personalgewinnung allerdings nicht gegeben. Die AkteurInnen sind nicht lediglich neu in ihrer Rolle und Position, sondern werden ebenso mit gänzlich neuen Rahmenbedingungen, sozialen Gepflogenheiten, Themen und Inhalten sowie Personen und ihren Stilen konfrontiert. Dieser Umstand provoziert eine wesentlich längere Phase der Eingewöhnung und Einarbeitung, bis die inhaltliche Arbeitsfähigkeit hergestellt werden kann. Vor diesem Hintergrund erscheint es nicht verwunderlich, wenn mit Blick auf die externe Personalbeschaffung häufig von höheren Beschaffungskosten die Rede ist, denn sowohl die externen Ausschreibungen der Stelle als auch die verlängerte Einarbeitungsdauer sind unter anderem ursächlich für einen deutlich höheren Mehraufwand im Vergleich zur internen Personalrekrutierung.

Lenkt man den Fokus abermals auf Projekttätigkeiten und die darin ausgeschriebenen Stellen, so besitzen die genannten Punkte der Vor- und Nachteilhaftigkeit auch in diesem Fall Gültigkeit. Die zeitlich befristeten Vorhaben profitieren von neuem Schwung durch Erfahrungen und Kenntnisse, die ggf. Vorteile gegenüber den KonkurrentInnen bieten. Hier können auch spezifische Informationen aus der Branche von Nutzen sein, die durch die neuen Mitglieder in die Organisation eingebracht werden. Die zeitliche Limitierung der Vorhaben erscheint – sofern sie an Befristungen mit entsprechendem Sachgrund qua Projekttätigkeit gebunden sind – womöglich für externe BewerberInnen weniger abschreckend als für bereits Beschäftigte, zumal die neue Tätigkeit im Regelfall durch eine bestehende Probezeit ohnehin als unsicherer gelten kann.

Die Ausführungen zur internen und externen Beschaffung können jedenfalls zeigen: Beide Wege besitzen durchaus nennenswerte Stärken und sind somit für Organisationen grundsätzlich interessant. Eine generelle Überlegenheit des einen oder aber des anderen Vorgehens kann verneint werden, bestimmen doch letztlich die Stellenanforderungen ebenso wie die organisationalen Rahmenbedingungen die Entscheidung für das Prozedere der Personalbeschaffung. Letztlich fällt hier auch der konkrete Projektrahmen ins Gewicht. Für welche Einsatzgebiete werden welche Personen benötigt, können die Ressourcen intern oder extern abgedeckt werden? Darüber haben dann entsprechende AuftraggeberInnen zu entscheiden.

▶ **Kurz gefasst: Für das Personalwesen im Projektmanagement können analog der regulären, allgemeinen Organisation interne und externe Rekrutierungen in Betracht kommen. Unter Kosten-Nutzen-Aspekten haben beide Wege ihre Vor- und Nachteile, sodass stellen- bzw. aufgabenbezogen entschieden werden kann, welchem Weg der Vorzug zu geben ist.**

6.4.2 Beschaffungswege

Neben den unterschiedlichen Arten der Personalbeschaffung bestehen auch mit Blick auf die Rekrutierungswege diverse Alternativen. Bereits im Zuge des vorherigen Abschnitts konnten einige Auswahlmöglichkeiten kurz angerissen werden; in den nachfolgenden Zeilen jedoch sollen explizit drei Beschaffungswege skizziert werden. Zugegebenermaßen: In der Realität ist dies nur ein Bruchteil der zur Verfügung stehenden Auswahlwege. Gleichermaßen jedoch können unter den drei Varianten der *Stellenanzeigen*, des *Employer Branding* sowie der *Netzwerklösung* ein Großteil der grundsätzlichen Vorgehensweisen subsumiert werden.

Stellenanzeigen
Die Kommunikation von Vakanzen durch klassische Stellenanzeigen ist vermutlich die bekannteste und auch gängigste Vorgehensweise, um BewerberInnen zu rekrutieren. Die Stellenanzeigen können in unterschiedlichsten analogen und digitalen Medien geschaltet

werden und sind daher grundsätzlich sowohl für die interne als auch für die externe Personalrekrutierung interessant. Neben einer Veröffentlichung auf der organisationseigenen Internetpräsenz stehen mit (über)regionalen Tageszeitungen, Fachzeitschriften oder aber auch Stellenportalen im Internet weitere Möglichkeiten zur Verfügung, um auf die entsprechenden Vakanzen aufmerksam zu machen. Ebenso wie bei der Darlegung der grundsätzlichen Möglichkeiten bei der Personalbeschaffung ist auch an jetziger Stelle darauf zu verweisen, dass eine zielgruppenspezifische Medienauswahl im Fokus stehen sollte (vgl. Breisig 2005, S. 157). Die Veröffentlichung der Stellenanzeigen auf den jeweiligen Portalen ist mit unterschiedlichen Kosten verbunden und spricht ebenso andersartige Personengruppen an. Wenngleich die nachstehenden Aussagen keinen Anspruch auf Allgemeingültigkeit besitzen, so lassen sich doch deutliche Tendenzen erkennen. Die Veröffentlichung von Stellenanzeigen in regionalen Tageszeitungen bspw. wird im Regelfall primär einen Personenkreis ansprechen, der sich durch einen geringeren Mobilitätsradius kennzeichnen lässt und eine vergleichsweise geringe Motivation besitzt, die aktuellen Wohn- und Lebensumstände zu verändern. Anders stellt sich die Situation hingegen bei überregionalen Tageszeitungen oder aber Fachzeitschriften dar. Hier wird zumeist ein höheres Maß an Mobilität und Flexibilität unterstellt. Damit einher gehen nicht selten auch deutlich spezifischere Anforderungsprofile, die Führungsverantwortung oder aber fachliche Spezialkenntnisse erfordern. Die Veröffentlichung der Stellenanzeigen auf der unternehmenseigenen Internetpräsenz besitzt den Vorteil, mitsamt dem Anforderungsprofil noch weitere Informationen über die Organisation gewinnen und die Stellenanzeige in einen Gesamtkontext einordnen zu können. Die explizite Suche von BewerberInnen auf den Internetpräsenzen setzt eine grundsätzliche Bekanntheit der Organisation voraus. Das Unternehmen muss als potenziell attraktiver Arbeitgeber qua der örtlichen Voraussetzungen, der Konditionen oder aber des inhaltlichen Gegenstands der Arbeit angesehen werden, um den Weg auf die eigene Website zu finden. Für Projektstellen werden sehr häufig überregionale Zielgruppen angesprochen. Hier steht in der Regel auch der Mobilitätsfaktor günstig. Die Personengruppen sind unterschiedliche Baustellenerfahrung gewohnt und nehmen auch größere Ortswechsel in Angriff – vorausgesetzt die Honorierung der Stelle erscheint adäquat und die Attraktivität der Position rechtfertigt eine Station, die möglicherweise nur für einige Monate oder wenige Jahre wahrgenommen wird.

Employer Branding
Der Begriff des sog. Employer Branding kursiert spätestens seit der Jahrhundertwende in der personalwirtschaftlichen Fachliteratur und ist heutzutage als klassischer Bestandteil der Personalbeschaffung aus der Praxis nicht mehr wegzudenken. Im deutschen Sprachgebrauch lässt sich das Employer Branding bestmöglich mit Anstrengungen umschreiben, die dem Arbeitgeber- und Personalmarketing entstammen. Es ist der Versuch, die Organisation selbst als *Marke* aufzubauen und folglich den Bekanntheitsgrad und die Positionierung des Unternehmens zu schärfen – und damit die *Arbeitgeberattraktivität* zu steigern. Entsprechende Maßnahmen können einen Beitrag dazu leisten, Interesse an den Organisationsaktivitäten zu erzeugen und damit möglichst viele PotenzialträgerInnen in den ent-

sprechenden Segmenten ansprechen zu können. Mit den Anstrengungen ist die Hoffnung verbunden, möglichst viele Potenzial- und LeistungsträgerInnen auf dem Arbeitsmarkt und insbesondere in den stark gefragten Segmenten gewinnen und auch halten zu können. So verweist bspw. Becker (2019) darauf, dass das Employer Branding nicht lediglich einer verbesserten externen Personalrekrutierung, sondern ebenso der langfristigen Personalbindung zuträglich sein kann. Das Employer Branding mit all seinen Aktivitäten markiert eine durchaus spannende Entwicklung im Organisationsverhalten, denn im Gegensatz zum Schalten klassischer Anzeigen im Falle einer Stellenvakanz wird sich im Kontext des Employer Branding bereits proaktiv mit der Markenbildung befasst und die Aufmerksamkeit auf das Organisationshandeln gelenkt – auch wenn zur gegebenen Zeit noch gar keine Vakanz ersichtlich erscheint. Die Unternehmen verlassen oder aber ergänzen den klassischen Jobbörsenbereich durch eben derartige Aktivitäten und gewinnen durch dieses Vorgehen an Unabhängigkeit, denn BewerberInnen erhalten bereits vor ihrem potenziellen Organisationseintritt Einblicke in das Alltagshandeln und die Tätigkeiten – sei es bspw. über Social-Media-Kanäle oder aber gezieltes Storytelling. Auch eine sehr zielgruppenspezifische Kommunikation und Ansprache von Bewerbergruppen erfährt im Gegensatz zum klassischen Anzeigenmarkt eine deutliche höhere Relevanz. Sollte es Organisationen durch eben eine solche Ergänzung oder gar Umkehr ihres Recruitingverhaltens gelingen, bei den potenziellen BewerberInnen ein Zugehörigkeitsbedürfnis zu entwickeln, so stellt dies einen durchaus anderen Ansatz im Kontext der Personalbeschaffung dar, der die klassischen Vorgehensweisen in der Personalbeschaffung sinnvoll flankieren kann. Bei allen Anstrengungen im Bereich der Etablierung einer Arbeitgebermarke ist jedoch die Personalbeschaffung über Netzwerke nicht zu vernachlässigen, die im nachstehenden Abschnitt eine eingehendere Thematisierung erfährt. Generell ist hervorzuheben, dass das Employer Branding vor allem für jüngere Zielgruppen besonders in Anschlag gebracht werden kann. Etwa über Jobmessen und Karriereevents können angehende ProjektmanagerInnen Kontakt zur jeweiligen Organisation aufbauen und möglicherweise im Rahmen von Praktika und Abschlussarbeiten nähere Erfahrungen sammeln.

Netzwerktätigkeit
Die Personalbeschaffung über Netzwerke ist im Vergleich zu den beiden zuvor vorgestellten Beschaffungswegen zweifelsohne die Vorgehensweise mit dem höchsten Grad an Informalität – gleichzeitig jedoch auch eine mit einer sehr hohen, wenn nicht sogar in Einzelfällen diejenige mit der höchsten Bedeutsamkeit in der Praxis.

Der oftmals im umgangssprachlichen Gebrauch bemühte Ausspruch ‚Kontakte schaden nur dem, der sie nicht hat und/oder nutzt', mag amüsieren, er besitzt jedoch im praktischen Organisationshandeln eine nicht zu unterschätzende Relevanz. Gemeint ist an dieser Stelle keineswegs die Stellenvergabe unter der Hand, sondern vielmehr die Kommunikation der Stellenvakanz sowie die direkte Ansprache passender KandidatInnen aufgrund einer entsprechenden Netzwerkzugehörigkeit. Wenngleich Netzwerke und ihre Besonderheiten im nachfolgenden Kapitel eine gesonderte Beachtung erfahren, so sei bereits an jetziger Stelle erwähnt, dass Projekte als idealtypische Form von sozialen Netzwerken angesehen werden können, in dem die handelnden AkteurInnen auf Basis ihrer gegenseitigen Vertrauensbasis Informationen, Wissen, Personal und andere Ressourcen austauschen. Derartige Tauschverhältnisse existieren sowohl in als auch zwischen Projektvorhaben und den übergeordneten Organisationen. Das Fundament für verlässliche Netzwerke bildet stets das gegenseitige Vertrauensverhältnis. Dieses kann zwar in seiner Intensität und der bereits bestehenden Dauer variieren, grundsätzlich jedoch sind es stabile Netzwerkbeziehungen, die den gegenseitigen Empfehlungen und Informationen Gewicht verleihen.

Die hier vorgestellten Wege der Personalbeschaffung sind exemplarisch für eine Vielzahl von Möglichkeiten und dementsprechend keineswegs abschließend. Sie stehen stellvertretend für unterschiedliche Vorgehensweisen, die sich mit Blick auf ihren (In-)Formalitätsgrad unterscheiden und jeweils eine andere Grundhaltung einnehmen: Von eher reaktiv durch die Kommunikation von Stellenvakanzen bis hin zu proaktiv über die Etablierung einer Arbeitgebermarke und dem Austausch personeller Ressourcen über Netzwerke. Darüber hinaus spielen selbstverständlich auch noch weitere Formen der Personalbeschaffung eine wichtige Rolle, denken wir bspw. an die Beschaffung über den institutionalisierten Arbeitsmarkt oder aber an den Einsatz von Personalvermittlungsagenturen und sog. Headhuntern. Auch der Ausbau von Aktivitäten im Bereich des Personalmarketings ist zu beobachten. Letztlich jedoch ist das Ziel dasselbe: Alle Anstrengungen dienen dazu, sich am Arbeitsmarkt zu positionieren und geeignete KandidatInnen von der Organisation und der entsprechenden Aufgabe zu überzeugen. Sind passende Bewerbungen eingegangen, so bedarf es einer entsprechenden Personalauswahl – und ebenjene steht durch die Vorstellung von ausgewählten Instrumenten zur Personalauswahl im Mittelpunkt der weiteren Betrachtungen.

▶ **Kurz gefasst: Stellenanzeigen als klassische Form des Inserierens in Presse bzw. Fachmedien, daneben das Employer Branding (Bewerbung einer attraktiven Arbeitgebermarke) sowie die vielen Wege der beruflichen und kollegialen Vernetzung (Networking bzw. persönliche ‚Drähte') stellen verbreitete Ansätze der Ausschreibung bzw. Stelleninformation dar.**

6.4.3 Auswahlinstrumente

Im Kontext der Personalauswahl stehen nach dem Eingang von Bewerbungen diverse Instrumente zur Verfügung, um die Stellenvakanz mit geeigneten BewerberInnen besetzen zu können. Ebenso wie im vorherigen Abschnitt können auch die nachstehenden Ausführungen keinem Anspruch auf Vollständigkeit genügen; vorgestellt werden jedoch diejenigen Instrumente, die in der organisationalen Praxis häufig Anwendung finden. Die Sichtung der Bewerbungsunterlagen (Screening) stellt dabei den ersten Schritt im Prozess der Personalauswahl dar. Auf Basis der eingereichten Unterlagen wird zumeist eine Vorauswahl der KandidatInnen getroffen, die sodann in der Anwendung weiterer Instrumente zur

Endauswahl mündet. Das womöglich gängigste Instrument ist das persönliche Vorstellungsgespräch, dessen Grundzüge im nachstehenden Abschnitt vorgestellt werden.

Das Vorstellungsgespräch
Die Sichtung und Analyse der eingegangenen Bewerbungsunterlagen begründet die Vorauswahl geeigneter KandidatInnen, bevor sich Organisationen oftmals im Zuge der Endauswahl für die Durchführung von Vorstellungsgesprächen entscheiden. Doch wenngleich das Instrument stets denselben Titel trägt, ist dessen Ausgestaltung in der Praxis sehr mannigfaltig und keineswegs uniform. Die konkreten Interviewsituationen reichen von völlig offen, kaum strukturiert und sehr spontan bis hin zu voll standardisierten Varianten, denen oftmals ein Katalog von Leitfragen zugrunde liegen (vgl. Breisig 2005, S. 164). Ebenso variabel wie die Art und Weise der Durchführung erscheinen die inhaltliche Ausrichtung sowie die Wahl der GesprächspartnerInnen. Die Unterredungen können von den jeweils Beteiligten auf Arbeitgeberseite sowohl sehr fachlich als auch eher persönlich orientiert gestaltet werden, doch unabhängig von der Ausgestaltung ist das mit dem Instrument verbundene Ziel stets dasselbe: Das persönliche Gespräch dient dazu, einen individuellen Eindruck des Bewerbers/der Bewerberin zu erlangen. Es interessiert das Auftreten und die Haltung der Person im Rahmen der Gesprächssituation, die Zeit bietet für Rückfragen zum Lebenslauf, zur Motivation und zur Befähigung für die ausgeschriebene Position. Dabei sind die Unterredungen keineswegs einseitig angelegt, denn ebenso wie die Arbeitgeberseite hat auch der/die BewerberIn ein berechtigtes Interesse daran, mehr über die Anforderungen der Stellenvakanz und die arbeitsvertraglichen Rahmenbedingungen zu erfahren, bevor eine Entscheidung getroffen werden kann. Ob es sich bei dem Vorstellungsgespräch um eine einmalige Unterhaltung oder aber gar um wiederholte Interviews handelt, ist von Fall zu Fall unterschiedlich und sehr stark abhängig vom Anforderungsniveau und dem Verantwortungsbereich der ausgeschriebenen Stelle (vgl. Becker 2019, S. 33). Zur Überprüfung der fachlichen Passung zwischen der jeweilig stellenbezogenen Anforderungsprognose und den vorliegenden Kenntnissen, Fähigkeiten und Fertigkeiten der BewerberInnen finden flankierend zur Gesprächssituation vielfach auch Testinstrumente zur Prognose und Diagnose von Qualifikationen statt, auf deren Besonderheiten im nachstehenden Abschnitt näher eingegangen wird.

Mögliche Testverfahren
Die vorherigen Darlegungen haben bereits deutlich werden lassen: Das Vorstellungsgespräch gehört zwar zu den gängigsten Instrumenten im Rahmen von Personalauswahlprozessen, ist dabei aber keineswegs abschließend. Häufig finden weitere begleitende Maßnahmen statt, die mit Blick auf die Anwendung von Testverfahren vorrangig das Ziel besitzen, Eindrücke vom vorhandenen Qualifikationsniveau der BewerberInnen zu erlangen. Das an Testverfahren zur Verfügung stehende Spektrum ist dabei enorm vielseitig: Das sog. Assessment Center bspw. findet zwar in einem separaten Abschnitt noch einer eingehenderen Thematisierung, ist aber auch an jetziger Stelle als eines der wohl bekanntesten Testverfahren zu erwähnen. Darüber hinaus existieren bspw. mit psychologischen

Tests, Fähigkeitstests und auch Arbeitsproben weitere Möglichkeiten, um die stellenbezogene Anforderungsprognose mit den jeweils vorhandenen Fähigkeiten vergleichen zu können. Becker (2019) allerdings macht zugleich darauf aufmerksam, dass viele in der Praxis verwendeten – und oftmals auch eigens für den individuellen Einsatz von den Organisationen selbst entwickelten – Testverfahren einen konkreten Stellen- und Eignungsbezug vermissen lassen.

Ebenso vielseitig wie die Testverfahren selbst ist auch deren zeitlicher Einsatz: Sind die Bewerbungsunterlagen auf besonderes Interesse gestoßen, so ist die Durchführung von Leistungs-, Intelligenz- und/oder Persönlichkeitstests sowohl vor als auch nach einem persönlichen Kennenlernen im Rahmen eines Vorstellungsgesprächs bekannt. Gleichermaßen ist auch denkbar, dass das persönliche Gespräch als ein Bestandteil von mehreren in das Auswahl- und Testverfahren eingebettet wird; so häufig bspw. bei der Durchführung von Assessment Centern. Letztgenannte werden im nachfolgenden Abschnitt als gesondertes Instrument im Rahmen der Personalauswahl beleuchtet.

Assessment Center
Als ein spezielles Instrument im Rahmen der Personalauswahl konnten sich in den vergangenen Jahren zunehmend sog. Assessment Center (AC) etablieren (vgl. u. a. Breisig 2005). Die Durchführung von AC gilt als durchaus weit verbreitet und sachgerecht, wenngleich das Instrument mit einem vergleichsweise hohen Aufwandsniveau verbunden ist (vgl. Breisig 2005, S. 167). Vor dem Hintergrund einer längerfristig orientierten Personalplanung fordern immer mehr Organisationen valide und zuverlässige Auswahlinstrumente, die imstande sind, die Mehrdimensionalität von Stellenanforderungen abzubilden. Dabei vereinen Assessment Center unterschiedliche Aufgaben, Übungen und Leistungs- sowie Persönlichkeitstests ‚unter einem Dach', um ein möglichst umfassendes Bild der BewerberInnen zeichnen zu können. Die Zusammenstellung der Aufgaben erfolgt jeweils individuell; ebenso gibt es kein allgemeingültiges Zeitfenster, das die Dauer des Verfahrens festlegt. Die Varianten reichen von ein- bis hin zu mehrtägigen Veranstaltungen, innerhalb derer mehrere BewerbungskandidatInnen gleichzeitig eine standardisierte Abfolge von Aktivitäten absolvieren und mit identischen Aufgaben im Einzel- oder aber Gruppenkontext konfrontiert werden. Die Veranstaltungen werden dabei vonseiten des Arbeitgebers von AkteurInnen begleitet, die entweder Moderations- oder aber Beobachterrollen wahrnehmen. Den BeobachterInnen obliegt dabei die eigentliche Bewertungsaufgabe, die sehr umfangreich gestaltet ist, denn von Interesse sind in derartigen Veranstaltungen oftmals nicht lediglich die erarbeiteten Ergebnisse, sondern ebenso der Weg, der zur Lösung der Aufgabe führt. Darüber hinaus stehen auch die sozialen Interaktionen der BewerberInnen untereinander im Fokus der Betrachtungen. Die Beobachterrollen werden in der Regel von Führungskräften der Organisation wahrgenommen; in einigen Fällen ist auch die Mitwirkung von internen oder aber externen AkteurInnen denkbar, die qua ihrer Rolle (PsychologInnen und MitarbeiterInnen von Beratungsorganisationen) einen andersartigen Blickwinkel besitzen und somit den Auswahlprozess sinnvoll unterstützen können. Nach

Abschluss des AC werden die gewonnenen Eindrücke und Ergebnisse von den involvierten AkteurInnen in sog. Beobachterkonferenzen gesammelt und gemeinschaftlich diskutiert sowie zu einer gemeinsamen Beurteilung der jeweiligen KandidatInnen verdichtet, die letztlich die Auswahlentscheidungen begründet (vgl. Breisig 2005, S. 168).

Die Vorgehensbeschreibung lässt bereits deutlich werden, mit welchem Ressourcen- und auch Planungsaufwand ein derartiger Prozess einhergeht. Aufgrund dieses Umstands werden AC vorrangig für höher qualifizierte Stellen oder aber die Identifizierung eines potenziellen akademischen Fach- und Führungsnachwuchses ins Leben gerufen.

Das AC gilt gemeinhin qua seiner Grundsätze und Merkmale als das anspruchsvollste Auswahlverfahren – nicht zuletzt, da es sich aufgrund der Aufgabenvarianz und der beteiligten Personenanzahl in besonderem Maße um zuverlässige Potenzialeinschätzungen und Auswahlentscheidungen bemüht. Zugleich ist aber darauf zu verweisen, dass Auswahlprozesse nie der Annahme vollständiger Objektivität genügen können, da die menschliche Subjektivität in Entscheidungsprozessen nicht gänzlich eliminiert und ausgeblendet werden kann (vgl. Breisig 2005, S. 171).

Darüber hinaus ist ebenso die Übersetzung der jeweiligen Stellenanforderungen in äquivalente AC-Übungen ein in der Literatur durchaus kontrovers diskutiertes Thema, dessen Gelingen regelmäßig infrage gestellt wird. KritikerInnen merken an, dass ebenjene Aufgaben künstliches Verhalten der BewerberInnen provozieren, das sich unter der stetigen Beobachtung der eingebundenen AkteurInnen zu potenzieren vermag. Die Aussagekraft eines solchen Verhaltens ist im praktischen Anwendungsfall des operativen Berufsalltags fraglich, gleichwohl Einblicke in die Verhaltensweisen der BewerberInnen in bestimmten (Stress-)Situationen möglich erscheinen. Letztgenannte wiederum können durchaus Rückschlüsse auf die jeweiligen Eigenschaften der BewerberInnen erlauben, die einen Mehrwert für die Auswahlentscheidung liefern können.

So oder so: Das AC liefert viele Ansätze zur Reduktion von Zufälligkeit und Willkür im Kontext der Personalauswahl. Es stellt eine sinnvolle Erweiterung zu den klassischen Instrumenten dar, ist jedoch auch mit einem deutlichen Mehraufwand verbunden. Letztlich entscheiden stets die Rahmenbedingungen sowie die Stellenanforderungen über die Verhältnismäßigkeit der zum Einsatz kommenden Instrumente zur Personalauswahl, die sich selbstverständlich untereinander im Sinne eines regelrechten Auswahl-Mix auch gegenseitig ergänzen können.

6.4.4 Zur eignungsdiagnostischen Qualität von Personalauswahlverfahren

Die vorgestellten Instrumente stellen einen Ausschnitt der gängigsten Verfahren im Rahmen der Personalauswahl dar. Wenngleich jede Beschreibung bereits auf die Notwendigkeit der Betrachtung des Kontexts sowie der spezifischen Stellenanforderungen verweist, erscheint an jetziger Stelle nochmals der Blick auf die eignungsdiagnostischen Qualitäten der jeweiligen Personalauswahlverfahren angebracht. Prinzipiell wird häufig ein sowohl angemessener als auch verhältnismäßiger Einsatz der Instrumente behauptet, doch wie ist es um die Validität der Verfahren bestellt?

Richten wir unseren Blick zunächst auf die Personal*vor*auswahl, so wird die tatsächliche Aussagekraft von Bewerbungsunterlagen mit Blick auf die Feststellung von spezifischen Eignungsgraden kritisch hinterfragt und als sehr gering eingestuft (vgl. u. a. Becker 2019, S. 33; Kanning 2004, S. 314 ff., 2015; Schuler 2014, S. 261 ff.; Berthel und Becker 2017, S. 371 ff.). Die Attestierung einer geringen Validität liegt dabei u. a. in ungeklärten Autorenschaften der Bewerbungsunterlagen sowie in der Mehrdeutigkeit von Zeugnissen und einer mangelhaften Aussagekraft von Noten mit Blick auf die jeweiligen Stellenanforderungen begründet. Einzig den aus dem Lebenslauf zu entnehmenden Angaben wird in der personalwissenschaftlichen Diskussion ein adäquater Informationsgehalt für die Vorauswahl der BewerberInnen zugeschrieben (vgl. Becker 2019, S. 33).

Die Validität jener Instrumente, die letztlich für die konkrete Personalauswahlentscheidung ausschlaggebend genutzt werden, ist ebenso Gegenstand personalwirtschaftlicher Diskussionen und empirischer Studien. Stellt man die zur Auswahl stehenden Verfahren auf den umgangssprachlichen Prüfstand, so wird mit Blick auf die stellenbezogenen Anforderungsprognosen (teil)strukturierten Interviews ein vergleichsweise hohes Maß an Validität attestiert. Selbiges dürfen auch Mehrfach- oder aber Seriengespräche in Auswahlprozessen für sich beanspruchen, wohingegen unstandardisierte sowie unstrukturierte Interviewsituationen eine eher geringe Validität erwarten lassen (vgl. Becker 2019, S. 33; Oechser und Paul 2015, S. 228).

Mit Blick auf weitere Testinstrumente zur Diagnose und Prognose von vorherrschenden Qualifikationen lässt sich konstatieren, dass diese – sofern sie einen konkreten Stellenbezug aufweisen und keine allgemeine Umsetzung finden – durchaus einen Beitrag zur Feststellung von (Teil-)Eignungen leisten können. Diese Aussagen besitzen demnach sowohl für Fähigkeitstests als auch für die Durchführung von Assessment Centern Gültigkeit, wohingegen von der Nutzung von Instrumenten, die einen geeigneten Stellen- und Eignungsbezug vermissen lassen, aufgrund mangelnder Validitätsbeobachtungen abzuraten ist (vgl. dazu u. a. Becker 2019, S. 32; Oechser und Paul 2015, S. 228).

▶ **Kurz gefasst: Vorstellungsgespräche, Leistungs-, Persönlichkeits- und Kognitionstests sowie das Assessment Center sind die üblichen Szenarien der Eignungsfeststellung in der Projektarbeit. Von eignungsdiagnostischer Seite ist die Gründlichkeit und Qualität der eingesetzten Auswahlverfahren zu prüfen.**

6.5 Personalentwicklung

Personalentwicklung (verbreitet kurz PE) betrifft alle Maßnahmen, die sich auf die einführende, berufsbegleitende und weiterqualifizierende Befähigung des Personals beziehen (vgl. Becker 2013). Im engeren Sinne sind darunter alle Aktivitäten der Weiterbildung zu subsumieren. Grob kann unterschieden werden zwischen Maßnahmen, die unmittelbar im Rahmen der Arbeitszeit oder arbeitsplatznah veranstaltet werden können und solchen, die außerhalb der Arbeitstätigkeit stattfinden. Dabei werden je nach Zielsetzung der Qualifizierung eher praktische (Anwendungs- und Umsetzungswissen) oder theoretisch-konzeptionelle (Einführungs- und Überblickswissen) Inhalte vermittelt. Die Personalentwicklung im Projektmanagement ist stark fall- und erfahrungsbezogen; grundlegende Muster lassen sich nicht über alle verschiedenen Projektformen und Organisationsbedingungen ausbreiten. Daher wird es in diesem Abschnitt weniger um Literatur als um Eindrücke aus der direkten Projektarbeit gehen.

Die Personalentwicklung im Projektmanagement ist gegenüber der allgemeinen einer Organisation knapper und spezifischer gehalten. Üblicherweise werden nicht sämtliche berufliche Bildungsstationen von Personen betrachtet, sondern projektnahe Befähigungen angestrebt. Für Nachwuchskräfte und BerufseinsteigerInnen eignen sich zur Einübung in das Projektmanagement vor allem Anlern- und Traineeprogramme, wie sie heute bereits in vielen Unternehmen verbreitet sind. Es handelt sich hierbei um ca. ein- bis eineinhalbjährige Einführungsphasen, die sich in verschiedene Hospitationen in Abteilungen bzw. Fachgebieten eines Unternehmens gliedern (Job Rotation). In diesen Arbeitsstationen können bestimmte Arbeitsaufträge anliegen, die die/der Trainee zumeist projekthaft oder projektnah bearbeitet. In der Regel betreffen die Arbeitsaufträge bestimmte Teilaspekte eines laufenden Organisationsprojekts. Schon vor einem solchen Einführungsprogramm können Praktika und Abschlussarbeiten (vgl. Schütz und Röbken 2020) dazu dienen, projektbezogen an Arbeitsprozesse herangeführt zu werden.

Im Rahmen ‚echter' Projektstellen können Beschäftigte durch externe und interne Qualifizierungen einführend und vertiefend an Projektkenntnisse und Umsetzungswissen herangeführt werden. Zumeist steigen Neulinge in Form von Assistenz- und Koordinationsaufgaben in das Projektmanagement ein. Über erste Teilverantwortungen für Projektbereiche bis hin zu Teilprojektleitung und eigenständiger Projektleitung können die weiteren Schritte folgen. Hierbei ist anzumerken, dass sich die Entwicklungsmöglichkeiten in den Organisationen sehr weitreichend unterscheiden. Sie reichen von Gelegenheitsentwicklungen aus der Linientätigkeit in Projektaufgaben bis hin zu eigenen Laufbahnoptionen, sog. Projektkarrieren, wie sie neben den klassischen Fach- und Führungslaufbahnen vor allem in größeren Unternehmen angeboten werden (vgl. Bredin und Söderlund 2013; Akkermans et al. 2019; Madter et al. 2012).

Die Aufstiegs- und Qualifizierungsmöglichkeiten bemessen sich daher stark nach der Größe der Organisation; daneben natürlich auch nach den Organisationszwecken, dem Branchenkontext und dem Fachbereich, in dem etwaige Projekte verstärkt oder eher nur gelegentlich oder auch gar nicht durchgeführt werden. Größere Organisationen verfügen über eigene Projektarbeitsgruppen oder Projektabteilungen. Hier sind SpezialistInnen für die Zusammenarbeit mit den Fachbereichen der Organisation gefragt. Besonders stehen in einer solchen Einheit methodische Skills im Vordergrund. ProjektmanagerInnen, die einer eigenen Organisationseinheit nur für diese Aufgabe angehören, werden als assistierendes Büro zur Unterstützung der Linie, beratendes Team oder als selbstständige TreiberInnen und GestalterInnen des Projektmanagements tätig. Welche Ausprägung sich hier behaupten kann, hängt vom Status der Projektarbeit in einer Organisation ab, auch aber davon, wie viel Erfahrung und wie viel Bedarf hinsichtlich dieser Arbeitsform bereits besteht.

Diese Umstände können es mit sich bringen, dass Organisationen überhaupt Schwierigkeiten haben, geeignete ProjektmitarbeiterInnen und ProjektmanagerInnen für ihre Aufträge zu finden. Intern bestehen natürliche Barrieren der Qualifizierung, da naheliegend nur ein begrenzter Teil eines Personalbestands für tatsächlich projektintensive Aufgaben weiterqualifiziert werden kann. Üblicherweise können Qualifizierungen auch nicht ad hoc erreicht werden, sondern bedürfen einer mehrjährigen schrittweisen praktischen Einübung. ProjektmanagerInnen lernen vor allem ‚Hands-on'. Von ihnen wird erwartet, sich in konkreten Auftragslagen zu bewähren, als ProblemlöserIn und AnpackerIn in Erscheinung zu treten. Vieles, was unter Qualifizierung im Zusammenhang mit Projekten assoziiert wird, dürfte daher als berufsintegrierte, d. h. permanent durch Arbeitseinsatz erfolgende Personalentwicklung verstanden werden. In gewisser Weise ist das Wachsen und Werden in der Projektarbeit also als Training-on-the-job zu verstehen. Schließlich erhalten Beschäftigte auch Beurteilungen und Feedback und können daher auch selbst einschätzen, wie sie ihre Eignung für das Projektgeschäft verfeinern und sich ggf. in einzelnen Fachbereichen weiter professionalisieren könnten.

Nichtsdestotrotz gibt es auch im Bereich des Projektmanagements eine Vielzahl an begleitenden und aufbauenden Qualifizierungsangeboten. So können über Seminare in Weiterbildungseinrichtungen bestimmte Nachweise und Zertifikate erworben werden. Diese Wissensvermittlung hat ihren Schwerpunkt zumeist primär in instruktiven Einführungen mit noch stark theoretisch-konzeptionellem Anteil. Auch haben sich in den vergangenen Jahren vermehrt akademische Angebote entwickelt, die in grundständigen oder weiterführenden Studienprogrammen theoretische und praxisnahe Expertise in allgemeinen und speziellen Fragen des Projektmanagements vermitteln. Der Hochschulkompass (2021), ein Internetportal mit Informationen aller zugelassener Studiengänge an deutschen Hochschulen, führt inzwischen rund 20 einschlägige Studienangebote auf. Aufbaustudiengänge werden häufig als sog. Master of Business Administration (MBA)-Programme durchgeführt. Der Vorteil liegt hier in einem gefragten Titel, der sich auch in der Unternehmenspraxis relativ großer Beliebtheit erfreut. Natürlich können diese akademischen Vertiefungen praktische Expertise nicht ersetzen; wohl aber abrunden – durch komplexere Heranführung an bestimmte Probleme und ihre Lösung und die Vermittlung einer höheren ‚Trittsicherheit' in anspruchsvollen Entscheidungslagen von ManagerInnen. BewerberInnen sollten darauf achten, dass sie die benötigten Voraussetzungen (häufig werden bereits betrieblich-praktische Kenntnisse gefordert) erfüllen und bei der Auswahl eines Studienprogramms prüfen, ob dieses mit den fachlichen Interessen und Entwicklungsplänen kompatibel erscheint. Ein wichtiger Prüfaspekt ist hier der Anteil praktischer Übungen und Fallstudien, die den Mehrwert eines solchen Studiums gegenüber rein theoretischen und einführenden Qualifizierungsangeboten ergeben.

Generell ist zu sehen, dass Zertifikate zumeist einen begleitenden, unterstützenden Effekt bedeuten, nicht aber erfahrungsgesättigte Arbeit in Projekten ersetzen können. Neulinge bzw. EinsteigerInnen, die schon im Studium oder beim Einstieg in das Berufsleben Interesse am Projektmanagement haben, sollten ruhig früh damit beginnen, sich entsprechende Kenntnisse anzueignen und darauf aufbauende Fähigkeiten zu verbessern. Zertifikate dienen insoweit als Eintrittskarten bzw. Einstiegslegitimationen, mit denen eine gewisse erste Vertrautheit mit der Materie signalisiert werden kann. Aus Sicht der AutorInnen dieses Buches hat es sich bewährt, frühzeitig theoretische und praktische Elemente zu verknüpfen. Das Projektgeschäft hängt doch sehr mit der Frage zusammen, wie weit der Horizont der Beteiligten reicht, die Umsetzung von Projekten in ihren Problemen und Lösungen zu erfassen. So wie die Größe von Projekten sich im Laufe eines Berufslebens bis zu einem bestimmten Punkt immer noch erweitern kann, so können – im besten Fall – auch die Fähigkeiten reifen, ein Verständnis für unterschiedliche Instrumente, Rahmenbedingungen und speziell auch Risiken zu entwickeln.

▶ **Kurz gefasst: Die Personalentwicklung im Projektmanagement ist gegenüber der allgemeinen Personalentwicklung einer ganzen (viel eher heterogenen) Organisation knapper und spezifischer gehalten. Üblicherweise werden nicht sämtliche berufliche Karriere- und Bildungsstationen von Personen betrachtet, sondern projektnahe Befähigungen angestrebt. Auch das Anforderungs- und Leistungsniveau ist enger bzw. ambitionierter abgesteckt, weshalb die durchgeführte Personalentwicklung eine SpezialistInnen- und ExpertInnenentwicklung ist.**

6.6 Projektgerechtes ExpertInnenmanagement

Wirft man einen Blick in die klassische Ratgeberliteratur des Projektmanagements, so wird die Projektführung oftmals als ein maßgeblicher und wesentlicher Erfolgsfaktor im Kontext des Projektmanagements betrachtet. Der Projektleitung obliegt die Aufgabe, die jeweiligen Projektvorhaben und ihre Ausrichtung zu konkretisieren, zu steuern und zu führen. In ihrer Rolle zeichnet sie für die Erreichung der vorab definierten Ziele und damit gleichbedeutend auch für die Erfüllung des gesamten Projektauftrags verantwortlich, wenngleich sie zu keinem Zeitpunkt imstande ist, Entscheidungen autonom und losgelöst von ihrem organisationalen Umfeld treffen zu können. Doch was bedeutet der Begriff Führung im Projektkontext? Wozu benötigt ein solches Gebilde überhaupt eine definierte Leitung? Und mit welchen Schwierigkeiten sehen sich Projektleitungen konfrontiert, wenn sie gemeinsam mit ExpertInnen an der Erreichung der Projektziele arbeiten? Der Beantwortung ebendieser und weiterer Fragen werden wir uns in den nachstehenden Abschnitten widmen.

Projektführung und -leitung
Die Führung von Projekten kann gemeinhin als die ziel- und richtungsweisende Verhaltenssteuerung von Projektmitgliedern verstanden werden, deren Anliegen es ist, vorab fest definierte Ziele in vorhandenen Zeitfenstern erreichen zu können (vgl. Schröder und Die-

kow 2006, S. 70). Folgt man den Einordnungen von Schröder und Diekow (2006), so besteht die Aufgabe der Projektleitung darin, „das Können und das Wollen der Mitarbeiter in ein ergebnisorientiertes Machen zu transformieren". Zur Erreichung ebendieses Ziels erstreckt sich das Aufgabenportfolio von Projektleitungen über diverse Bereiche: Ihnen obliegt die Planung, die Steuerung und das Controlling des Vorhabens, sodass letztlich auch die Gesamtverantwortung des Projekts in ihren Zuständigkeitsbereich fällt.

Darüber hinaus unterliegen der Projektleitung die Führung und die Koordination der Projektteams sowie die Kommunikation mit zentralen Anspruchsgruppen. Angesichts dieser umfangreichen Aufgaben erscheint es nicht verwunderlich, dass Projektleitungen auch als „Unternehmer im Unternehmen" definiert werden (Bea et al. 2008, S. 54). Der Ausspruch lässt bereits darauf schließen, dass Leitungsfiguren in Projekten eine Vielzahl von unterschiedlichen Rollen in Personalunion verkörpern. Projektleitungen werden demzufolge häufig als diffizile und anspruchsvolle Aufgaben charakterisiert, für deren optimale Wahrnehmung die alleinige Existenz von Fachkompetenz als nicht ausreichend angenommen werden kann. Zwar spielt die fachliche Komponente eine durchaus bedeutsame Rolle, doch darüber hinaus wird zunehmend auf die elementare Bedeutung von weiteren Schlüsselqualifikationen wie bspw. der Methoden- oder aber auch der sozial-emotionalen Kompetenz verwiesen. Folglich sollten für die adäquate Wahrnehmung einer Projektleitung sowohl Kenntnisse von Projektmanagementmethoden als auch kommunikative und zwischenmenschliche Fähigkeiten bestehen, gleichwohl eine stabile Basis an Fachwissen ebenfalls unabdingbar erscheint (vgl. Lehmkuhl 2018, S. 43).

Doch weshalb sind derart unterschiedliche Fähigkeiten und Kompetenzen für die Ausübung einer Projektleitung vonnöten? Und aus welchen Gründen unterscheiden sich Führungspositionen in Projekten maßgeblich von solchen in Linienorganisationen?

Die Antworten auf diese Fragen lassen sich womöglich in den für die Projektarbeit typischen Charakteristika finden (vgl. Bea et al. 2008, S. 55; Kuster et al. 2006, S. 2012; Böck und Reiff 2003, S. 162; Spalink 2001, S. 209 f.). In Relation zur Arbeit in den übergeordneten Linienorganisationen weist jene in Projekten eine spürbar höhere Dynamik auf. Dieser Umstand ist nicht zuletzt auf den permanent hohen Zeit-, Kosten- und auch Erfolgsdruck der Vorhaben zurückzuführen. Um diesem Druck sowie den damit einhergehenden verschiedenen zeitnahen Ansprüchen gerecht werden zu können, erfordert die Zusammenarbeit in den temporären Vorhaben die Anwendung von kreative(re)n Techniken, die idealerweise flexiblere Formen von Kommunikations- und Informationsprozessen begünstigen.

Darüber hinaus zeichnet sich jedes Projekt aufgrund seiner temporäreren Begrenzungen durch ein geringeres Maß an Transparenz und Stabilität aus. Die daraus nicht selten resultierenden Unsicherheiten, die sich sowohl aufseiten der ProjektmitarbeiterInnen als auch aufseiten der Projektleitung zeigen, lassen sich mit Blick auf die Projektführung als weitere Besonderheit und maßgebliche Herausforderung anführen. Ferner sehen sich Projektleitungen in den Vorhaben oftmals mit der Situation fehlender formaler Macht und Weisungsbefugnis konfrontiert. Die formalen Legitimationen sind in nahezu allen Fällen in den übergeordneten Strukturen der Linienorganisationen und eben nicht in den Projektstrukturen selbst definiert, weshalb die hierarchische Macht in den temporären Vorhaben vergleichsweise schwach ausgeprägt und von den eigentlichen Funktionszuschreibungen abgekoppelt erscheint.

Ebenso ist das Merkmal der Interdisziplinarität im Rahmen der Projektorganisation von zentraler Bedeutung, denn zur Lösung von komplexen Projektaufgaben werden die Mitglieder der entsprechenden Projektteams im Regelfall aus unterschiedlichen Unternehmensbereichen, Fachgebieten und auch Hierarchieebenen rekrutiert. Dementsprechend handelt es sich – je nach Art des Projektvorhabens – entweder um in Bezug auf vorhandene Qualifikationen und Professionen heterogen zusammengesetzte Gruppen oder aber um versierte SpezialistInnen und hochgradige ExpertInnen, die vonseiten der Projektleitung einer Koordinierung und ebenso einer Integration in das Projekt bedürfen (vgl. Lehmkuhl 2018, S. 44).

Auch wenn eine Priorisierung der zuvor beschriebenen Besonderheiten von Projektführungs- und -leitungsaufgaben kaum möglich erscheint, so ist es doch unumstritten, dass insbesondere die Expertenführung als eine der größten Herausforderungen von projektorganisiertem Arbeiten gilt. Doch inwiefern unterscheidet sich die Expertenführung von anderen Führungsaufgaben?

Herausforderungen der Expertenführung
Das Aufeinandertreffen von ExpertInnen aus unterschiedlichen Fachbereichen ist für Projektvorhaben charakteristisch und dabei sowohl Herausforderung als auch Gelingensbedingung zugleich. Die problembezogene Einberufung von Personal mit besonderer Expertise erlaubt bei einer nahezu gänzlichen Entkopplung von sonstigen Organisationsstrukturen die Installation von vorübergehenden Ad-hoc-Strukturen, die vor dem Hintergrund der innovativen und komplexen Ausrichtung der anstehenden Aufgaben als passend gelten können (vgl. Lehmkuhl 2018, S. 72; Hobday 2000, S. 871; Besio 2009, S. 113). Folglich schließen sich Projektteams für einen gewissen Zeitraum zusammen und trennen sich im Nachgang wieder.

Die mit der Projektidee verbundene Tendenz zur Interdisziplinarität und Flexibilität bringt gewisse Besonderheiten mit sich: Die zeitlich limitierten Projektorganisationen werden nicht ohne Grund auch als *(temporäre) Expertenorganisationen* betitelt (vgl. Lehmkuhl 2018; Mintzberg 1979). Der maßgeblich von Mintzberg (1979) geprägte Begriff der Expertenorganisation umschreibt Organisationen, die zwar einen hohen Grad an Formalisierung aufweisen, sich dabei allerdings einer unmittelbaren Steuerung durch direkte, eng angebundene Leitungsorgane entziehen (vgl. Lehmkuhl 2018, S. 80; Röbken 2013, S. 6; Mintzberg 1979). Dieses Charakteristikum ist oftmals bei größeren Projektvorhaben zu konstatieren und wurde bereits im vorherigen Abschnitt angedeutet, denn aus formaler Perspektive werden zwar strukturierende Elemente durch das Einsetzen hierarchischer Instanzen (Projektleitungen, Projektkoordinationen etc.) und durch die Anordnungen von festen Zuständigkeiten und Verantwortungsbereichen im Rahmen von Arbeitspaketen etabliert, in der konkreten Umsetzung jedoch sehen sich derartige Struktur- und Hierarchieprinzipien mit der Herausforderung der Expertenführung konfrontiert. Letzteres ist ein durchaus ambitioniertes Unterfangen, denn das eigene Selbstverständnis von ExpertInnen steht sämtlichen Führungs- und Leitungsversuchen nahezu diametral entgegen. Die betroffenen Organisationen antworten darauf zumeist mit besonderen Formen von Führung, die Autonomie, Freiheits- und auch Machtbedürfnisse berücksichtigen und ein größeres Augenmerk auf die Motivation der verantwortlichen Beteiligten lenken.

Auch in Projektvorhaben wird so wenig wie möglich versucht, in die individuelle Autonomie der Verantwortlichen einzugreifen. Der Führungserfolg von (Projekt-)Leitungen scheint in Expertenkonstellationen maßgeblich davon abhängig zu sein, ob die gesetzten Projektziele akzeptiert und auch mit persönlichem Nachdruck verfolgt werden. Stark autoritär geprägte Führungsversuche stoßen expertenseitig auf Ablehnung und werden als Anmaßung empfunden, sodass sich in ebenjenen Kontexten eher Leitungsinstanzen durchsetzen können, die vergleichsweise restriktiv mit Blick auf existierende Vorgaben und Erwartungen umgehen.

Die Wahrnehmung von Führungs- und Leitungsaufgaben in Projektszenarien lässt sich demnach in einigen Situationen mit den Anforderungen von Führungsaufgaben in Stammorganisationen vergleichen; in vielerlei Hinsicht allerdings existieren größere Unterschiede, die sich sowohl auf die Projektspezifika (teilweise oder auch stärkere Entkopplung) als auch auf die interdisziplinäre Zusammenstellung von Projektteams (ExpertInnen und Expertenkommunikation) zurückführen lassen. Es erscheint essenziell, ein Bewusstsein für diese verschärften Besonderheiten zu entwickeln, um den damit einhergehenden Anforderungen der ExpertInnenführung adäquat begegnen zu können.

▶ **Kurz gefasst: ExpertInnen in Projekten weisen besonders spezialisierte Eignungsprofile auf und neigen zu relativ klaren Vorstellungen über die Art und Weise der Einbringung und Durchsetzung ihrer Kompetenzen. Das Aufeinandertreffen von ExpertInnen aus unterschiedlichen Fachbereichen ist für Projektvorhaben charakteristisch und bedarf besonderer Führungsqualitäten, die eine Ausbalancierung der verschiedenen starken Ansprüche bzw. Persönlichkeitsausprägungen sicherstellen.**

6.7 Fazit

Das Personalmanagement im Projektgeschäft erfordert eine Anpassung an typische Restriktionen oder immerhin die spezifischen Umstände dieser Arbeitsform. Dies betrifft insbesondere personelle und zeitliche Faktoren. Mit einer konstanten Verfügbarkeit geeigneter, eingewiesener und umsetzungsstarker MitarbeiterInnen steht und fällt der Erfolg eines Projekts. Gleiches gilt für die Projektleitungen, die einiges an Motivation und Koordination im Blick behalten und sich ggf. auf unterschiedliche ExpertInnen und deren Sichtweisen und Auffassungen einstellen müssen.

Zu berücksichtigen ist, dass ProjektmitarbeiterInnen den ProjektleiterInnen häufig gar nicht disziplinarisch unterstellt sind, wodurch sich eine besondere, zunächst womöglich ungewöhnliche Arbeitsbeziehung ergibt, die nicht auf Durchgriff allein fußen kann. Wer die Hierarchie betont, vergrault schnell die ExpertInnen, die aber umgekehrt sich auch freiwillig in eine gewisse Ordnung fügen müssen. Es liegt auf der Hand, dass interpersonelle Respekt- und Distanzbekundungen vonnöten sind, sollen vergleichbar hoch qualifizierte ExpertInnen über eine bestimmte Zeit kooperativ zielführend ihre Arbeit verrichten.

Natürlich sind nicht alle Mitglieder eines Projekts ExpertInnen i. e. S., sondern nehmen auch administrativ stützende und assistierende Projektfunktionen wahr. Für diese Personengruppe unterscheidet sich die Einbindung häufig nicht so sehr von der Regelorganisation. Allerdings müssen sich SachbearbeiterInnen in Projektaufgaben natürlich mit der hohen Geschwindigkeit und den wechselnden Anforderungen zurechtfinden. Dafür lassen sich bei Weitem nicht in allen Organisationen leicht die passenden Personen finden. Zuverlässig und schnell arbeitende ProjektassistentInnen, die sich in die Projektaufgabe und -verwaltung genau hineindenken können und ‚das Geschäft kennen', sind gefragte Leute und werden, so die Erfahrung, am liebsten von allen Projektteams gleichzeitig gebucht.

Die Projektabläufe sind immer wieder durch kurzfristige und auch kritische Personalfluktuationen geprägt, wodurch eine gewisse Unruhe und Unsicherheit hinsichtlich der Arbeitsqualität aufkommen kann. Im Team fehlt es oft an der nötigen Zeit des gemeinsamen Einarbeitens und Kennenlernens – ein Umstand, der sich eher selten in der Planung von Projektaufträgen abbildet, nach unseren Erfahrungswerten im AutorInnenteam aber inzwischen etwas mehr Beachtung findet. Immer liegt es auch an den Ressourcen, wie viel kognitive und emotionale Kapazität noch vorhanden ist, eine ‚Kümmererfunktion' in der Projektleitung zu übernehmen. Diese Tätigkeit wird von den Firmenleitungen oft gar nicht besonders gewürdigt, da sie überhaupt kaum sichtbar ist. Man erntet noch keine Lorbeeren, nur weil man als ChefIn besonders einfühlsam daher kommt. Es muss sich auch in hohem Output einer Einheit bemerkbar machen.

Im Rahmen von Personalentwicklung bzw. Weiterqualifizierung im Projektmanagement bieten sich EinsteigerInnen Möglichkeiten der praktischen und theoretischen Verknüpfung anhand von Einführungs- und Weiterbildungsprogrammen, wie sie teils in der Organisation, teils extern durch bestimmte Einrichtungen angeboten werden. Zertifikate ersetzen praktische Kenntnisse nicht, erlauben aber den erstmaligen Eintritt in die Projektarbeit und die Übernahme erster kleinerer Verantwortungsbereiche. Aufbauende Qualifizierungen umfassen spezifische Schulungen, wie sie – infolge der großen Verbreitung des Projektmanagements – inzwischen vielfältig angeboten werden. Welche Weiterbildung sich als geeignet darstellt, kann nur von den Interessierten und ihrer Organisation entschieden werden – Branchen- und Fachspezifika stehen im Mittelpunkt, je nachdem, ob es sich um technische oder kaufmännische Projekte handelt oder solche, die sich auf die Organisation insgesamt, ihre Kultur, die Verhaltensweisen der MitarbeiterInnen oder Fragen der organisatorischen Veränderung beziehen.

Personen in Organisationen stehen, mehr oder weniger ausgeprägt, auch in engeren persönlich-beruflichen Beziehungen, die häufig mit dienstlichen Erwägungen und Vorteilserwartungen verknüpft sein können – sie bilden insofern zwischenmenschliche Netzwerke. Im nachfolgenden Kapitel geht es um das Thema der Netzwerkbildung insbesondere im projektorganisatorischen Kontext. Was zeichnet stabile Beziehungen aus und wie können soziale Vorteile zwischen AkteurInnen entstehen und die personellen Verhaltensweisen dahingehend raffiniert werden? Hierüber informiert Heinke Röbken in ihrem Kapitel *Soziale Netzwerkanalyse und ihr Beitrag in der Projektarbeit*.

Fragen zur Festigung und Vertiefung

1. *Welche spezifischen Herausforderungen ergeben sich in der projektierten Personalarbeit?*
2. *Unterscheiden Sie Vor- und Nachteile der internen und externen Personalauswahl für Projekte.*
3. *Welche Maßnahmen der Personalentwicklung können in Projekten angewandt werden?*
4. *Inwiefern bedürfen ExpertInnen in Projekten einer besonderen Führung?*
5. *Identifizieren Sie die aus Ihrer Sicht wichtigen Faktoren für die Personalarbeit Ihrer eigenen Projekte oder Ihrer projektähnlichen Aktivitäten, bisheriger oder derzeitiger. Welche Aspekte bzw. Abschnitte aus diesem Kapitel sind im Hinblick auf Ihre Projektfälle besonders charakteristisch bzw. vordringlich?*

Literatur

Akkermans J, Keegan A, Huemann M, Ringhofer C (2019) Crafting project managers' careers: integrating the fields of careers and project management. Proj Manag J 51(2):S 135–153

Bea FX, Scheurer S, Hesselmann S (2008) Projektmanagement. Lucius & Lucius, Stuttgart

Becker FG (2019) Akademisches Personalmanagement. Band 1: Grundlagen des Personalmanagements. Waxmann, Münster

Becker M (2013) Personalentwicklung. Bildung, Förderung und Organisationsentwicklung in Theorie und Praxis, 6. Aufl. Schäffer-Poeschel, Stuttgart

Berthel J, Becker FG (2017) Personal-Management. Grundzüge für Konzeptionen betrieblicher Personalarbeit, 11. Aufl. Schäffer-Poeschel, Stuttgart

Besio C (2009) Forschungsprojekte. Zum Organisationswandel in der Wissenschaft. transcript, Bielefeld

Böck R, Reiff G (2003) Projektmanagement – Entscheidungen über Führungsinstrumente. In: Bernecker M, Eckrich K (Hrsg) Handbuch Projektmanagement. Oldenbourg, München, S 159–193

Bredin K, Söderlund J (2013) Project managers and career models: an exploratory comparative study. Int J Proj Manag 31(6):889–902

Breisig T (2005) Personal. Eine Einführung aus arbeitspolitischer Perspektive. Verlag Neue Wirtschafts-Briefe GmbH & Co. KG, Herne/Berlin

Hobday M (2000) The project-based organisation: an ideal form for managing complex products and systems? Research Policy 29(7/8):871–893

Hochschulkompass (2021) https://www.hochschulkompass.de/studium/studiengangsuche/erweiterte-studiengangsuche. Zugegriffen am 02.05.2021

Huf S (2020) Personalmanagement. Springer Gabler, Wiesbaden, S 87–105

Kanning UP (2004) Standards der Personaldiagnostik. Hogrefe, Göttingen

Kanning UP (2015) Sichtung von Bewerbungsunterlagen. In: Peus C, Braun S, Hentschel T, Frey D (Hrsg) Personalauswahl in der Wissenschaft – Evidenzbasierte Methoden und Tools. Springer, Berlin, S 83–101

Kühl S (2011) Organisationen. Eine sehr kurze Einführung. Springer VS, Wiesbaden

Kühl S (2014) Organisationssoziologie. In: Endruweit G, Trommsdorff G, Burzan N (Hrsg) Wörterbuch der Soziologie, 3. Aufl. UVK Verlag, Konstanz/München, S 343–347

Kuster J, Huber E, Lippmann R, Schmid A, Schneider E, Witschi U, Wüst R (2006) Handbuch Projektmanagement. Springer, Berlin

Lehmkuhl P (2018) Die temporäre Expertenorganisation. Voraussetzungen, Gelingensbedingungen und Hemmnisfaktoren von Projekten im Bereich Studium und Lehre an deutschen Hochschulen. Logos, Berlin

Madter N, Bower DA, Aritua B (2012) Projects and personalities: a framework for individualising project management career development in the construction industry. Int J Proj Manag 30(3):273–281

Mintzberg H (1979) The structuring of organizations – a synthesis of the research. Pearson Education/Prentice-Hall, Englewood Cliffs

Oechser WA, Paul C (2015) Personal und Arbeit. Einführung in das Personalmanagement. 10. Auflage. De Gruyter, Berlin

Röbken H (2013) Organisationen managen. Theoretische Grundlagen. Studienbrief des Moduls „Organisationen managen – Schule leiten" des Weiterbildungsstudiengangs „Schulmanagement und Qualitätsentwicklung" (Master of Arts). Christian-Albrechts-Universität zu Kiel, Kiel

Schröder JP, Diekow S (2006) Wie Sie Projekte zum Erfolg führen. Cornelsen, Berlin

Schuler H (2014) Biografieorientierte Verfahren der Personalauswahl. In: Schuler H, Kanning UP (Hrsg) Lehrbuch der Personalpsychologie, 3. Aufl. Hogrefe, Göttingen, S 93–133

Schütz M, Röbken H (2020) Projekt- und Abschlussarbeiten in Organisationen Eine betriebliche Arbeit verfassen für Bachelor, Master und Praktikum, 2. Aufl. Springer Gabler, Wiesbaden

Spalink H (2001) Führung als zentrale Steuerungsfunktion im Projektmanagement. In: Steinle C, Bruch H, Lawa D (Hrsg) Projektmanagement. Instrument effizienter Innovationen, 3. Aufl. FAZ-Verlag, Frankfurt am Main, S 206–218

Szinovatz A, Müller C (2012) Projektmanagement: Auftrag, Steuerung, Kommunikation und Risikomanagement. C. H. Beck, München

Tuckman BW (1965) Developmental sequence in small groups. Psychol Bull 63(6):384–399

7 Soziale Netzwerkanalyse und ihr Beitrag in der Projektarbeit

Heinke Röbken

Vermittlungsziele dieses Kapitels
- Sie können die soziale Netzwerkanalyse im Rahmen der Projektarbeit einordnen.
- Sie verfügen über ein Wissen hinsichtlich des Aufbaus, der Stärken und Entwicklung sozialer Beziehungen.
- Sie kennen zentrale Konzepte, mit denen soziale Vernetzungen theoretisch modelliert bzw. prognostiziert werden können.
- Sie erkennen den Nutzen von Netzwerkanalysen auch im gelegentlichen bzw. adaptierten Einsatz für die praktische Projektarbeit.

7.1 Zusammenfassung

Dieses Kapitel beleuchtet Projekte aus der Perspektive der Netzwerkforschung. Dazu wollen wir ausgewählte Theorien und empirische Befunde aus dem breiten Feld der sozialen Netzwerkanalyse einführen und mit zentralen Fragen des Projektmanagements verknüpfen. Projekte können idealtypisch selbst als soziales Netzwerk beschrieben werden, in dem AkteurInnen auf Vertrauensbasis Informationen, Wissen, Personal und andere Ressourcen austauschen, um gemeinsame Projektziele zu erreichen. Mit Netzwerken als spezifischer Koordinationsform lassen sich zudem typische Unsicherheiten bei der Anbahnung und Durchführung von Projekten, beim Umgang mit Stakeholdern oder bei zen-

H. Röbken (✉)
Carl von Ossietzky Universität, Oldenburg, Deutschland
E-Mail: heinke.roebken@uni-oldenburg.de

tralen Fragen der Personalrekrutierung überwinden. In diesem Kapitel werden gängige Netzwerkkonzepte sowie netzwerktheoretische Ansätze im Kontext der Projektarbeit diskutiert. Manche Konzepte erscheinen möglicherweise etwas sehr theoretisch und nur lose mit klassischen Herausforderungen des Projektmanagements verbunden; dennoch bieten gerade die analytischen Errungenschaften der Netzwerkforschung viel Raum für eine Neuinterpretation klassischer Handlungsfelder in der Projektarbeit.

7.2 Besonderheiten von Netzwerken

In den vorherigen Kapiteln wurden bereits zahlreiche Strukturen angesprochen, die mitunter eine netzwerkartige Prägung aufweisen können – ob beim Austausch von Methodenkönnen und Wissen, der Entwicklung von Innovationen, in personellen Strukturen bzw. kollegialen Verbindungen und beruflichen Kontakten. Solche Netzwerke haben dann einen mehr oder weniger (in)formalen Charakter, sie können auch die sog. Organisationskultur bzw. jeweilige Projektkulturen, wie sie bereits diskutiert wurden, zum Ausdruck bringen. Netzwerke lassen sich in der sozialen Welt einfach (fast) überall finden – im Straßenverkehr, in ökonomischen Handelsbeziehungen, in persönlichen Freundschafts- und Verwandtschaftsbindungen oder eben innerhalb und zwischen Projekten. Allgemein betrachtet lässt sich ein Netzwerk als eine Konstellation definieren, in der AkteurInnen miteinander über Beziehungen verbunden sind (Kilduff und Tsai 2003, S. 12). Projekte können entweder selbst als Netzwerk interpretiert werden (fokales Projekt) oder aber sie sind Bestandteil bzw. AkteurIn innerhalb eines Netzwerkes von Projekten (Projekt-Netzwerk). AkteurInnen innerhalb eines fokalen Projekts können z. B. ProjektleiterInnen oder ProjektmitarbeiterInnen sein, die über die Mitgliedschaft in einem Projekt miteinander in Austausch treten. AkteurInnen im Projekt-Netzwerk sind die einzelnen Projekte, die über diverse temporäre Austauschbeziehungen übergeordnete Projektziele zu erreichen versuchen. Mit Bezug auf die Studie von Hellgreen und Stjernberg (1995) definieren DeFillippi und Sydow (2016, S. 7) Projekt-Netzwerke anhand von drei Merkmalen:

1) Das Projekt-Netzwerk ist ein Beziehungsgeflecht, in dem die einzelnen Projekte weitestgehend gleichberechtigt agieren und kein Projekt einem oder mehreren anderen Projekten hierarchisch übergeordnet ist.
2) Das Projekt-Netzwerk zeichnet sich durch eine weitgehende Offenheit aus, weil es keine spezifizierten Regeln und Kriterien gibt, mit denen der Ein- und Austritt in das Netzwerk kontrolliert werden kann.
3) Das Projekt-Netzwerk ist zeitlich limitiert, unterliegt einem dynamischen Wandel und kann in abgewandelter Form für zukünftige Projekte rekonstruiert werden.

Im Vergleich zu klassischen, bürokratischen Organisationen zeichnen sich Netzwerke durch lockere Beziehungen zwischen autonomen, aber zugleich interdependenten AkteurInnen (z. B. Personen, Organisationen, Staaten) aus, die über reziproke Austauschbeziehungen miteinander verbunden sind. Der Kitt, der Netzwerke zusammenhält, ist ‚Vertrauen' sowie eine geteilte Auffassung darüber, dass gemeinsame Ziele erreicht werden sollen und sich Geben und Nehmen unter den AkteurInnen weitgehend die Waage halten (vgl. Rürup et al. 2015, S. 70).

▶ **Kurz gefasst: Netzwerke zeichnen sich durch gelockerte Beziehungen von weitgehend autonomen, aber zueinander im Austausch- und Wechselverhältnis stehenden AkteurInnen aus. Maßgeblich ist in Netzwerken der Bestand von Vertrauen, der den Beteiligen ein Geben und Nehmen ermöglicht.**

Netzwerke gelten als dynamischer, flexibler und kostengünstiger als bürokratische Organisationen, da i. d. R. weniger Abstimmungs- und Koordinationskosten anfallen. Sie können zudem helfen, Unsicherheiten zu überbrücken, die über rein marktbezogene Transaktionen zwischen anonymen AnbieterInnen und NachfragerInnen auf freien Märkten zu erwarten wären. Die Rekrutierung eines neuen Projektpartners über einen Wettbewerbsmarkt ist i. d. R. mit höheren Unsicherheiten verbunden als die Gewinnung von Partnern über persönliche Netzwerke. Schließlich kennen sich die Netzwerkpartner direkt – oder zumindest indirekt über gemeinsame Kontakte. Die Annahme ist folgende: Wer Teil eines Netzwerkes ist, weist bestimmte Ähnlichkeiten auf und genießt daher einen Vertrauensvorschuss. Insbesondere dort, wo Leistungen und Gegenleitungen nicht genau messbar sind und hierarchische Beziehungen suboptimal wären (z. B. in risikoreichen Innovationsprojekten mit ungewissem Output), können Netzwerke eine wirkungsvolle Koordinationsform und damit eine Alternative zu bürokratischen Organisationen und anonymen Märkten darstellen (Granovetter 1985). Zentrale Vergleichsmerkmale zwischen Organisation, Projekt und Netzwerk sind in Tab. 7.1 zusammengefasst.

Im Gegensatz zur technisch-instrumentellen Projektperspektive (vgl. Kap. 3) lenkt der Netzwerkansatz den Fokus auf die soziale Interaktion zwischen ProjektakteurInnen, die kontinuierlich Wissen, Informationen, ökonomische Ressourcen u. Ä. austauschen, um den kollektiven Projekterfolg zu fördern (Chinowsky et al. 2008, S. 804; Ruan et al. 2013). Nicht einzelne Erfolgsfaktoren (z. B. klare Projektplanung, Zeitmanagement, Kostenmanagement oder Agiles Projektmanagement) determinieren in dieser Perspektive den Projekterfolg, sondern insbesondere die emergente Beziehungsstruktur und Beziehungsqualität zwischen den Projektbeteiligten. In der Projektmanagementliteratur hat der Netzwerkansatz seit gut 15 Jahren Einzug gehalten, und es liegen mittlerweile einige theoretische Arbeiten sowie empirische Befunde vor, die für eine relationale Betrachtung von Projekten fruchtbar gemacht werden können (vgl. z. B. Pryke 2004; Chinowsky et al. 2008; Han und Hovav 2013).

Tab. 7.1 Netzwerk, Organisation und Projekt im Vergleich. (Quelle: orientiert an Pohlmann und Markova 2012, S. 34)

	Netzwerk	Organisation	Projekt
Mitgliedschaft	freier Ein- und/oder Austritt	geregelter Ein- und Austritt über formale Verträge	geregelter Ein- und Austritt über formale Verträge
Hierarchieebenen	i. d. R. keine Hierarchie	Hierarchie	flache Hierarchie
Dauer	u. U. nur temporärer Bestand	Beständigkeit	temporärer Bestand
Koordinationsmechanismus	Vertrauen/informelle Normen der Wechselseitigkeit	Organisationsstrukturen/formalisierte Normen der Wechselseitigkeit	Projektstrukturen/formalisierte Normen der Wechselseitigkeit

▶ **Kurz gefasst: Projekt-Netzwerke stellen Beziehungsgeflechte aus einzelnen Projekten dar, die überwiegend gleichberechtigt eingebunden sind, mit einer Offenheit hinsichtlich Regeln und Kriterien einhergehen, zeitlich limitiert und dynamisch organisiert sind.**

7.3 Konzepte der sozialen Netzwerkanalyse

Die soziale Netzwerkanalyse arrangiert im Gegensatz zu klassischen empirischen Analysen die Rohdaten in einer quadratischen Matrix. Die Zeilen und Spalten enthalten die Fälle (Netzwerkakteure) in jeweils der gleichen Reihenfolge. Demzufolge enthält jede Zelle innerhalb der Matrix eine Information über die Art der Beziehung zwischen zwei AkteurInnen. Als Beispiel soll eine Matrix dienen, in der verschiedene Projekte über Informationsflüsse miteinander in Beziehung stehen (s. Tab. 7.2). Ein vorhandener Informationsaustausch zwischen zwei Projekten lässt sich bspw. mit einer 1 und ein nicht vorhandener Informationsaustausch mit einer 0 in der Matrix abbilden. In der Zeile werden i. d. R. die Beziehungen des Senders eingetragen, in den Spalten die des Empfängers. Handelt es sich um sog. gerichtete Beziehungen, lässt sich die Matrix über die Diagonale nicht spiegeln, d. h. Projekt 2 leitet Informationen an Projekt 1 – aber nicht umgekehrt. Anders gestalten sich ungerichtete Beziehungen: hier ist die resultierende Matrix immer symmetrisch, und die Matrix lässt sich über die schwarz markierte Diagonale spiegeln. Wird bspw. die oben gezeigte Beziehungsmatrix über ‚Kommunikation' operationalisiert, handelt es sich um ein ungerichtetes Netzwerk. Wenn Projekt 1 mit Projekt 2 kommuniziert, gilt dies auch umgekehrt. Auf der Diagonalen der Beziehungsmatrix (schwarze Felder) stehen die Beziehungen der AkteurInnen zu sich selbst, die in den meisten Fällen keine praktische Relevanz haben (vgl. Rürup et al. 2015, S. 20–21).

Tab. 7.2 Typische Datenstruktur einer Netzwerkanalyse (Matrix). (Quelle: orientiert an Rürup et al. 2015, S. 21)

	Projekt 1	Projekt 2	Projekt 3	Projekt 4	Projekt ...
Projekt 1		0	0	0	...
Projekt 2	1		1	0	...
Projekt 3	1	0		1	...
Projekt 4	0	1	0		...
Projekt ...	...	...	...	...	

Informationsempfang (Indegree)

Informationsentsendung (Outdegree)

Zudem lassen sich dichotome und gewichtete Beziehungen unterscheiden. Während bei dichotomen Daten lediglich zwischen vorhandener und nicht vorhandener Beziehung differenziert wird (1 bzw. 0), enthalten gewichtete Beziehungen auch Informationen über die Beziehungsintensität. So ließe sich in Tab. 7.3 auch die Beziehungsstärke integrieren, indem z. B. die Häufigkeit des Informationsaustausches im Rahmen eines Projekts beziffert wird. Ein Beispiel für gewichtete Austauschbeziehungen in einem Bauprojekt zwischen verschiedenen Projektbeteiligten findet sich in Tab. 7.3.

▶ **Kurz gefasst: Die soziale Netzwerkanalyse untersucht die Beziehungsstruktur von AkteurInnen und die darin stattfindenden Informationsflüsse. Unterschieden werden gerichtete und unterrichtete sowie dichotome und gewichtete Beziehungen.**

Die Matrizen lassen sich grafisch in sog. Soziogrammen abbilden (vgl. Abb. 7.1). Während sich kleinere Projektarrangements mit einem überschaubaren Beziehungsgeflecht noch gut per Hand zeichnen lassen, werden komplexere Netzwerkstrukturen mit Hilfe von Software-Programmen visualisiert, wie etwa UCINET, Pajek oder Network Maps.

Aus der Abb. 7.1 können einige interessante Erkenntnisse über die Beziehungen innerhalb eines Verbundprojektes gewonnen werden. Es lässt sich z. B. erkennen, welche Projekte ähnliche Positionen einnehmen, wie dicht das Beziehungsgeflecht ist, wer mit wem im Austausch steht, welche Projekte besonders zentral („prominent") sind, über viel soziales Kapital verfügen und kontextuell gut eingebettet sind (sog. embeddedness). All diese strukturellen Merkmale von Netzwerken sind für die soziale Netzwerkanalyse von besonderem Interesse und wurden in jüngerer Zeit auch vom Projektmanagementdiskurs aufgegriffen (vgl. z. B. Bartsch et al. 2013; Shazi et al. 2015). In diesen Beiträgen rücken die klassischen Erfolgsfaktoren des Projektmanagements in den Hintergrund; vielmehr wird der Blick auf die Einbettung von Projekten in Beziehungsstrukturen und die daraus resultierenden strukturellen Positionen gelenkt, die den Projekten und den in ihr tätigen AkteurInnen gewisse Handlungsspielräume, Ressourcenzugriffe und Macht ermöglichen – oder auch verwehren – können.

Tab. 7.3 Austauschbeziehungen in einem Bauprojekt. (Quelle: Mead 2001, S. 36 Eigene Darstellung)

Kommunikationsfrequenz	Projektmanager	Projektingenieur	Projektaufsicht	Stellv. Projektaufsicht	Eigentümer	Architekt	Statiker	Summe
Projektmanager	0	4	4	3	2	2	2	17
Projektingenieur	3	0	4	4	2	2	2	18
Projektaufsicht	0	4	0	4	2	4	2	20
Stellv. Projektaufsicht	3	4	4	0	2	2	1	16
Eigentümer	2	2	2	2	0	3	0	11
Architekt	2	2	4	2	3	0	3	16
Statiker	2	2	2	1	0	3	0	10
Summe	17	18	20	16	11	16	10	-

4: Mehrmals am Tag; 3: täglich; 2: wöchentlich; 1: alle 2 Wochen; 0: gar keine Kommunikation

7 Soziale Netzwerkanalyse und ihr Beitrag in der Projektarbeit

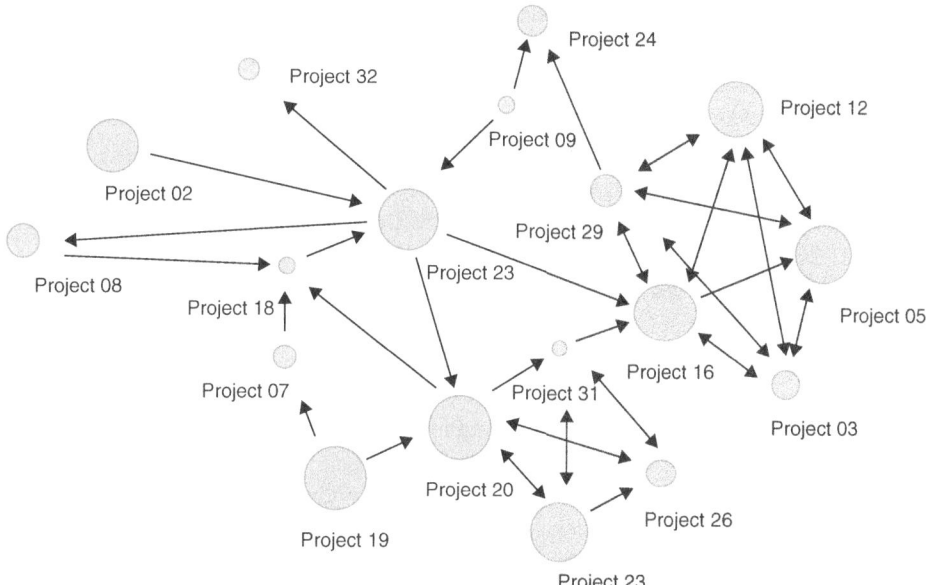

Abb. 7.1 Beispiel für visualisierte Kommunikationsbeziehungen in einem Projekt-Netzwerk. (Quelle: orientiert an Killen und Kjaer 2012, S. 559). Eigene Darstellung

In der sozialen Netzwerkanalyse hat sich eine Vielzahl von Konzepten etabliert, mit denen die Beziehungsstruktur formal beschrieben und mathematisch erfasst werden kann. Ein bereits genanntes Konzept ist die Beziehungsstärke, die die Intensität der Beziehungen zwischen AkteurInnen bezeichnet. Im Projektmanagement spiegeln sich Beziehungsintensitäten bspw. in der Häufigkeit des Informationsaustausches oder im Ausmaß des Ressourcentransfers innerhalb und zwischen Projekten wider (vgl. Jansen 2006, S. 59). Teammitglieder eines Projekts, die täglich mehrfach miteinander kommunizieren oder andere Ressourcen tauschen, weisen eine hohe Beziehungsstärke auf.

Neben der Beziehungsstärke ist die Netzwerkdichte ein wichtiges Indiz für die Beschaffenheit von Netzwerken. Die Dichte gibt an, wie viele Beziehungen zwischen den AkteurInnen im Vergleich zu der maximal möglichen Anzahl von Beziehungen innerhalb eines Netzwerkes tatsächlich realisiert werden. Die Dichte wird mit einem Wert zwischen 0 und 1 erfasst; je näher der Wert bei 1 liegt, desto höher ist die Beziehungsdichte in einem Netzwerk. Für das Projektmanagement bedeutet eine hohe Netzwerkdichte, dass über intensive und vielfältige Austauschbeziehungen innerhalb eines Projekts Informationen und Wissen besser diffundieren kann und damit Lernprozesse angeregt werden können (vgl. Di Vincenzo und Mascia 2012). Die Projektmitglieder werden über dichte Austauschbeziehungen zudem früher an Informationen gelangen als AkteurInnen, die nur schwach oder sporadisch mit anderen verbunden sind. Die Dichte gilt daher als wichtiger Indikator für die Funktionsweise von Netzwerken.

Eine der bekanntesten Maßzahlen für Netzwerkanalysen ist die Zentralität, die wiederum verschiedene Typen umfasst. Allgemein betrachtet besitzen die Mitglieder eines Netzwerkes unterschiedliche Positionen, die mehr oder minder zentral im Netzwerk platziert sein können. AkteurInnen, die viele Beziehungen auf sich vereinen, gelten als zentral, während AkteurInnen mit wenigen Beziehungen eine periphere Rolle in einem Netzwerk einnehmen. Im Extremfall ist ein Akteur sogar vollständig isoliert, wenn er gar keine Beziehungen im Netzwerk realisieren kann (sog. isolate). Die Anzahl der Beziehungen eines Akteurs innerhalb eines Netzwerkes wird mit ‚Degree' (Grad) bezeichnet und ist die einfachste Möglichkeit, Zentralität zu erfassen. AkteurInnen, die über viele Beziehungen zu anderen verfügen, die ihrerseits auch in viele Beziehungen eingebettet sind, sind besonders zentral (sog. gewichteter Bonacich-Eigenvector). Zentrale AkteurInnen in einem Projekt verfügen i. d. R. über mehr Macht – sie erhalten früher Informationen und können über ihre höhere Sichtbarkeit positive Reputationseffekte und Aufmerksamkeit erzielen. Die Macht eines zentralen Akteurs liegt u. a. darin begründet, dass mit dieser Position mehr Wahlmöglichkeiten assoziiert sind, die strategisch genutzt werden können. Netzwerke mit einigen wenigen zentralen AkteurInnen sind zudem positiv mit schnelleren Entscheidungsprozessen innerhalb von Projekten (Wen et al. 2018) und leichterer Projektkoordination (Hossain und Wu 2009) assoziiert.

Zentralität kann auch bedeuten, dass AkteurInnen näher an anderen NetzwerkakteurInnen liegen, was Vorteile bei der Schnelligkeit des Ressourcenaustausches mit sich bringen kann (sog. Closeness-Zentralität). Ein Akteur in Randlage eines Netzwerkes erfährt womöglich erst spät über neue Projektentwicklungen und kann dann nur mit Verzögerung reagieren. Schließlich gibt es Netzwerkpositionen, die als Gatekeeper beschrieben werden können. Ein Akteur, der zwischen anderen AkteurInnen liegt, die sonst nicht direkt verbunden sind, verfügt über eine sog. Gatekeeper-Funktion. In Abb. 7.2 nimmt Projekt 11 die Position eines Gatekeepers ein, weil es sich in einer Mittlerrolle zwischen Projekt 31 und Projekt 28 befindet. Das verleiht Projekt 11 den Status eines ‚Brokers', der für seine Überbrückungsfunktion eine Gegenleistung verlangen kann. Diese Machtposition resultiert aus der Tatsache, zwischen anderen AkteurInnen positioniert zu sein, woraus eine hohe sog. Betweenness-Zentralität resultiert. Alle Zentralitätsmaße lassen sich mit gängiger Netzwerk-Software (z. B. UCInet) berechnen und visualisieren (vgl. dazu ausführlicher Borgatti et al. 2018). Die wichtigsten Zentralitätsmaße sind in Tab. 7.4 zusammengefasst.

Grafisch sind die vier Zentralitätsmaße (Degree, Eigenvector, Closeness und Betweenness) in Abb. 7.2 dargestellt. Als Beispiel dienen die Kommunikationsgewohnheiten zwischen den MitarbeiterInnen in zwei Projektteams, die nur über eine Person miteinander verbunden sind. Diese Position hat die höchste Betweenness-Zentralität und wird als Broker bezeichnet. Über sie laufen alle Kommunikationsströme zwischen den beiden Netzwerken, wodurch ihr eine besondere Machtposition zugeschrieben werden kann. Am häufigsten ist der Akteur mit der höchsten Degree- und Eigenvektor-Zentralität in Kommunikation eingebunden, weil er die meisten Kontakte auf sich vereint. Der Akteur mit der höchsten Closeness-Zentralität muss die wenigsten Pfade zu den Projektmit-

7 Soziale Netzwerkanalyse und ihr Beitrag in der Projektarbeit

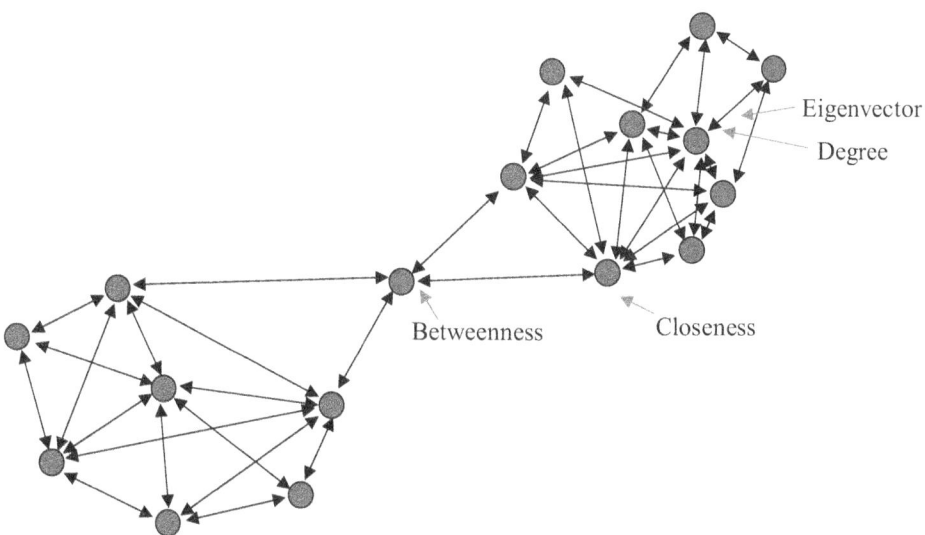

Abb. 7.2 Visualisierte Zentralitätsmaße. Eigene Darstellung

Tab. 7.4 Zentralitätsmaße. Eigene Darstellung

Zentralitätsmaß	Definition	Implikation für Projekte
Degree (Grad)	Misst die absolute Anzahl der Verbindungen eines Akteurs innerhalb eines Netzwerkes.	ProjektakteurInnen mit vielen direkten Verbindungen erhalten leichter Ressourcen, Wissen, Informationen, Aufmerksamkeit etc.
Bonacich-Eigenvektor	Es wird nicht nur die Anzahl der Kontakte eines Akteurs erfasst, sondern auch die Qualität der Kontakte zu den PartnerInnen.	Ist ein Projektakteur mit vielen anderen AkteurInnen verbunden, die ihrerseits auch über viele Kontakte verfügen, steigen die Einflussmöglichkeiten weiter.
Closeness (Nähe)	Misst, wie nah ein Akteur mit anderen verbunden ist – je kürzer die Distanz (d. h. die Anzahl der Pfade zwischen zwei AkteurInnen), desto höher die Nähe-Zentralität.	Wenn es in Projekten um Geschwindigkeit geht, wie etwa beim Austausch von Neuigkeiten oder die Einführung einer Innovation, kann das Nähe-Maß von besonderer Bedeutung sein. Wer zuerst informiert wird, hat strategische Vorteile.
Betweenness	Misst, wie häufig ein Akteur zwischen anderen AkteurInnen liegt.	Misst den Grad der Abhängigkeit der ProjektpartnerInnen untereinander; können die ProjektakteurInnen z. B. nur über einen Akteur (A) andere ProjektpartnerInnen erreichen, weil sie über keine direkten Beziehungen verfügen, liegt eine hohe Abhängigkeit bzw. Betweenness-Zentralität vor.

gliedern überbrücken und liegt daher am nächsten an allen anderen NetzwerkakteurInnen; er ist dürfte besonders frühzeitig Neuigkeiten erfahren.

Anwendungsbeispiel: Stakeholderanalyse
Die Netzwerkperspektive gewinnt besondere Relevanz für das Management von Stakeholderbeziehungen in Projekten. Stakeholder umfassen alle wichtigen internen sowie externen Personen, die von dem Projekt gegenwärtig oder in Zukunft betroffen sind (vgl. Bourne 2009). Projekte sind i. d. R. eingebettet in ein komplexes Interessengefüge unterschiedlichster Anspruchsgruppen wie etwa KundInnen, ProjektmitarbeiterInnen, Linienmanagement, Investoren, andere Projekte, Staat, Verbände etc. Eine Analyse der Stakeholderbeziehungen und ihrer Erwartungen kann wichtige Erkenntnisse dazu liefern, welche Gruppen das Projekt fördern bzw. negativ beeinflussen könnten oder sich neutral dazu verhalten. Mit diesem Wissen lässt sich sowohl die Projektplanung als auch die Projektumsetzung vorausschauender gestalten und positiv beeinflussen. Gleichwohl werden viele Stakeholder-Analysen eher oberflächlich und ohne wissenschaftliche Methoden durchgeführt (Lienert et al. 2013). Mithilfe der Methoden der formalen Netzwerkanalyse lassen sich indes systematischere wie auch tiefergehende Analysen durchführen, die insbesondere für Großprojekte relevant sind.

Ein aktives Netzwerkmanagement empfehlen z. B. Stakeholder-Studien im Rahmen von (Groß-)Projekten, die insbesondere in der Anbahnung und Durchführung von komplexen Vorhaben mit widersprüchlichen Erwartungen und kontroversen Auseinandersetzungen auf kommunaler Ebene konfrontiert sind. Teo und Loosemore (2017) konnten z. B. zeigen, dass mögliche Widerstände gegen Projekte seitens der Betroffenen im unmittelbaren Umfeld eine hohe Eigendynamik annehmen können, die ein frühzeitiges, proaktives Netzwerkmanagement erforderlich machen und zugleich eine Gelegenheit bieten, die kommunalen Interessen besser mit den Projektzielen in Einklang zu bringen. Die Methoden der sozialen Netzwerkanalyse (SNA) bieten vor diesem Hintergrund ein systematisches Instrumentarium zur Identifikation und Analyse von Stakeholdererwartungen, mit denen sich potenzielle Risiken und Unsicherheiten an der Schnittstelle zwischen Projekt und externem Beziehungsumfeld erkennen und in Entscheidungen einbeziehen lassen (Chung und Crawford 2016; Jensen et al. 2006; Chen und Chen 2011; Plokhov et al. 2016; Pryke 2004).

Lienert et al. (2013) haben im Rahmen eines großen Infrastrukturprojektes in der Schweizer Wasserwirtschaft die Methoden der formalen Netzwerkanalyse angewendet und konnten damit fundierte Erkenntnisse über die Beziehungsstrukturen innerhalb des Projekts sowie zwischen Projekt und einer Vielzahl externer Anspruchsgruppen identifizieren, die den weiteren Projektfortgang positiv beeinflussten. Dazu sind sie folgendermaßen vorgegangen:

- In einem ersten Schritt wurden relevante Stakeholder für das Infrastrukturprojekt identifiziert. Dazu befragten die ForscherInnen einerseits BehördenvertreterInnen der

lokalen, der kantonalen bis hin zur nationalen Ebene. Darüber hinaus wurden AkteurInnen aus verschiedenen Sektoren interviewt (Ingenieurpraxis, Verwaltung und Politik, Öffentlichkeit, Wissenschaft).
- Auf Basis des sog. Schneeballverfahrens wurden die Befragten gebeten, weitere wichtige AkteurInnen zu nennen, die für den weiteren Projektfortgang als wichtig erachtet wurden.
- In der Summe wurden in diesem Projekt 27 AkteurInnen zu folgenden Themen befragt: „Wer ist für die Planung einflussreich und von ihr betroffen, was sind seine Hauptinteressen? Wer interagiert mit wem und wie (Netzwerkanalyse für Kooperationsbeziehungen)? Was wird zusätzlich zur aktuellen Infrastrukturplanung benötigt, welche Barrieren behindern bzw. welche Ressourcen begünstigen eine gute Projektplanung? Welche Faktoren sind unsicher bis zum Jahr 2050?" (Lienert et al. 2013, S. 137)
- In der Summe nannten die 27 Befragten 66 Stakeholder, die nach den verschiedenen Ebenen kategorisiert wurden.

Mittels gängiger Netzwerkanalysetools (z. B. UCInet) konnten die Kooperationsbeziehungen, Interessenlagen, Entscheidungsstrukturen und Zentralitäten der einzelnen AkteurInnen analysiert und visualisiert sowie frühzeitig in die weitere Projektplanung integriert werden.

▶ **Kurz gefasst: Einen typischen Anwendungsfall stellt die Stakeholderanalyse dar. Hierbei werden Beziehungsquantitäten und -qualitäten hinsichtlich der internen und externen Akteure eines Projekts erfasst, die für dessen Verlauf als relevante Interessenträger eine Rolle spielen. Projekte sind üblicherweise in ein Interessengefüge unterschiedlicher Anspruchsgruppen eingebunden; dazu zählen KundInnen, MitarbeiterInnen, Staat, Branchenverbände etc.**

7.4 Soziales Kapital

Neben den o. g. strukturellen Merkmalen von Netzwerken lassen sich auch theoretische Konzepte mit der sozialen Netzwerkanalyse verknüpfen und für zentrale Fragen der Projektarbeit nutzen. Ein in der Literatur häufig diskutiertes Konzept ist das soziale Kapital von Projekten bzw. Projektmitgliedern. Knoke (1999, S. 18) definiert soziales Kapital als „process by which social actors create and mobilize their network connections within and between organizations to gain access to other social actors' resources". Nach Burt (1992, S. 9) umfasst soziales Kapital „friends, colleagues, and more general contacts through whom you receive opportunities to use your financial and human capital". Im Rahmen der Projektarbeit definieren Di Vincenzo und Mascia (2012, S. 7) projektbezogenes Soziales Kapital als „the overall web of interpersonal and inter-project relationships in which single project units are embedded, and through which important resources can be assessed". AkteurInnen, die über hohes soziales Kapital verfügen, können durch ihre Prominenz sogar noch leichter mehr soziales Kapital generieren – ein Effekt, der als sog. Matthäus-Effekt (‚Wer hat, dem wird gegeben') oder als Accumulative-Advantage-Effekt bezeichnet wird. Dieser selbstverstärkende Effekt wurde z. B. auch bei der Rekrutierung von Projektmitgliedern beobachtet. Hahn et al. (2006) konnten anhand eines Projektteams zur Entwicklung von Open-Source-Software zeigen, dass ein bereits vorhandenes umfangreiches Beziehungsnetzwerk die Wahrscheinlichkeit erhöht, noch weitere ProgrammiererInnen zur gemeinsamen Projektentwicklung zu gewinnen. Ebenso konnte gezeigt werden, dass das soziale Kapital eines Projektteams ein entscheidender Vorteil für organisationale Lernprozesse sein kann. In einer Studie über technische Großprojekte wurde nachgewiesen, dass die intraorganisationalen sozialen Beziehungen (‚soziales Kapital') zwischen ProjektmitarbeiterInnen und Linienorganisation potenzielle Probleme im Wissenstransfer (z. B. Mangel an Gelegenheiten, mangelnde Motivation, mangelnde Fähigkeiten) kompensieren konnten (vgl. Bartsch et al. 2013).

Soziales Kapital kann in unterschiedlicher Hinsicht für Projektbeziehungen operationalisiert werden. Zum einen ist es denkbar, homogene Beziehungsstrukturen zu pflegen, die einen starken Zusammenhalt und intensiven internen Austausch innerhalb des Projektteams fördern können. Insbesondere für projektinterne Lernprozesse und erfolgreiche Teamperformance erscheint es naheliegend, auf Ähnlichkeit und Vertrauen beruhende Kontakte zu pflegen. In der Netzwerksprache wird dazu der Begriff Kohäsion verwendet, der ausdrückt, wie eng die Beziehungsstrukturen z. B. innerhalb eines Projekts verknüpft sind: „A network can be defined as cohesive when members are strongly interconnected" (Di Vincenzo und Mascia 2012, S. 7). Typischerweise zeichnen sich Cliquen, Familien oder Clans durch hochkohäsive Beziehungsstrukturen aus, da sowohl private und berufliche Informationen als auch ökonomische und soziale Ressourcen miteinander geteilt werden. Ein enges, vertrauensvolles Netzwerk profitiert von kooperativem, gruppenkonformem Verhalten und ermöglicht vertrauensvollen, nicht wettbewerbsorientierten Austausch, der sich positiv auf projektinterne Austausch- und Lernprozesse auswirken kann.

Alternativ kann soziales Kapital auch heterogene, mit einem hohen Grad an Diversität verbundene Kontakte umfassen. Für ein Innovationsprojekt kann es sich als sinnvoll erweisen, möglichst unterschiedliche Wissensbestände und Informationsquellen innerhalb und außerhalb des Projekts anzuzapfen, um komplexe, neuartige Aufgabenstellungen bearbeiten zu können (vgl. Di Vincenzo und Mascia 2012, S. 7). Dies macht den Aufbau vielfältiger Beziehungen mit externen AkteurInnen erforderlich, von denen materielle wie auch immaterielle Ressourcen akquiriert werden können (vgl. dazu auch Han und Hovav 2013).

In ihrer Studie über den Einfluss von sozialem Kapital, Netzwerkkohäsion und Netzwerkdiversität auf den Projekterfolg untersuchen Di Vincenzo und Mascia (2012) 54 Bauprojekte mit einem soziometrischen Fragebogen, in dem umfangreiche Beziehungsdaten aller beteiligten AkteurInnen erfragt wurden. Ihre These war, dass für den Projekterfolg weder eine zu hohe Teamkohäsion noch eine zu hohe Teamdiversität sinnvoll sind. Die Begründung basiert auf der Annahme, dass für jedes Projekt einerseits Wissensgenerierung

(Akquise), andererseits aber auch Wissensverarbeitung (Lernen) geleistet werden muss. Um neue Wissensressourcen zu generieren, sind externe Netzwerkbeziehungen gefragt; um dieses Wissen wiederum verarbeiten zu können, ist ein gewisses Maß an Teamkohäsion förderlich. Die AutorInnen kommen zu dem Schluss, dass sowohl die Kohäsion der Netzwerkkontakte als auch die Diversität der NetzwerkpartnerInnen in einer u-förmigen, kurvenlinearen Beziehung zum Projekterfolg stehen. Das heißt, einerseits ermöglichen enge, vertrauensvolle Verbindungen unter den Projektbeteiligten die Wissensakquise und interne Lernprozesse; andererseits kann bei zu hoher Gruppenkohäsion die Wissensgenerierung beeinträchtigt werden, weil redundantes, weniger diversifiziertes Wissen ausgetauscht wird. Ebenso zeigen die AutorInnen, dass Netzwerkdiversität sehr wohl kreative Problemlösefähigkeiten fördern kann; ein zu hohes Maß an Netzwerkdiversität wirkt sich wiederum negativ auf die Projektleistung aus, weil die unterschiedlichen Wissensbestände nicht mehr angemessen von der Gruppe absorbiert werden können (vgl. Di Vincenzo und Mascia 2012). Bei heterogenen ProjektpartnerInnen ist es nach Pauget und Wald (2013) besonders wichtig, dass die beteiligten AkteurInnen neben klassischen (instrumentellen) Projektmanagement-Kompetenzen auch über sog. relationale (beziehungsbezogene) Kompetenzen verfügen, um proaktiv kooperative Strukturen in lose gekoppelten Projektverbünden zu entwickeln.

▶ **Kurz gefasst: Mit dem sozialen Kapital kann die Verbindung zwischen Akteuren verstanden werden, die ihnen Zugang zu Ressourcen gestattet bzw. erweiterte Gestaltungsmöglichkeiten verschafft.**

7.5 Die Stärke schwacher Beziehungen

Insbesondere Innovationsprojekte sind auf die Akquise und Verarbeitung von neuartigen Informationen und Wissensbeständen angewiesen. Eines der zentralen Forschungsfelder in den sozial- und wirtschaftswissenschaftlichen Diskursen ist die Frage, wie sich diese (und andere) Ressourcen über verschiedenste Formen von Austauschbeziehungen transferieren lassen (vgl. z. B. Rindfleisch und Moorman 2001). Nicht selten wird dazu auf die Theorie „Strength of weak ties" von Mark Granovetter (1982) verwiesen, um die Wirkungsweisen verschiedener Beziehungsstärken zu ergründen. In dieser Theorie differenziert Granovetter sog. starke und schwache Beziehungen, die den Ressourcenaustausch zwischen zwei und mehr AkteurInnen beeinflussen können. Seine Thesen beruhen auf einer viel zitierten experimentellen Studie zur Jobsuche von 300 Berufstätigen in der Region rund um Boston/Massachusetts (Granovetter 1974). Zur Analyse der Einflussfaktoren erfolgreicher Jobwechsel untersuchte Granovetter u. a. die persönlichen Beziehungsstrukturen der ProbandInnen und korrelierte sie mit den erzielten Einkommensmöglichkeiten und der Zufriedenheit mit der neuen Stelle. Bei 65 % der ProbandInnen haben persönliche Kontakte beim Jobwechsel eine zentrale Rolle gespielt. Das Besondere an diesen persönlichen Beziehungen war, dass es sich um sog. schwache Beziehungen handelte, d. h. um sporadische Kontakte, die nicht im nahen Umfeld der Person angesiedelt waren und nur gelegentlich aktiviert wurden. Beispielsweise erhielten die ProbandInnen über einen entfernteren Kontakt aus dem Berufsumfeld den entscheidenden Hinweis in Bezug auf eine neue Stellenoption. Granovetter konnte zeigen, dass Jobvermittlungen über persönliche Beziehungsnetzwerke mit höherer Arbeitszufriedenheit einhergingen als bei klassischen, formalen Jobvermittlungen (z. B. über formale Stellenanzeigen).

Mit diesen Befunden hat Granovetter die verbreitete Auffassung widerlegen können, dass für ökonomische Austauschbeziehungen vor allem enge, intensive Kontakte förderlich sind. Vielmehr scheinen die sog. schwachen Beziehungen, die weniger regelmäßig aktiviert werden und in entferntere Netzwerke reichen, mit ökonomischen Vorteilen assoziiert zu sein. Starke Beziehungen sind demnach solche Kontakte, die sich durch viel gemeinsam verbrachte Zeit, intensive Emotionen, starkes Vertrauen und Reziprozität auszeichnen. Typische Beispiele sind Verwandtschaftsbeziehungen und Freundschaftsnetzwerke. Aber auch in professionellen Kontexten können enge, redundante Beziehungen ökonomische Vorteile haben: So konnte z. B. belegt werden, dass Projektleitungen mit starken Beziehungen zu ihrem Umfeld erfolgreicher waren, politische Unterstützung für ihre Projekte zu gewinnen (Brion et al. 2012). Davon abzugrenzen sind schwache Beziehungen, die sich durch mehr Unregelmäßigkeit, weniger Emotionen und Vertrauen und nicht unbedingt durch strikte Reziprozität auszeichnen. Darunter fallen i. d. R. berufliche Kontakte oder Austauschbeziehungen in sozialen und professionellen Netzwerken (vgl. hierzu auch Rürup et al. 2015, S. 35–37).

Diese Befunde wurden in zahlreichen empirischen Studien aus der Innovations-, Wissensdiffusions- und Projektforschung untermauert (vgl. Rindfleisch und Moorman 2001; Brion et al. 2012). Die Grundthese ist, dass schwache Beziehungen oftmals in entferntere Netzwerke reichen, die einen höheren Informations- und Wissensgehalt mit sich bringen, weil sie neuartiger und heterogener sind. Während innerhalb der engen, eigenen Kontakte der Informationsgehalt oft wenig neu ist und zugleich von vielen NetzwerkpartnerInnen geteilt wird, steigt der Neuigkeitsgrad typischerweise mit der Entfernung zwischen den AkteurInnen. Gerade bei der Entwicklung neuer Produkte in strategischen Allianzen können Netzwerkkontakte, die größere Distanzen überwinden müssen, strategisch überaus wertvoll sein (Rindfleisch und Moorman 2001). Mit dem höheren Informationsgehalt gehen allerdings auch Nachteile einher, wie etwa geringeres Vertrauen unter den PartnerInnen sowie weniger Hilfs- und Kooperationsbereitschaft. In Abb. 7.3 ist ein Beispiel für strategische Projektallianzen abgebildet, die über abwesende, schwache und starke Beziehungen miteinander verbunden sind.

Die Knotenpunkte A bis J stellen Projekte dar, die entweder über starke, intensive Austauschbeziehungen miteinander in Kontakt stehen (strong tie), nur sporadisch Kontakt pflegen (weak tie) oder unverbunden sind (no tie). Dass I und H keinerlei Beziehung zueinander pflegen, ist eher untypisch, zumal sie einen gemeinsamen starken Kontakt zu J pflegen. Wahrscheinlicher wäre es nach Granovetter, dass sie sich kennen und in bestimmter Hinsicht auch ähneln und daher zumindest schwach verbunden sind (vgl. Rürup et al. 2015, S. 36). Die schwachen Beziehungen spielen beim Informations- und Wissensaustausch zwischen den Projekten eine zentrale Rolle. Wie bereits erläutert bringen schwache

7 Soziale Netzwerkanalyse und ihr Beitrag in der Projektarbeit

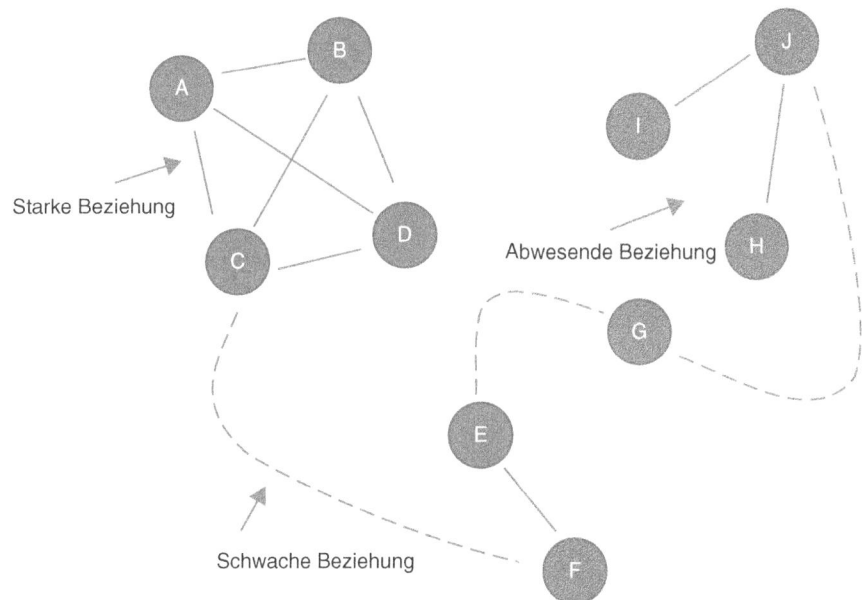

Abb. 7.3 Schwache und starke Beziehungen in strategischen Projektallianzen. (Quelle: orientiert an Rürup et al. 2015, S. 37)

Kontakte den Vorteil mit sich, dass sie größere Distanzen überbrücken können und das darüber gewonnene Wissen einen höheren Neuigkeitsgrad aufweist. Eine Information aus dem engen Projektverbund (A, B, C, D) wird mit hoher Wahrscheinlichkeit von allen AkteurInnen geteilt und kann als redundant bezeichnet werden. Redundante Informationen können zwar für kollektive Lernprozesse sehr hilfreich sein; im Gegensatz dazu sind neuartige, nicht-redundante Informationen typischerweise mit einem höheren ökonomischen Nutzen verbunden, weil daraus Innovationen entstehen können. Ein weiterer Vorteil von schwachen Beziehungen ist, dass sie nicht selten auch in statushöhere Netzwerke reichen können (vgl. Rürup et al. 2015, S. 37). Während es eher unwahrscheinlich ist, in einem regionalen Projektverbund einen internationalen, prestigereichen PartnerInnen als engen Kooperationspartner zu gewinnen, sind schwache Beziehungen zu statushöheren ProjektpartnerInnen durchaus möglich und können durch rasche Informationsweitergabe über größere Distanzen (z. B. neue Projektförderungen, technische/rechtliche Entwicklungen) besondere ökonomische Bedeutung und strategische Relevanz haben.

7.6 Steuerung von Projekt-Netzwerken: Die 4 R's

Je nach Netzwerkperspektive unterscheiden sich die möglichen Steuerungsmechanismen, um die Projektaktivitäten zu koordinieren und die Beziehungen innerhalb und jenseits des Projekts zu pflegen. DeFillippi und Sydow (2016, S. 8) stellen die Relevanz verschiedener

Tab. 7.5 Steuerung von Projekten und Projekt-Netzwerken. (Quelle: DeFillippi und Sydow 2016, S. 8). Eigene Übersetzung

Analyseebene	Fokales Projekt	Projekt-Netzwerk
Netzwerkschwerpunkt	Projekt als Beziehungsgeflecht zwischen den Mitgliedern	Externes Beziehungsgeflecht zwischen verschiedenen Projekten
Steuerung	Projektsteuerung: 1) Geteilte Führung, 2) Projektleitung, 3) Projektmanagement-Office (PMO)	Netzwerk-Steuerung: 1) Geteilte Führung, 2) führendes Projekt, 3) Netzwerk-Administrations-Office (NAO)
Steuerungsmechanismen (4 R's)	In erster Linie formal entschieden	In erster Linie emergent und informal
Responsibilities	Projektverantwortlichkeiten	Netzwerkverantwortlichkeiten
Routinen	Projekt-Routinen	Interorganisationale Routinen
Rollen	Projekt-Rollen	Rollen im Netzwerk
Relationen	Innerhalb des Projekts, Beziehungen sind temporär	Projektübergreifend, mehr als temporär
Steuerungsergebnis	Projekterfolg, oftmals über Effizienz- und Effektivität gemessen (z. B. Zeit, Kosten, Qualität)	Projekt-Netzwerkerfolg, gemessen an der Zahl erfolgreich umgesetzter Projekte, aber auch bezüglich umfassender Netzwerkaffektivität

Steuerungsmechanismen heraus, die je nach Projektkonstellation miteinander kombiniert werden können. Diese Mechanismen fassen sie in ihrem 4-R-Modell zusammen: Responsibilities (Verantwortlichkeiten), Routinen, Rollen und Relationen. Die Verantwortlichkeiten beziehen sich insbesondere auf vertragsgebundene (marktförmige) Steuerungsformen, während Routinen und Rollen auf klassische organisationale Verfahren und administrative Kontrollmechanismen zurückgreifen. Relationen (Beziehungen) wiederum adressieren die sozialen Formen der Koordination, die einen deutlich informelleren und emergenten Charakter haben können. Die vier Steuerungsmechanismen entfalten ihre Relevanz für das fokale Projekt und das Projekt-Netzwerk auf verschiedene Weise (vgl. Tab. 7.5).

Responsibilities (Verantwortlichkeiten) beziehen sich auf die gemeinsamen Verträge und Abmachungen innerhalb und zwischen Projekten, um gemeinsame Projektergebnisse zu erzielen. Für Projekte wie auch Netzwerke sind Verträge erforderlich, um bestimmte Aufgaben innerhalb eines begrenzten Zeitrahmens von verschiedenen Projektbeteiligten ausführen zu lassen. Man denke bspw. an internationale Projekt-Netzwerke im Bausektor oder in der Telekommunikation, die vielfältige formale Absprachen und Verträge zwischen den einzelnen Projekten erforderlich machen. Insbesondere in großen Projekt-Netzwerken weisen DeFillippi und Sydow (2016, S. 9) aber darauf hin, dass vertragsmäßige Absprachen durch beziehungsförmige Steuerungsformen ergänzt werden sollten, die stärker auf Vertrauen, gemeinsamen Interessen und Erfahrungen aufbauen.

Routinen beziehen sich auf repetitive organisationale Koordinationsmechanismen, die von den ProjektpartnerInnen innerhalb oder über Projekte hinweg angewendet werden.

Während innerhalb von Projekten eine relativ eng gekoppelte, formalisierte Koordination durchaus praktikabel ist, gleichen große Projekt-Netzwerke eher einem lose gekoppelten, selbstorganisierten und emergenten Gebilde. Gleichwohl können sich auch innerhalb von Projekt-Netzwerken über gemeinsame Erfahrungen organisatorische Pfade und Routinen einschleifen, insbesondere dann, wenn die Mitglieder des Netzwerkes auch für Anschlussprojekte weiter arbeitsteilig interagieren. Nicht nur auf der formalen Ebene wird bei Anschlussprojekten auf bereits bestehende Verträge und Regeln zurückgegriffen, sondern auch auf der informellen Ebene schleichen sich Rollenmuster und Sichtweisen ein, die im Extremfall zu Pfadabhängigkeiten und Lock-In-Effeken führen können (DeFillippi und Sydow 2016, S. 10).

Rollen beziehen sich auf die formalen Weisungsbefugnisse und Kommunikationsbeziehungen innerhalb von Projekten und Projekt-Netzwerken. AkteurInnen innerhalb eines Netzwerkes können verschiedene Rollen einnehmen, wie etwa die eines Brokers, eines Innovators oder eines Verwalters. Der Broker kann z. B. Beziehungen zu externen Anspruchsgruppen managen, während der Verwalter die Beziehungen zur übergeordneten Organisation aufrechterhält. Whitley (2006) unterscheidet Projekte anhand ihrer Rollenspezifität: in standardisierten, gewerblichen Bereichen behalten die Projektmitglieder während der Projektdurchführung i. d. R. ihre zu Projektbeginn festgelegten Rollen bei. In weniger definierten, sehr innovativen und dynamischen Projekten können sich die Rollenzuweisungen während der Projektdurchführung auch ändern, wodurch die Aufgabenverteilung und die Koordination deutlich komplexer werden. DeFillippi und Sydow (2016, S. 10) postulieren auf Basis dieser Erkenntnisse, dass sich je nach Innovationsgrad die Rollenzuschreibungen innerhalb von Projekten und Projekt-Netzwerken ändern können. Je idiosynkratischer das Projekt bzw. das Projekt-Netzwerk, desto dynamischer und flexibler werden die Rollen definiert.

Relationen Zahlreiche empirische Studien haben darauf hingewiesen, dass die Einbettung (Embeddedness) von Projekten und Projekt-Netzwerken in ihr organisationales bzw. institutionelles Umfeld für den Projekterfolg von großer Bedeutung ist (vgl. Sydow und Staber 2002; Sydow et al. 2004). Die relationale Einbettung (Embeddedness) ist ein viel zitierter Begriff in der sozialen Netzwerkanalyse und wurde ebenfalls von Mark Granovetter (1985) konzeptionell geschärft. Ausgangspunkt seiner Überlegungen ist die Kritik an der trennscharfen Gegenüberstellung von Markt und Organisation bzw. Hierarchie. Über die Einbettung der Projektbeteiligten in soziale Beziehungen könne opportunistisches, nonkonformes und gesetzeswidriges Verhalten reduziert werden; zudem beeinflussen vergangene Erfahrungen mit anderen Netzwerkteilnehmen zukünftiges Verhalten, und Beziehungen mit vertrauensvollen PartnerInnen werden für zukünftige Projekte gestärkt. Shazi et al. (2015) konnten für Innovationsprojekte belegen, dass die ProjektpartnerInnen sich gegenseitig als vertrauenswürdig, wohlwollend und integer wahrnehmen mussten, bevor sie bereit waren, Wissen und Fähigkeiten miteinander auszutauschen. Während sich die bereits genannten drei R's (Responsibilities, Routines, Roles) relativ gut formal planen und willentlich gestalten lassen, handelt es sich bei dieser letzten (sozialen) Variante um einen informellen, nur bedingt entscheidbaren Steuerungsmechanismus. Beziehungen basieren auf Vertrauen, das sich erst über gemeinsame Erfahrungen entwickeln muss oder – insbesondere in großen Netzwerken – durch Reputation zugeschrieben wird.

▶ **Kurz gefasst: Die Steuerung von Projektnetzwerken kann nach verschiedenen Kategorien differenziert werden. Wichtige Kategorien sind das Beziehungsgeflecht der Mitglieder und Projekte, die Führungsstruktur, der Grad der Formalität und Informalität bzw. formalen Organisation vs. Selbstorganisation/ Emergenz, die Verantwortlichkeiten und ihre Verteilung, die projektspezifischen Routinen und Rollen, die Beziehungsformen und die Ergebnisbestimmung.**

7.7 Spannungsfelder in Projekt-Netzwerken

Häufig werden an ProjektmanagerInnen widersprüchliche Erwartungen herangetragen, für die sie geeignete Umgangsformen finden müssen. Einerseits sollen sie im Rahmen ihrer Projekte Innovationen anregen, andererseits diese aber zugleich in den Routinebetrieb der Organisation implementieren. Projekte sollen einerseits offen für externe Anspruchsgruppen und ihre Bedürfnisse sein und zugleich den internen Erwartungen an Effizienz und Effektivität gerecht werden. Mit welchen Dilemmata und Paradoxien Projekt-Netzwerke umgehen müssen, haben DeFillippi und Sydow (2016) aufgezeigt. Zu den bekanntesten Paradoxien zählen 1) Das Distanz-Paradox, 2) das Lern-Paradox, 3) das Identitätsparadox, 4) das Differenz-Paradox sowie 5) das zeitliche Paradox.

Das Distanz-Paradox Projekte werden zeitlich, personell, und aufgabenbezogen von ihrer übergeordneten Organisation abgekoppelt (Lundin und Söderholm 1995). Durch die Isolation des Projekts wird zugleich ein Schutzmechanismus aufgebaut, um die Aufgaben im vorgesehenen Zeitraum erledigen zu können. Auch wenn das Projekt nicht in einem Vakuum operiert, wird die Aufgabenerledigung durch den Projektplan mit eigenen Regeln, Fristen und Zuständigkeiten ‚geschützt'. Zugleich darf sich das Projekt nicht zu stark von der Routineorganisation abkoppeln, um den Transfer der Projektergebnisse nicht zu gefährden. Die gewährte Autonomie des Projekts steht also in einem Spannungsverhältnis zur Integration und Einbettung in die übergeordneten Organisations- und Beziehungsstrukturen. Noch komplexer erscheinen die Beziehungsstrukturen innerhalb von Projekt-Netzwerken, zumal Verantwortlichkeiten, Routinen, Rollen und Beziehungen zwischen den interorganisationalen ProjektpartnerInnen von den Verantwortlichkeiten, Routinen, Rollen und Beziehungen der involvierten Organisationen und ihrer Anspruchsgruppen abweichen können (vgl. DeFillippi und Sydow 2016, S. 12).

Das Lern-Paradox Ein weiteres Spannungsfeld besteht zwischen der Generierung von neuem Wissen im Projekt und dem Transfer in die Praxis bzw. der Anwendung des Wissens in der übergeordneten Organisation. Boschma (2005) verweist darauf, dass zwischen Projekt und Organisation eine gewisse Ähnlichkeit in den kognitiven, institutionellen, organisatorischen und auch sozialen Strukturen bestehen muss, damit ein Transfer gelingen kann. Z. B. ist eine gewisse kognitive Nähe zwischen Projekt und Organisation für den erfolgreichen Wissenstransfer erforderlich, denn um neues Wissen als relevant einstufen zu können, zu interpretieren und es zu nutzen, ist es notwendig, dass die AkteurInnen miteinander kommunizieren können, sich verstehen und erfolgreich das Wissen weiterverarbeiten. Ebenso ist eine gewisse relationale Nähe (Kohäsion) zwischen Projekt und Organisation positiv mit Lernen und Wissenstransfer assoziiert (vgl. Di Vincenzo und Mascia 2012). Allerdings dürfen Projekt und übergeordnete Organisation auch nicht zu eng miteinander verbandelt sein, um die als vorteilhaft wahrgenommene Autonomie für Lern- und Innovationsprozesse auch nutzen zu können (vgl. Boschma 2005, S. 66).

Das Identitätsparadox Das Identitätsparadox besteht darin, dass die AkteurInnen sich einerseits dem Netzwerk verpflichtet fühlen, zugleich aber auch als Individuum wahrgenommen werden möchten, die besondere Kompetenzen und Ressourcen in das Projekt einbringen. Eine weitere Identitätsdimension resultiert aus der Zugehörigkeit zu einer Organisation, die sie in das Projekt entsendet. Eigene oder auch organisationsbezogene Interessen können leicht in Widerspruch zu gemeinsamen Projekt-Netzwerk geraten. Insbesondere in großen, dynamischen Projekt-Netzwerken scheinen Spannungen vorprogrammiert. Je mehr sich die Projektmitglieder engagieren, umso mehr identifizieren sie sich auch mit ihrem Projekt-Netzwerk und wollen es ‚mitbesitzen'. Durch ungleiche Identifizierungsmuster ergeben sich möglicherweise auch Ungleichgewichte in der Kommunikation, Motivation und in der Bereitschaft, sich für das Projekt-Netzwerk zu engagieren. Überlastung, Hierarchisierung und Isolation einzelner Akteure können die Folge sein, die im Rahmen des Projekt-Netzwerkes ‚nur' moderierend ausbalanciert werden können.

Das Differenz-Paradox Projekt-Netzwerke sind mit unterschiedlichen Herausforderungen in der Erfüllung ihrer Projektaufgaben konfrontiert, die sowohl standardisierte, repetitive Aufgaben als auch einzigartige, schwer standardisierbare Anforderungen mit sich bringen können. In Forschungsverbundprojekten mit hohem Innovationsgrad sind Standardmethoden häufig dysfunktional; zugleich ziehen innovative Projekt-Netzwerke auch viel Administrations- und Koordinationsaufwand nach sich, der mit standardisierten Dokumentationspflichten und Routinen bearbeitet wird. DeFillippi und Sydow (2016, S. 13) empfehlen die Einrichtung separater Routinen für das Management des Innovativen und für die bekannten Standard-Prozesse – eine Strategie, die auch mit dem Begriff „Ambidexteriät" umschrieben wird (vgl. Tushman und O'Reilly 1996).

Das zeitliche Paradox Schließlich beschreiben DeFillippi und Sydow (2016) zeitliche Spannungsfelder, die Projekt-Netzwerke zwischen der Gegenwart, ihrer Vergangenheit und der Zukunft erfahren. Die Gegenwart ergibt sich aus gemeinsamen vergangenen Erfahrungen der NetzwerkpartnerInnen und hängt zugleich von ihren zukünftigen Erwartungen ab. Ein bereits erfolgreich bewältigtes Projekt kann einem Projekt-Netzwerk das nötige Vertrauen geben, noch ein weiteres gemeinsames Projekt in der Zukunft anzugehen. Ohne eine gemeinsame Historie ist es schwieriger, die Vertrauenswürdigkeit potenzieller NetzwerkpartnerInnen abzuschätzen, so dass die Investitionsbereitschaft aufgrund höherer Unsicherheiten geringer ausfallen dürfte.

▶ **Kurz gefasst: Projekte als netzwerkförmige Strukturen sind mit unterschiedlichen, teils auch widersprüchlichen Erwartungen behaftet. Sie müssen daher gegenläufige Interessen und wechselhafte Ansprüche vereinen. Entsprechend lassen sich in der Praxis verschiedene Ambivalenzen und paradoxe Prägungen feststellen.**

7.8 Fazit

Die vorangehenden Überlegungen lassen erkennen, dass einfachen Gestaltungsempfehlungen und simplen ‚Kochrezepten' zum Management von Projekten und ihren Netzwerkstrukturen mit einer gewissen Skepsis begegnet werden muss, weil sie der dynamischen, selbstorganisierten, komplexen und mitunter widersprüchlichen Logik der Vernetzung entgegenstehen. Die in diesem Kapitel vorgeschlagene Verwendung der Netzwerkkonzeption ist deutlich weniger instrumentell ausgerichtet als viele Ratgeber und Best-Practice-Werke zum Thema Networking. Gleichzeitig erkennt diese Form der Darstellung die Besonderheiten von Netzwerken innerhalb von Projekten bzw. durch Projekte an und bietet damit auch eine alternative Perspektive zur gängigen Projektmanagementliteratur. Die an dieses Kapitel anschließende Perspektive wird soziale Verknüpfungen in einem noch größer gezogenen Bereich zum Gegenstand haben. Wie gelingt es Organisationen überhaupt, verschiedene Vorstellungen und Konzepte rund um die Projektarbeit aus anderen Betrieben oder auch anderen Branchen zu adaptieren und welche Faktoren und Wirkungsweisen geben darüber Auskunft, wie die Übertragung und Verbreitung des Projektmanagements genauer funktioniert? Diese Fragen greift der Beitrag *Globale Angleichung von Projektstrukturen und die Rolle der institutionellen Effekte* im Einzelnen auf.

Fragen zur Festigung und Vertiefung

1. *Führen Sie einige Besonderheiten aus, die Netzwerke betreffen bzw. treffend beschreiben.*
2. *Welche Konzepte der sozialen Netzwerke sind etabliert?*
3. *Bestimmen Sie den Begriff ‚soziales Kapital' im Hinblick auf seine netzwerkförmige Gestaltung.*
4. *Welche Rolle spielen die 4 R's in Projekt-Netzwerken?*
5. *Inwiefern können Sie aus dieser Themeneinheit Nutzen für Ihre eigenen Projekttätigkeiten ziehen? Haben Sie schon einmal netzwerkspezifische Beobachtungen in*

Projektarbeiten gemacht? Führen Sie die Relevanz der Netzwerke im Hinblick auf Ihre Projekterfahrungen aus, bspw. auch auf direkter personeller Ebene im kollegialen Umfeld.

Literatur

Bartsch V, Ebers M, Maurer I (2013) Learning in project-based organizations. The role of project teams' social capital for overcoming barriers to learning. Int J Proj Manag 31:239–251

Borgatti S, Everett M, Johnson J (2018) Analyzing social networks. Sage, London

Boschma R (2005) Proximity and innovation. Reg Stud 31:61–74

Bourne L (2009) Stakeholder relationship management – a maturity model for organisational implementation. Gower, Farnham

Brion S, Chauvet V, Chollet B, Mothe C (2012) Project leaders as boundary spanners: relational antecedents and performance outcomes. Int J Proj Manag 30:708–722. https://doi.org/10.1016/j.ijproman.2012.01.001

Burt R (1992) Structural holes: the social structure of competition. Harvard University Press, Cambridge

Chen YM, Chen MY (2011) Social network analysis aided product development project management: IC substrates case study. Manag Sci Lett 1:107–114

Chinowsky PS, Diekmann J, Galotti V (2008) The social network model of construction. J Constr Eng Manag 134:804–810

Chung KSK, Crawford L (2016) The role of social networks theory and methodology for project stakeholder management. Procedia Soc Behav Sci 226:372–380

DeFillippi R, Sydow J (2016) Project networks: governance choices and paradoxical tensions. Proj Manag J 47:6–17

Di Vincenzo F, Mascia D (2012) Social capital in project-based organizations: its role, structure, and impact on project performance. Int J Proj Manag 30:5–14

Granovetter M (1974) Getting a job: a study of contacts and careers. Harvard University Press, Cambridge

Granovetter M (1982) The strength of weak ties: a network theory revisited. In: Marsden PV, Lin N (Hrsg) Social structure and network analysis. Sage, London, S 201–233

Granovetter M (1985) Economic action and social structure: the problem of embeddedness. Am J Sociol 91:481–510

Hahn J, Moon JY, Zhang C (2006) Impact of social ties on open source project team formation. In: Damiani E, Fitzgerald B, Scacchi W, Scotto M, Succi G (Hrsg) Open source systems. OSS 2006, IFIP International Federation for Information Processing, Bd 203. Springer, Boston. https://doi.org/10.1007/0-387-34226-5_31

Han JY, Hovav A (2013) To bridge or to bond? Diverse social connections in an IS project team. Int J Proj Manag 31:378–390

Hellgren B, Stjernberg T (1995) Design and implementation of major investments: a project network approach. Scand J Manag 11:377–394

Hossain L, Wu A (2009) Communications network centrality correlates to organisational coordination. Int J Proj Manag 27:795–811

Jansen D (2006) Einführung in die Netzwerkanalyse. Springer VS, Wiesbaden

Jensen C, Johansson S, Löfström M (2006) Project relationships – a model for analyzing interactional uncertainty. Int J Proj Manag 24:4–12

Kilduff M, Tsai W (2003) Social networks and organizations. Sage, London

Killen CP, Kjaer C (2012) Understanding project interdependencies: the role of visual representation, culture and process. Int J Proj Manag 30:554–566

Knoke D (1999) Organizational networks and corporate social capital. In: Gabbay SM (Hrsg) Corporate social capital and liability. Kluwer, Boston, S 17–42

Lienert J, Schnetzer F, Ingold K (2013) Stakeholder analysis combined with social network analysis provides fine-grained insights into water infrastructure planning processes. J Environ Manag 125:134–148

Lundin RA, Söderholm A (1995) A theory of the temporary organization. Scand J Manag 11:437–455

Mead SP (2001) Using social network analysis to visualize project teams. Proj Manag J 32:32–38

Pauget B, Wald A (2013) Relational competence in complex temporary organizations: the case of a French hospital construction project network. Int J Proj Manag 31:200–211

Plokhov I, Osipov V, Bubnov G (2016) Using social network analysis techniques to study the efficiency of interproject communication. ITM Web Conf 6:25–26. https://doi.org/10.1051/itmconf/20160603011

Pohlmann M, Markova H (2012) Soziologie der Organisation. Eine Einführung. UVK, Konstanz

Pryke SD (2004) Analysing construction project coalitions: exploring the application of social network analysis. Constr Manag Econ 22:787–797

Rindfleisch AP, Moorman C (2001) The acquisition and utilization of information in new product alliances: a strength-of-ties perspective. J Mark 65:1–18. https://doi.org/10.1509/jmkg.65.2.1.18253

Ruan X, Ochieng E, Price A, Egbu C (2013) Time for a real shift to relations: appraisal of social network analysis applications in the UK construction industry. Australas J Constr Econ Build 13:92–105

Rürup M, Röbken H, Emmerich M, Dunkake I (2015) Netzwerke im Bildungswesen. Springer VS, Wiesbaden

Shazi R, Gillespie N, Steen J (2015) Trust as a predictor of innovation network ties in project teams. Int J Proj Manag 33:81–91

Sydow J, Staber U (2002) The institutional embeddedness of project networks: the case of content production in German television. Reg Stud 36:223–235

Sydow J, Lindkvist L, DeFillippi R (2004) Project-based organizations, embeddedness and repositories of knowledge: editorial. Organ Stud 25:1475–1489

Teo M, Loosemore M (2017) Understanding community protest from a project management perspective: a relationship-based approach. Int J Proj Manag 35:1444–1458

Tushman ML, O'Reilly C (1996) Ambidextrous organization: managing evolutionary and revolutionary change. Calif Manag Rev 28:8–30

Wen Q, Qiang M, Gloor P (2018) Speeding up decision-making in project environment: the effects of decision makers' collaboration network dynamics. Int J Proj Manag 36:819–831

Whitley R (2006) Project-based firms: new organizational form or variations on a theme? Ind Corp Chang 15:77–99

Globale Angleichung von Projektstrukturen und die Rolle der institutionellen Effekte

Heinke Röbken

Vermittlungsziele dieses Kapitels
- Sie lernen die institutionelle Sichtweise auf Projektstrukturen kennen und sind mit dem Konzept der strukturellen Angleichung vertraut.
- Sie begreifen, weshalb Projekte im globalen Arbeits- und Wirtschaftsleben zunehmende Verbreitung erfahren und fortlaufend methodisch raffiniert werden.
- Sie wissen um konzeptionelle Darbietung und Inszenierung von Projektmethoden, die auch dazu dienen, legitimatorische Vorteile zu gewinnen.
- Sie verstehen das Konzept der Entkopplung und können es am Gegenstand der Projekte nachvollziehen.
- Sie sind über Möglichkeiten informiert, unter institutionellen Erwartungen eine eigene Arbeitsweise bzw. Projektmethodik zu verfolgen und gegenüber Dritten zu vertreten.

8.1 Zusammenfassung

Projekte haben nicht einfach in kurzer Zeit in Organisationen Einzug gehalten, die Arbeitsform hat sich zur Mitte des letzten Jahrhunderts allmählich über die Wirtschaft verbreitet, brauchte aber noch einige Jahrzehnte, bis sie international und durch alle Branchen die heutige Beachtung gefunden hat. In diesem Kapitel geht es um die Frage, wie es ei-

---

H. Röbken (✉)
Carl von Ossietzky Universität, Oldenburg, Deutschland
E-Mail: heinke.roebken@uni-oldenburg.de

gentlich kommt, dass die Projektarbeit einen solchen ‚Siegeszug' durch die Wirtschafts- und Organisationswelt antreten konnte.

Speziell geht es dabei um strukturelle Effekte, die sich besonders anschaulich mit dem soziologischen Neo-Institutionalismus fassen lassen – einem Theorie- und Forschungsprogramm, das auf Angleichungs- und Verbreitungsentwicklungen abstellt und darüber hinaus versucht, den Erwartungen rund um die Institutionalisierung neuer Arbeitsstrukturen auf den Grund zu gehen. In einem ersten Schritt werden hierzu instrumentelle und institutionelle Perspektiven auf die Projektarbeit voneinander abgegrenzt. Im Weiteren wird geklärt, was unter einer Institutionalisierung von Projekten bzw. Projektarbeit genauer zu verstehen ist. Es folgen Ausführungen dazu, wie die Projektarbeit auch mit bestimmten Legitimationserwartungen verbunden wird – die Form des Arbeitens trägt zur Rechtfertigung gegenüber bestimmten Bedarfs- bzw. Anspruchsgruppen einer Organisation bei, einschließlich der Stakeholder, die mit Projekten in einer Verbindung stehen und Leistungen hieraus erwarten. Mit dem Konzept des Isomorphismus wird schließlich der hohe Verbreitungsgrad von Projekten theoretisch hergeleitet. Zuletzt soll es darum gehen, wie – im Sinne neo-institutionalistischer Annahmen – PraktikerInnen mit den Zwängen und Pflichten im Projektmanagement möglichst klug und situationsgerecht umgehen können.

8.2 Instrumentelle versus institutionelle Projektperspektive

Wir leben in einer projektifizierten Gesellschaft – das ist die mittlerweile nicht mehr ganz neue, aber immer noch relevante These von Midler aus dem Jahr 1995. Schlagworte wie ‚Projektportfolios', ‚Programmifizierung von Projekten', ‚Projekt-Ökologien' oder ‚Projectification of everything' belegen die Omnipräsenz von Projekten in modernen Gesellschaften und insbesondere in Organisationen. Projekte sind nach Auffassung von Jensen et al. (2016) zum festen Bestandteil der menschlichen Verfassung („human condition") avanciert und aufs Engste mit unserem menschlichen Dasein verknüpft: „They permeate what we do, how we speak, how we think of our daily activities" (Jensen et al. 2016, S. 2). Mit anderen Worten: Projekte sind zum selbstverständlichen Bestandteil unserer Gesellschaft geworden und können damit als ‚Institution' betrachtet werden.

Unter Institutionalisierung wird in der Soziologie ein Prozess verstanden, der durch kollektives soziales Verhalten neue Strukturen hervorbringt und damit soziale Ordnung schafft (vgl. Kadefors 1995). Institutionen umfassen feste gesellschaftliche Einrichtungen, die von den Mitgliedern einer Gesellschaft nicht hinterfragt werden – sie gelten als ‚taken for granted'. Die Betrachtung von Projekten aus institutioneller Perspektive kann als Gegenstück zur klassischen instrumentellen Projektmanagement-Literatur konzipiert werden. Während der Großteil dieser Literatur auf dem funktionalen bzw. instrumentellen Paradigma beruht (vgl. Granqvist und Gustafsson 2016; Pellegrinelli 2011, S. 238), rückt die institutionalistische Perspektive die Beziehung zwischen Projekt und der sie umgebenen Umwelt in den Mittelpunkt (vgl. z. B. Sydow und Staber 2002). Die Kernthese der Institutionalisten ist, dass Organisationen durch ihre Umwelt geprägt werden und nicht in erster Linie das Ergebnis voluntaristischen Entscheidungsverhaltens sind. Das heißt, dass Organisationen bestimmten Zwängen bzw. Erwartungen in ihren institutionellen Kontexten ausgesetzt sind, die einen Einfluss auf ihre Strukturierung haben. Organisationen versuchen – so die zentrale Argumentation –, die in ihrer Umwelt vorherrschenden Erwartungen in Bezug auf akzeptables Verhalten zu erfüllen, um ihre Legitimität und damit ihr Überleben zu sichern.

In der klassischen instrumentellen Projektperspektive werden die bekannten Projektmanagementmethoden (z. B. SMART, Phasenmodelle, Projektpläne, Stakeholderanalyse) häufig als Erfolgsrezepte postuliert, die Unternehmen flexible Lösungen für komplexe Probleme innerhalb des Unternehmens zur Verfügung stellen (vgl. Miterev et al. 2017, S. 9). Betont wird vor allem die Ziel- und Zweckrationalität, die es den Anwendern von Projektmanagement-Methoden ermöglicht, einen Beitrag zur Effektivitäts- und Effizienzsteigerung der Gesamtorganisation zu leisten. Ein weitaus kleinerer Teil der PM-Debatte vertritt hingegen die Auffassung, dass die Übernahme von Projektstrukturen jenseits technischer Rationalitätsüberlegungen vor allem aus dem institutionellen Umfeld herrührt, in das die Organisation eingebettet ist. Dille und Söderlund (2011) weisen daher zu Recht darauf hin, dass Projekte in der Vergangenheit zu häufig aus instrumenteller Perspektive und zu wenig in Bezug auf ihr institutionelles Umfeld untersucht worden sind. In dem Artikel „No Project is an Island" verweist Engwall (2003, S. 802) explizit auf die Tatsache, dass Projekte immer untrennbar in einen institutionellen Kontext eingebettet sind, der einerseits die ProjektakteurInnen in ihren Entscheidungen beeinflusst, andererseits aber auch von ihnen selbst beeinflusst wird (vgl. dazu auch Sydow und Staber 2002). Institutionalisierungsprozesse im Projektmanagement werden z. B. dann sichtbar, wenn ein/e ProjektmanagerIn eine Diskrepanz zwischen externen Anforderungen an die Projektdurchführung und tatsächlichen Arbeitserfordernissen im Betrieb wahrnimmt – z. B. in Bezug auf umfangreiche Dokumentations- oder Berichtspflichten, die aufgrund des hohen zusätzlichen Ressourcenbedarfs einem effizienten Betriebsablauf mitunter sogar im Wege stehen können. Insbesondere ProjektmanagerInnen in öffentlichen, sozialen oder politischen Umfeldern befinden sich in dem Dilemma, moderne, als effizient erachtete Projektmanagement-Methoden auf schwer standardisierbare Arbeitsprozesse anzuwenden (z. B. Schulen, Non-Profit-Organisationen), die ein sog. Technologie-Defizit aufweisen und sich nur bedingt mit betriebswirtschaftlichen Instrumenten ‚technisch' steuern lassen. Gleichwohl finden die Projektmanagement-Methoden breite Anwendung, nicht zuletzt, um damit Erwartungen wichtiger Anspruchsgruppen zu bedienen.

Um die beiden Perspektiven stärker abzugrenzen, kontrastieren Dille und Söderlund (2011) das instrumentelle („proteische") und institutionelle Modell anhand verschiedener Dimensionen (vgl. Tab. 8.1).

Tab. 8.1 Proteisches versus institutionelles Projektmanagement. (Quelle: Dille und Söderlund 2011, S. 480). Eigene Übersetzung.

	Proteisches Projektmanagement	Institutionelles Projektmanagement
Tools und Techniken	Anwendung von PM-Instrumenten, die von der Projektleitung ausgewählt werden	Anwendung von PM-Instrumenten, die den Umwelterwartungen entsprechen und zur Legitimität des Projekts beitragen
Design und Struktur	Projektstrukturen werden so gestaltet, dass sie der Aufgabenunsicherheit und -komplexität entsprechen	Projektstrukturen werden so gestaltet, dass institutionelle Anforderungen erfüllt werden
Ressourcen	Akquise von Ressourcen, die zur Erfüllung der Projektziele und -aufgaben erforderlich sind; Aufbau eines Beziehungsnetzwerks mit Stakeholdern	Akquise von Ressourcen, die zur Sicherstellung von Legitimität und institutioneller Akzeptanz erforderlich sind
Kontrolle und Evaluation	Kontrolle und Evaluation, um Problemlöseprozesse zu fördern und systemübergreifende Effizienz zu erreichen	Kontrolle und Evaluation, um auf institutionelle Normen in Bezug auf Governance, Kontrolle und Evaluation zu reagieren
Projektphasen	Projektphasen werden mit dem Problemlöse-Kontext in Einklang gebracht	Projektphasen werden mit institutionellen Erfordernissen in Einklang gebracht
Projektgeschwindigkeit	Geschwindigkeit angepasst an Gesamteffizienz und lokale Problemlöseprozesse zur Erreichung globaler Projektziele	Geschwindigkeit angepasst an institutionelle Zyklen und Makroentwicklungen

▶ **Kurz gefasst: Institutionelles und instrumentelles Projektmanagement weisen eine Perspektivendifferenz auf. Während das instrumentelle Verständnis stark an der methodischen Steuerung der Projekte orientiert ist, werden im institutionellen Verständnis breitere soziale Kontexte erfasst, die auch Aspekte wie Normen, Legitimation und Umwelterwartungen einbeziehen können.**

Zur Illustration der einzelnen Unterscheidungsdimensionen dient ein Projektbeispiel aus der Hochschulentwicklung. Hochschulen gelten in der neo-institutionalistischen Forschung als Paradebeispiel für Organisationen in institutionalisierten Umwelten (vgl. z. B. Rowan 1982; Meyer et al. 1988; Scott und Meyer 1988; Brint und Karabel 1991; Kamens et al. 1996): Hochschulen verfolgen komplexe, oftmals diffuse Ziele, sind häufig staatlich finanziert oder subventioniert, erfüllen einen öffentlichen Bildungsauftrag und verwenden schwer standardisierbare Technologien, deren Effizienz und Effektivität nur bedingt messbar ist (Röbken 2004). Aus neo-institutionalistischer Sicht lässt sich die Verbreitung von Projektmanagement in Hochschulen primär mit Legitimationserfordernissen und weniger mit der Notwendigkeit zur Effizienz- oder Effektivitätssteigerung in Lehr-

und Forschungsprozessen erklären. Dieser Sichtweise zufolge dient z. B. die Methode Stakeholderanalyse nicht unbedingt der tatsächlichen Identifikation wichtiger Anspruchsgruppen zur frühzeitigen Einbindung in das Projektgeschehen, sondern zur legitimatorischen Absicherung des Projekts gegenüber externen Anspruchsgruppen (z. B. Geldgebern oder der Hochschulleitung). Die Einrichtung eines Projekt-Beirates als strukturelle Gestaltungsmaßnahme hat demzufolge die Funktion, Umwelterwartungen gerecht zu werden; die inhaltliche Expertise eines Beirates zur Reduktion von Aufgabenunsicherheiten wäre der Legitimationsfunktion nachgeordnet oder würde allenfalls sporadisch eingebunden. Ebenso würden Ressourcen, Kontrollinstrumente oder Phasenmodelle in erster Linie den Zweck haben, dem Projekt zumindest den Anschein einer rationalen Logik zu verleihen und damit den inneren Kern der Aktivitäten zur Einführung eines Studienganges vor externen Zugriffen zu schützen. Die Instrumente und Methoden des PM bieten der Hochschule in ihrem institutionalisierten Umfeld eine rationale Hülle, die es ermöglicht, die z. T. komplexen und widersprüchlichen Anforderungen im Hochschulbetrieb ungestört zu erfüllen und sich zugleich erwartungskonform nach außen zu repräsentieren.

Im Folgenden werden verschiedene Konzepte des Neo-Institutionalismus überblicksartig präsentiert und anhand von Beispielen aus der praktischen Projektarbeit illustriert.

8.3 Institutionalisierung von Projekten

Powell und DiMaggio (1991, S. 13) unterscheiden zwischen dem sog. alten und neuen Institutionalismus (Neo-Institutionalismus). Während ältere Arbeiten vornehmlich auf ökonomische Kontexte verweisen und monetäre sowie technische Herausforderungen in der Ressourcenbeschaffung in den Blick nehmen (vgl. Senge 2011, S. 147), verfolgt der Neo-Institutionalismus eine deutlich stärkere soziologische Ausrichtung, bei der insbesondere kulturelle, politische und gesellschaftliche Einflüsse auf die organisatorische Strukturierung untersucht werden. Zudem nehmen neo-institutionalistische Arbeiten ein breites Set an Organisationstypen ins Visier (z. B. Bildungsorganisationen, Kirchen, öffentliche Verwaltungen, hybride Organisationen etc.) und untersuchen sie im multikontextuellen Gefüge (vgl. Senge 2011, S. 148). Streng genommen handelt es sich beim Neo-Institutionalismus weniger um eine in sich geschlossene Theorie als um einzelne theoretische Konzepte, die zusammengenommen in der Organisationstheorie unter dem Begriff Neo-Institutionalismus firmieren. Zu den zentralen Konzepten, die zugleich eine gute Diskussionsgrundlage für die Entstehung, Verbreitung und Analyse von Projekten bilden, gehören Institution und Institutionalisierung, Legitimität, Isomorphismus, Entkopplung und die Strategien zum Umgang mit institutionellen Zwängen.

Obwohl diese Begriffe den Kern der neo-institutionalistischen Organisationsforschung ausmachen, sind sie in der Literatur bisher nicht einheitlich definiert. In der Soziologie fallen unter den Begriff Institution stabile Muster im Rahmen des menschlichen Zusammenlebens, wie etwa Normen, Gesetze oder auch „Spielregeln der Gesellschaft" (Scott 1995). Häufig werden Institutionen unbewusst befolgt – sie haben sich als Selbstverständlichkeiten im alltäglichen Zusammenleben verankert. Diese sozialen Muster bleiben in der Regel recht stabil, weil sie laufend durch selbst-aktivierende soziale Prozesse reproduziert werden (vgl. Jepperson 1991, S. 145). Typische Institutionen einer Gesellschaft können ganz unterschiedliche Phänomene umfassen, wie z. B. die Ehe, Schulen, Kirchen, das Militär, Krankenhäuser, akademische Disziplinen – oder aber auch Projekte bzw. Projekt-Management in modernen Organisationen. Obwohl formale Regeln nicht unbedingt selbst Institutionen sind, können sie dennoch Institutionen hervorbringen – durch ihre wiederholte Anwendung homogenisieren sie Verhaltensweisen, reduzieren zugleich den Informations- und Koordinationsaufwand und bieten Sicherheit für zukünftiges Verhalten (vgl. Kadefors 1995, S. 395). Zugleich begrenzen sie den möglichen Handlungsspielraum: Unter bestimmten Bedingungen können Institutionen fortbestehen, obwohl ihre Existenz für das Zusammenleben nicht mehr unbedingt erforderlich ist – man denke etwa an Vorlesungen in Hochschulen, deren historischer Ursprung in der mittelalterlichen Universität liegt, in denen ‚Vorleser' die wenigen handschriftlich gefertigten Werke vortragen mussten. Wenn sich bestimmte Verhaltensweisen oder Verfahren etabliert haben, ist es mitunter schwierig, diese wieder zu verändern – Institutionalisierung geht daher oft einher mit organisationaler Trägheit (vgl. Brunsson und Olsen 1993, S. 5).

Innerhalb von Organisationen manifestieren sich laufend bestimmte Praktiken, die das Verhalten der Mitglieder prägen und sich im Zeitverlauf in Organisationsroutinen widerspiegeln. In der Organisationstheorie verweist Institutionalisierung auf die Zusicherung, dass bestimmte Strukturelemente wie etwa Leitbilder, ein Abrechnungssystem oder bestimmte Management-Techniken zu einer Organisation gehören wie das Amen in der Kirche. Sie werden als rational, adäquat und überlebensnotwendig erachtet. Diese tief verwurzelten Praktiken können sogar den Status eines Mythos erlangen – ein gemeinsam geteilter Glaube an die Notwendigkeit einer Praktik, die unangetastet und unhinterfragt gilt. Meyer und Rowan (1977) sprechen von mächtigen Rationalitätsmythen, die sich einer objektiven, empirischen Überprüfung aufgrund weit verbreiteter Überzeugungen entziehen. Die Anwendung derartiger Rationalitätsmythen verspricht Organisationen in ihrem Umfeld Sicherheit und Legitimität; sie können sich der externen Unterstützung sicher sein, ihr Beziehungsnetzwerk aufgrund ähnlicher Erwartungs- und Verhaltensstrukturen harmonisieren und dadurch ihr langfristiges Überleben sichern. Organisationen sind permanent von Institutionalisierungsprozessen betroffen, wenn sich neue Praktiken etablieren und irgendwann den Status einer ‚Institution', also einer unhinterfragten Tatsache, erreicht haben. Dabei wäre es theoretisch möglich, bestimmte Handlungspraktiken auch anders zu vollziehen – aber der Zwang nach Anpassung und Konformität kann mitunter sehr stark sein.

▶ **Kurz gefasst: Das Projektmanagement setzt sich aus Begründungen und Abläufen zusammen, die gesellschaftlich etabliert und gefestigt sind. Gesellschaftliche Umstände bzw. Institutionen bewirken eine mit der Zeit selbstverständliche, in der Regel nicht mehr hinterfragte Spielordnung, wie projekthaftes Arbeiten realisiert wird bzw. werden soll.**

8.4 Projekte als Legitimitätsfassade

Ein zentrales Konzept des soziologischen Neo-Institutionalismus ist Legitimität. Schon in frühen organisationstheoretischen Arbeiten wurde z. B. von Parsons (1960) darauf hingewiesen, dass die Werte einer Organisation mit den Werten der gesellschaftlichen Umwelt kongruent sein müssen, um als legitim wahrgenommen zu werden. Kommt es zu Verstößen z. B. gegen verbreitete gesellschaftliche Auffassungen zum Umweltschutz, zur Qualitätssicherung oder Umgang mit persönlichen Daten, müssen Organisationen mit empfindlichen Strafen rechnen, wie eine Vielzahl von Skandalen in der Automobilindustrie belegt. Organisatorische Legitimität wird definiert als das „Ausmaß kultureller Unterstützung für eine Organisation" (Meyer et al. 1983, S. 201). Um als legitim wahrgenommen zu werden, versuchen Organisationen ihre Organisationsstrukturen an die Erwartungen wichtiger Anspruchsgruppen anzupassen – und zwar unabhängig davon, ob sie die Organisation tatsächlich betriebswirtschaftlich effizienter machen.

In den letzten Jahren haben sich neben Leitbildern, Schulinspektionen und digitalen Medien auch Projekte in Schulen institutionalisiert. Bedingt durch eine Vielzahl von Faktoren – Einführung neuer Steuerungselemente, PISA-Schock u. Ä. – hat sich die Annahme im Bildungswesen und darüber hinaus verbreitet, dass eine ‚gute' und moderne Schule auch Projekte initiiert, wie etwa Projekte zur Leseförderung, zur Einführung der Ganztagsschule, zur Berufsförderung oder zur Initiierung von Austauschprogrammen. Die geläufige Annahme ist, dass Projekte als ein probates und rationales Mittel fungieren, das als notwendig erachtete Innovationen im Schulbetrieb umzusetzen hilft und im Idealfall auch die Schülerleistungen steigert. Empirisch wurde ein Zusammenhang zwischen Projektmanagement und Schülerleistungen oder Lehr-Lern-Innovationen bisher nie eindeutig durch Studien belegt – es dominieren vielmehr einzelne anekdotische Belege zur Projektarbeit in Schulen und ihren vermeintlich positiven Effekten. Viel wichtiger als der messbare Zusammenhang zwischen der neuen Praktik und den Ergebnissen der Schule ist aber der geteilte Glaube daran, dass dieser Zusammenhang besteht. Projekte werden von Schulen praktiziert, weil sie diese Praktik als selbstverständlich wahrnehmen. Nicht unbedingt wird dahinter ein rationaler Entscheidungsprozess stehen, der Projekte als beste Lösung für ein Problem (z. B. Lehrermangel oder Schülerleistungen) identifiziert hat. Ob eine neue organisatorische Praktik als passend erachtet wird, hängt also nicht zwangsweise von individuellen Sichtweisen ab (z. B. der des Schulleiters), sondern von Vorstellungen, die mehr oder minder von der breiten Gesellschaft getragen werden. Die Vermutung liegt nahe, dass es sich um einen sog. Rationalitätsmythos handeln könnte. Unabhängig von ihrer ‚technischen Effizienz' ist es ratsam für die Schule, dieses Element in die Organisationsstruktur zu übernehmen, weil wichtige Anspruchsgruppen (z. B. die Schulbehörden, Eltern, konkurrierende Schulen) genau dies erwarten. Die Initiierung verschiedener Projekte verleiht der Schule Legitimität und leistet damit einen Beitrag zu ihrer Ressourcenakquise und Bestandssicherung.

▶ **Kurz gefasst:** Unter Umständen können Projekte eine Legitimationsfassade hervorbringen. Mit Projekten wird bspw. Leistungserwartungen und Normvorstellungen gegenüber dem Ablauf von Arbeitsprozessen entsprochen. Besonders aus der Umwelt werden Organisationen mit Vorstellungen von einer guten, wirtschaftlichen Ordnung konfrontiert, denen sie mit Prüfverfahren, Qualitätsmanagement und Leitbildern zu entsprechen versuchen.

8.5 Isomorphismus

DiMaggio und Powell (1983, S. 149) definieren Isomorphismus in ihrem einflussreichen Artikel „The Iron Cage Revisited" als „constraining process that forces one unit in a population to resemble other units that face the same set of environmental conditions". Das Phänomen der ‚Verähnlichung' wurde in verschiedenen Branchen und gesellschaftlichen Teilbereichen empirisch belegt (z. B. Marini 2020; Brookes und Altinay 2017) und lässt sich ohne Weiteres auch auf die Verbreitung von Projektmanagement übertragen. DiMaggio und Powell (1983) betonen, dass organisationale Imitationsprozesse auf der Ebene sog. organisationaler Felder stattfinden, die sich zusammensetzen aus „those organizations that, in the aggregate, constitute a recognized area of institutional life" (Di Maggio und Powell 1983, S. 147). Organisationen müssen nicht unbedingt in einem direkten Wettbewerb zueinander stehen, um ein organisationales Feld zu demarkieren; es umfasst vielmehr alle AkteurInnen, die in einem sinnhaften Zusammenhang interagieren, wie etwa Zulieferer, KundInnen, Regulationsbehörden, KooperationspartnerInnen etc.

Die Verähnlichung zwischen Organisationen durch Projektstrukturen haben Maylor et al. (2006, S. 666) als „Projectification" bezeichnet und verweisen damit auf einen Prozess der Verbreitung von Projektstrukturen, der weit über das Management eines (Einzel-) Projekts hinausgeht und ganze gesellschaftliche Bereiche durchdringt. Einige zentrale Merkmale der globalen Verbreitung von Projektstrukturen sind in Tab. 8.2 abgebildet (vgl. Maylor et al. 2006, S. 666).

Die zunehmende Selbstverständlichkeit projektierter Strukturen in Organisationen zieht einen organisationalen Angleichungsprozess nach sich, den DiMaggio und Powell als Isomorphismus bezeichnen. Sie unterscheiden drei Arten: *Isomorphismus durch Zwang, durch mimetische Prozesse* und *durch normativen Druck*. Isomorphismus durch Zwang wird definiert als wahrgenommener formaler oder informeller Druck einflussreicher AkteurInnen, eine bestimmte Verhaltensweise oder Organisationspraktik zu übernehmen. Diese Zwänge gehen meistens von mächtigen Organisationen aus, die anderen Organisationen bestimmte Verhaltensweisen auferlegen. Durch staatliche Zwänge kann z. B. ein Industrieunternehmen angewiesen werden, bestimmte Technologien zu implementieren, um Umweltschutzbestimmungen zu erfüllen, oder Zulieferbetriebe können von ihren AuftraggeberInnen die Pflicht auferlegt bekommen, ihre Qualitätsprozesse nach den ISO-Standards zertifizieren zu lassen.

Tab. 8.2 Merkmale der Verbreitung von Projekten. (Quelle: Maylor et al. 2006, S. 666). Eigene Übersetzung.

Thema	Ausprägung
Struktur	Zunehmende Verbreitung von Projektstrukturen
Steuerung	Macht wird zunehmend relativer
Relativer Status zwischen verschiedenen Funktionen; Erosion klassischer Funktionsbereiche	Projekte erhalten von der Organisation einen offiziellen Status; funktionale Abgrenzungen lösen sich auf; in projektintensiven Organisationen erhalten ProjektmanagerInnen eigene Ressourcenautonomie
Kommunikation	Kommunikationsbeziehungen wandern von der vertikalen Ebene zur horizontalen Ebene
Unternehmensebene	Effizienzgewinne durch Reduktion von Bürokratie und funktionaler Steuerung; Fokus auf Prozesssteuerung
Wichtigkeit von Projektprozessen/Methoden	Wachsende Bedeutung – spiegelt sich in kodifizierten, projektbezogenen Wissensdatenbanken und Artefakten wider (Projekthandbücher, standardisierte Prozessmodule)
Lernprozess	Bewegung von geringem Lernen aufgrund verteilter Wissensbestände in Richtung Single-Loop-Lernen
Leistungen/Ergebnisse	Ergebnisse müssen für jedes einzelne Projekt erfasst werden; Projektifizierung wird mit höheren Leistungen assoziiert
Karrieremanagement	ProjektmanagerInnen werden eine dauerhafte ‚funktionale Heimat' bekommen – die Projekteinheit (project office); sie werden an Legitimität gewinnen und ihre Rolle weiter professionalisieren
Supply-Netzwerke und Buyer-Supplier-Netzwerke	Der günstigste Anbieter (supplier) ist der beste Projektpartner
Anzahl der Projekte	Die Anzahl der Projekte und der dafür erforderliche Ressourcenaufwand werden wachsen
Erforderliche Kompetenzen	Planung, Budgetierung und Ausführung von Projekten

Mimetischer Isomorphismus bezieht sich auf das gegenseitige Beobachten und Imitieren von Strukturen und Prozessen innerhalb und zwischen Organisationen (Powell und DiMaggio 1991, S. 69). Das Kopieren von Verhaltensweisen wird auf Unsicherheitsfaktoren zurückgeführt, die bspw. aus diffusen Zielen, wenig verstandenen Technologien oder schwer messbaren Leistungsanforderungen resultieren können. Unter diesen Bedingungen werden Unternehmen nachgeahmt, die als besonders legitim oder erfolgreich von anderen Organisationen wahrgenommen werden – innerhalb von Branchen oder auch über Branchengrenzen hinweg. Die Imitationsstrategie unter Unsicherheit ermöglicht es Organisationen zudem, praktikable Lösungen mit relativ geringem Aufwand zu finden. Ein prominentes Beispiel sind die bereits genannten Qualitätsansätze. Ursprünglich aus der japanischen Autoindustrie stammend, haben sich die Konzepte des Total Quality Management aus den eher technischen Industrien auf viele weitere gesellschaftliche Bereiche ausgeweitet, inklusive Gesundheit, Bildung, Bestattungswesen etc. Nach Powell und DiMaggio (1991) kann dieser Verbreitungsprozess zumindest teilweise als Versuch interpretiert werden, die eigene Organisationslegitimität durch eine pragmatische Übernahme anerkannter Best Practices in der Qualitätssicherung zu erhöhen und damit die Überlebensfähigkeit zu sichern.

Normativer Isomorphismus wird durch Professionalisierungsprozesse, Fachverbände, universitäre Ausbildungswege und Beratungsorganisationen forciert. Die Mitglieder einer Profession (wie etwa Lehrkräfte, MedizinerInnen, TheologInnen oder zunehmend auch ProjektmanagerInnen) werden über jahrelange akademische und berufsbezogene Ausbildungswege mit bestimmten Sichtweisen, Werten und Praktiken vertraut gemacht, die durch Verbandsarbeit, Fortbildungen sowie professionelle Netzwerke aufrechterhalten und aktualisiert werden. Universitäten, Beratungen oder Verbände beeinflussen und vereinheitlichen über Aus- und Fortbildung die kognitive Basis und die normativen Verhaltensmuster ihrer Mitglieder und schaffen zugleich die Legitimation für ihre berufliche Autonomie. Eine andere Ursache für normativen Isomorphismus wird mit homosozialer Personalrekrutierung assoziiert – einem oft beobachteten Entscheidungsverhalten, bei dem Personen selektiert werden, die dem Management in Herkunft, Ausbildung, Status und Werten sehr ähnlich sind (vgl. Baron 1984; Kanter 1977; D'Aveni 1996). Personen mit ähnlichen Attributen haben eine höhere Wahrscheinlichkeit, Probleme kongruent wahrzunehmen und ähnliche Praktiken, Konzepte und Strukturen zu ihrer Lösung auszuwählen.

Miterev et al. (2017) haben in einer kürzlich durchgeführten qualitativen Erhebung in einem pharmazeutischen Unternehmen belegen können, dass alle drei Wirkmechanismen auch bei der Verbreitung von Projektmanagementtechniken eine wichtige Rolle spielen können. *Imitation durch Zwang* konnte z. B. durch die Vorgabe formaler Richtlinien bei der Einführung von Projektstrukturen beobachtet werden. Umfangreiche Handbücher, Richtlinien und Rahmenwerke haben den verantwortlichen ProjektmanagerInnen innerhalb des Unternehmens klare Vorgaben gemacht, die bei der Initiierung und Abwicklung des Projekts anzuwenden waren. Darüber hinaus wurden interne Audits zum Projektmanagement durchgeführt, die erst dann ‚grünes Licht' gaben, wenn die Projekte bestimmte Praktiken, Tools und Techniken verwendeten. So mussten in einigen Fällen zusätzliche Dokumente beschafft oder MitarbeiterInnen formale Rollen zugewiesen werden, die zwar durch die Audits verlangt wurden, aber für die eigentliche Aufgabenerledigung nicht unbedingt erforderlich waren. Die standardisierten Audits mit umfangreichen Berichtssystemen haben so zu einer weitgehenden Standardisierung von Projektmanagement in dem untersuchten Unternehmen beigetragen.

Mimetische Prozesse wurden ebenfalls belegt. Die ProjektmanagerInnen waren aufgefordert, nach jedem Projekt einen Bericht zu sog. Lessons learned anzufertigen; einige besonders motivierte ManagerInnen gingen weit über die formalen Anforderungen dieser Berichte hinaus und verfassten umfangreiche Werke mit sog. Erfolgsfaktoren, allerdings ohne eine fundierte Fehleranalyse und eigenständige kritische Bewertung durchzuführen. Diese Berichte wurden zusammen mit dem Top-Management als Erfolgsmodell im Gesamtunternehmen publiziert, die zukünftige Handlungsoptionen im Bereich des Projektmanagements weiter einschränkten, anstatt alternative Projektansätze und das Experimentieren mit temporären Organisationen zu fördern.

Ebenso spielten normative Imitationsprozesse bei der Verbreitung von Projektmanagement eine zentrale Rolle. Obwohl die meisten ProjektmanagerInnen in dem Unternehmen keine offiziellen Mitglieder anerkannter professioneller PM-Vereinigungen waren, teilten sie doch wesentliche Merkmale bezüglich ihrer Ausbildung, ihres Alters, ihrer Industriezugehörigkeit und wesentlicher Persönlichkeitsmerkmale (z. B. Extrovertiertheit). Zudem enthielten die verwendeten Regelungen, Dokumente und Anforderungen an das unternehmensinterne PM wichtige Verweise auf die zentralen PM-Vereinigungen wie etwa International Project Management Association (IPMA) oder Project Management Institute (PMI). Ebenso wurden verschiedene Bestseller der Projektmanagement-Literatur für die gewählten PM-Modelle zugrunde gelegt, die der Standardisierung des unternehmensinternen Projektmanagements Vorschub leisteten. Mit diesen Befunden hinterfragen die AutorInnen zu Recht die weit verbreitete Rationalitätsannahme, dass Projektmanagement als ein flexibles Instrument fungiere, um unternehmensspezifische Probleme individuell und kreativ zu lösen. Vielmehr scheinen externe Zwänge und Anpassungsprozesse die Wahlfreiheiten zwischen und innerhalb von Unternehmen derart einzuschränken, dass kaum noch idiosynkratische Strukturen geschaffen werden können, mit denen auf spezifische Kundenanforderungen, individuelle Problemlagen oder komplexe, einzigartige Innovationsprozesse eingegangen werden kann (vgl. Miterev et al. 2017, S. 20).

▶ **Kurz gefasst: Unter Isomorphismus wird die zunehmende Verähnlichung wirtschaftlicher bzw. organisatorischer Strukturen verstanden; dies kann sich auch konkret auf die Projektebene beziehen. Verfahren, die anderswo bereits als bewährt gelten, sprechen sich positiv herum und werden von immer mehr Organisation und Projektverantwortlichen adaptiert. Dies geschieht entweder über Zwang, durch mimetische Prozesse oder durch normativen Druck.**

8.6 Entkopplung von Projekten

Ein weiteres Konzept des neo-institutionalistischen Ansatzes wird unter dem Begriff der sog. Entkopplung diskutiert. Wie bereits betont, stehen Organisation unter dem Druck, bestimmte Verfahren und Praktiken zu befolgen, um in der Gesellschaft oder von Anspruchsgruppen als legitim angesehen zu werden. Nach Meyer und Rowan (1977) sind Organisationen, deren Erfolg primär auf der Übernahme institutionalisierter Verfahren und Praktiken beruht, einem permanenten Spannungsfeld ausgesetzt, denn die Umwelterwartungen an ein effizientes Managementsystem können in einem Widerspruch zu den internen Anforderungen der Organisation stehen. Ein Beispiel aus Zertifizierungsprozessen im Qualitätsmanagement macht deutlich, dass es vielen Unternehmen vor allem darauf ankommt, das Qualitätsmanagement an extern vorgegebene Standards der ISO anzupassen und weniger darauf, dass das QM-System optimal auf die betrieblichen Erfordernisse zur effizienten Aufgabenbewältigung zugeschnitten ist (vgl. Walgenbach 1998). Es kann sich mitunter als schwierig herausstellen, externe institutionalisierte Erwartungen mit den internen technischen Anforderungen des Betriebs in Einklang zu bringen. Meyer und Rowan (1977) argumentieren, dass Organisationen, die widersprüchlichen Erwartungen ausgesetzt sind, institutionalisierte Strukturelemente adoptieren, diese aber in den eigentlichen Arbeitsprozessen gar nicht befolgen. Entkopplung bedeutet also, dass eine Organisation ihre formalen Strukturen von den tatsächlichen Arbeitsaktivitäten abkoppelt. Ein Qualitätshandbuch wird für den ISO-Zertifizierungsprozess auf formaler Ebene verfasst, aber es verschwindet in der Schreibtischschublade und beeinflusst nicht die eigentlichen Arbeitsaktivitäten des Betriebs. Das Ergebnis sind zwei parallele, mehr oder minder entkoppelte Organisationsstrukturen: eine formale, nach außen hin sichtbare Struktur, in der die Organisation dem gesellschaftlichen Erwartungsdruck zu entsprechen versucht, und eine interne Arbeitsstruktur, in der die eigentlichen Arbeitsprozesse vollzogen werden, die aber nicht unbedingt mit der äußeren ‚Fassade' in Verbindung steht. Durch Entkopplung kann die Organisation die durch die Umwelt legitimierte formale Struktur aufrechterhalten und zugleich die tägliche Praxis der Aufgabenerfüllung an den tatsächlichen technologischen Erfordernissen ausrichten.

Projekte können als entkoppelte Arbeitseinheiten in einem übergeordneten Routinebetrieb interpretiert werden, die es der Organisation erlauben, ungestört und abgekoppelt vom Normalbetrieb Sonderaufgaben zu bearbeiten. Lundin und Söderholm (1995) betonen in ihrer Theorie der temporären Organisation, dass Projekte sowohl zeitlich als auch aufgabenbezogen von der Routineorganisation abgekoppelt werden. In zeitlicher Hinsicht wird das Projekt für eine gewisse Phase von der übergeordneten Organisation entkoppelt, um eigene Zielsetzungen und Logiken zu verfolgen. Wenn die Aufgabe erledigt ist, wird das Projekt wieder mit der regulären Organisation verbunden (Reattachment oder auch Re-Coupling). Durch diese Maßnahme erhält das Projekt Freiräume, die insbesondere für Innovationsprozesse förderlich sind. So können die ProjektmitarbeiterInnen jenseits der eingebetteten Routinen der übergeordneten Organisation nach geeigneten Lösungen suchen, die für das betreffende Problem adäquat erscheinen. Darüber hinaus wird das Projekt über eine eigene Aufgabendefinition vom Routinebetrieb abgekoppelt, um es arbeitsteilig durch das Projektteam umsetzen zu können.

Wenn es zur eigentlichen Umsetzung der Projektziele kommt, muss das Projekt ungestört vom Alltagsgeschäft der Organisation operieren dürfen – aus diesem Grund wird es von der übergeordneten Organisation isoliert. Das Projekt wird ‚abgepuffert' von den alltäglichen Herausforderungen der Routineorganisation. Dazu dienen nach Auffassung von Lundin und Söderholm (1995) institutionalisierte Projekttechniken, vor allem Projektpläne und PM-Tools. Projektplanungsinstrumente haben sowohl technische als auch institutionelle/symbolische Zwecke. Institutionalisierte, als selbstverständlich wahrgenommene Planungsinstrumente können helfen, die temporäre Organisation als isolierte Einheit von der Organisation abzuschotten und eine gewisse Unabhängigkeit während der Projektlaufzeit zu gewährleisten. Gleichzeitig helfen die gängigen PM-Tools der temporären Organisation, sie vor laufenden Eingriffen von außen, insbesondere aus der permanenten Organisation, zu schützen. Der Hintergrund ist folgender: Sobald ein Plan für das Projekt ausgearbeitet wurde, nimmt dieses Fahrt auf und die Handlungen können nach den abgestimmten Meilensteinen umgesetzt werden. Pläne machen es möglich, dass die Projektmitarbeiterinnen handeln können, ohne sich ständig ein Feedback von außen oder vom Top-Management einholen zu müssen. Die Pläne wurden schließlich von oben abgesegnet. Dadurch ermöglichen Pläne Spielräume für unabhängige Handlungen durch die Projektmitarbeiterinnen. Aus der der neo-institutionalistischen Forschung ist bekannt, dass Pläne nicht immer haargenau eingehalten werden müssen. Manchmal funktionieren sie sogar als ‚Blankovollmacht' (Lundin und Söderholm 1995, S. 448), mit der Handlungen ohne störende Eingriffe von außen umgesetzt werden können. Pläne sind häufig nur vage formuliert und enthalten oftmals keine konkreten Beschreibungen, was genau wie zu erledigen ist, wodurch sie ebenfalls wichtige Spielräume für die Aufgabenerledigung bieten: „Plans thus carry a symbolic meaning (…). Well elaborated and elegant plans show that the planners are competent and efficient and can be trusted with responsibility for the temporary organization" (Lundin und Söderholm 1995, S. 448). Diese Perspektive bietet eine alternative Erklärung dafür, dass das Themenfeld Projektmanagement derart stark von Planungsinstrumenten dominiert wird. Planungsinstrumente suggerieren Rationalität, Kompetenz und Sicherheit, die benötigt werden, um unabhängig agieren zu können und zugleich handlungsfähig zu sein.

▶ **Kurz gefasst: Projektstrukturen können sich durch ihre eigenförmige Ordnung gegenüber ihren rahmenden organisatorischen Strukturen ein Stück weit emanzipieren. Für diese Verselbstständigung können Gründe bspw. in der organisatorischen Effizienz liegen, im Experimentieren mit neuen Abläufen oder in einer weitgehend störungsfrei gewünschten, klar abgegrenzten Bearbeitung außerhalb des Regelbetriebs der Gesamtorganisation.**

8.7 Zum strategischen Umgang mit Erwartungen, Pflichten und Zwängen im Projektmanagement

Ein zentraler Kritikpunkt an der neo-institutionalistischen Theorie betrifft die Annahme, dass Organisationen recht passive Gebilde sind, denen keine Alternative zur Übernahme institutionalisierter Praktiken zur Verfügung steht. Der Fokus der Betrachtung liegt damit auf der Beibehaltung etablierter Verfahren, Sichtweisen und Gewohnheiten; Organisationen befinden sich in einem sog. eisernen Käfig („iron cage"; Powell und DiMaggio 1991): Institutionalisierte und gesellschaftliche legitimierte Verfahren bestimmen das Verhalten der Organisation. Strategisches Verhalten und organisationaler Wandel werden damit zugunsten einer konformistischen Betrachtungsweise von Organisationen ausgeblendet. Diesen Kritikpunkt hat Oliver (1991) als Ausgangspunkt ihrer konzeptionellen Analyse der strategischen Reaktionen von Organisation in institutionalisierten Umwelten gewählt. Sie kombiniert institutionalistische Theorien mit strategischen Managementansätzen und hat eine Reihe von organisationalen Strategien abgeleitet, die Unternehmen anwenden können, um institutionalisierte Erwartungen nicht nur passiv zu befolgen, sondern ihnen auch aktiv zu begegnen. Abhängig von der Art des wahrgenommenen Erwartungsdrucks, der Machtposition der Stakeholder und weiterer Kontextfaktoren postuliert Oliver fünf Verhaltensoptionen: Duldung, Einigung, Vermeidung, Widersetzen und Manipulieren. Dieses Rahmenmodell wurde kürzlich einer qualitativen Studie zu Projekten in institutionalisierten Kontexten zugrunde gelegt. Die zentralen Ergebnisse dieser Studie werden im Folgenden zusammengefasst (vgl. Aaltonen und Sivonen 2009; vgl. Tab. 8.3).

Die vier untersuchten Fallbeispiele in der Studie von Aaltonen und Sivonen (2009) umfassen technische Projekte in Emerging Markets (Uruguay, Osteuropa, China), die von erfahrenen, international tätigen Unternehmen verantwortet wurden. In ihrer auf Interviews und Dokumentenanalysen beruhenden Untersuchung identifizierten die AutorInnen vier unterschiedliche Strategien im Umgang mit externen Anforderungen und Zwängen in Projekten, die allesamt unter komplexen Rahmenbedingungen in unsicheren Märkten operierten. Dazu zählte ein Anpasser (Case Adapter), ein Kompromissfinder (Case Compromiser), ein Vermeider (Case Isolator) und ein Influencer (Case Influencer).

Anpasser: Die fokale Firma wurde von einer chinesischen Firma (Kunde) mit der Produktion von technischen Komponenten beauftragt; sowohl die Geschäftsbeziehungen zur chinesischen Firma (Kunde) als auch die verwendeten Technologien beruhten auf langjährigen Erfahrungen und galten als risikoarm. Während der Projektdurchführung informierte der Kunde die fokale Firma über Regulierungsprobleme mit einer Umweltbehörde, die dazu führten, dass der weitere Herstellungsprozess eingestellt werden musste und vorerst keine weiteren Komponenten geliefert werden konnten. Die Stakeholder (vor allem Behörden und Anwohner) übten zwar den Druck unmittelbar auf den Kunden auf, indirekt aber auch auf die fokale Firma, die ebenfalls nicht weiterproduzie-

Tab. 8.3 Strategischer Umgang mit Projekten. (Quelle: vgl. Aaltonen und Sivonen 2009, S. 139)

Strategie	Beschreibung
Anpassungsstrategie	Forderungen und Regelungen der Projekt-Stakeholder werden befolgt; die Projektverantwortlichen gehen davon aus, dass die Projektziele am besten erreicht werden können, wenn die Erwartungen erfüllt werden und das Projekt erwartungskonform umgesetzt wird
Kompromissstrategie	Mit den Projekt-Stakeholdern wird verhandelt; die Erwartungen der Stakeholder werden angehört; Projektverantwortliche zeigen Möglichkeiten für gemeinsamen Dialog auf; die Beteiligten zielen auf einen Ausgleich der Interessen – Kompensationen werden den Stakeholdern in Aussicht gestellt
Vermeidungsstrategie	Die Beziehungen zu den Projekt-Stakeholdern werden aufgelöst, um das Projekt oder die übergeordnete Organisation gegenüber den Forderungen abzuschirmen; die Verantwortung für die Erfüllung der Erwartungen wird anderen AkteurInnen im Projektnetzwerk übertragen
Beendigungsstrategie	Die Stakeholder-Erwartungen werden ignoriert; Anforderungen und Stakeholder-Druck werden in der Projektausführung nicht berücksichtigt
Einflussstrategie	Die Erwartungen und Werte der Stakeholder werden durch das Projekt frühzeitig adressiert und proaktiv beeinflusst; Informationen werden aktiv geteilt und Beziehungsnetzwerke aufgebaut

ren konnte und ihrerseits Zulieferbetriebe zur Drosselung der Produktion bewegen musste. Nach längeren Beratungen mit dem Top-Management der fokalen Firma sowie mit lokalen Vertreten vor Ort entschieden sich die Projektverantwortlichen, sich an die externen Erwartungen der Stakeholder anzupassen, abzuwarten und keinen weiteren Druck auf den Kunden auszuüben.

Kompromissfinder: In diesem Fall hat ein Unternehmen eine neue Zellulose-Fabrik in Uruguay in unmittelbarer Nähe zur argentinischen Grenze errichtet und damit massive Proteste seitens der argentinischen Einwohner und einiger Umweltverbände in Bewegung gesetzt. Die Protestler forderten eine örtliche Verlegung der Fabrik sowie eine Drosselung der Holzzulieferungen und bekräftigten ihre Forderungen mit öffentlichen Demonstrationen und Briefkampagnen. Obwohl die Proteste im Vorfeld absehbar waren, hatten die Projektverantwortlichen diese Risiken nicht richtig eingeschätzt; andere Projektpartner, wie etwa die Geldgeber und Investoren, waren deutlich sensibler und forderten das Unternehmen auf, die Forderungen der Protestler im weiteren Vorgehen zu berücksichtigen. Im weiteren Projektverlauf nahmen die Verantwortlichen eine offenere, auf Dialog beruhende Haltung gegenüber den Betroffenen ein und handelten einen gemeinsamen Plan aus. Der Fabrikbau pausierte, während Unternehmen, Verbände und Anwohner einen Kompromiss erarbeiteten, der Umweltauflagen und die Bedürfnisse der Anwohner stärker berücksichtigte.

Vermeider: In einem anderen Projektbeispiel sollte ein international agierendes Unternehmen (A) einer chinesischen Firma (B) Produkte liefern. Die beiden Firmen kannten sich bereits aus vorherigen Projekten; die Herstellung des betreffenden Produktes erfolgte durch ein drittes Unternehmen aus China (C), zu dem keine vorherigen Geschäftsbeziehungen bestanden. Während des Projekts kamen unerwartete Schwierigkeiten auf, als der Hersteller (C) potenziell gefährliche Industrieabgase nicht vorschriftsmäßig kontrollieren konnte und die lokalen Behörden die Schließung der Fabrik veranlassten. Da Unternehmen A sich mit den gesetzlichen und kulturellen Rahmenbedingungen in der chinesischen Provinz zu wenig vertraut fühlte, aber gleichzeitig gute Beziehungen zum Kunden (Firma B) pflegte, bemühte es sich, den Konflikt mit C direkt an den Kunden (B) mit den besseren Kenntnissen der lokalen Rahmenbedingungen weiterzuleiten, um die eigene Firmenreputation nicht zu gefährden und sich aus dem Projekt auszuklinken.

Beeinflusser: In diesem Fallbeispiel handelt es sich um ein sehr erfahrenes Unternehmen, das zahlreiche Projekte im Bereich der Telekommunikation parallel abwickelt; in Osteuropa wurde das Projekt zum ersten Mal durchgeführt; allerdings bestanden Vorerfahrungen mit anderen Projekttypen. Die Projektleitung war sich der komplexen bürokratischen Anforderungen bewusst. Die Einführung des Projekts wurde sehr sorgfältig und mit umfangreichen Informationsrecherchen über rechtliche, kulturelle und technische Rahmenbedingungen und die frühzeitige Einbindung potenzieller Kooperationspartner angebahnt. Es zeigte sich früh, dass weitere Zulassungen und Anträge erforderlich waren, die bereits in der Anfangsphase zu massiven Verzögerungen führten. Durch diese Erfahrungen sensibilisiert entschied sich die Projektleitung dazu, eine proaktive Kommunikationsstrategie zu entwickeln und Anwohner sowie Entscheidungsträger frühzeitig in die Pläne einzubinden und im Sinne der Projektziele zu beeinflussen. Potenzielle Stakeholder-Konflikte ließen sich damit frühzeitig identifizieren und leichter adressieren (vgl. Aaltonen und Sivonen 2009, S. 134–138).

▶ **Kurz gefasst: In Projekten wird man immer wieder unterschiedlichen Erwartungen der Leistungserfüllung ausgesetzt sein. Dies betrifft vor allem die Erwartungen von Stakeholdern, die vom Projekt bestimmte, auch unterschiedliche Abläufe und Ergebnisse erwarten. Für die Beteiligten kommen hier verschiedene Herangehensweisen in Betracht, um die Stakeholder in ihren Erwartungen zu bedienen. Das Spektrum reicht von gewährter Einflussnahme über Kompromisslösungen bis hin zu Maßnahmen der Vermeidung und notfalls auch der Nichtbeachtung von Forderungen. Notfalls muss eine Zusammenarbeit auch beendet werden.**

Fragen zur Festigung und Vertiefung

1. Was charakterisiert eine institutionelle Perspektive auf die Projektarbeit?
2. Inwiefern können Projekte auch als Fassade zur Legitimation einer Organisation verstanden bzw. genutzt werden?
3. Welche Ursachen tragen zur Verbreitung neuer Konzepte und Verfahrensmodelle, u.a. auch im Projektmanagement, bei?
4. Wie kann man sich Entkopplungen im Kontext der Projektarbeit praktisch vorstellen?
5. Recherchieren Sie nach aktuell besonders populären methodischen Ansätzen im Projektmanagement. Lassen sich isomorphe Tendenzen ausmachen, wie sie in diesem Kapitel ausgeführt wurden?

Literatur

Aaltonen K, Sivonen R (2009) Response strategies to stakeholder pressures in global projects. Int J Project Manag 27:131–141

Baron JN (1984) Organizational perspectives on stratification. Annu Rev Soc 10:37–69

Brint S, Karabel J (1991) Institutional origins and transformations: the case of American community colleges. In: Powell WW, DiMaggio PJ (Hrsg) The new institutionalism in organizational analysis. University of Chicago Press, Chicago, S 337–360

Brookes M, Altinay L (2017) Knowledge transfer and isomorphism in franchise network. Int J Hospital Managt 62:33–42

Brunsson N, Olsen JP (1993) The reforming organization. Making sense of administrative change. Routledge, London

D'Aveni RA (1996) A multiple-constituency, status-based approach to interorganizational mobility of faculty and input-output competition among business schools. Organ Sci 7:166–189

Dille T, Söderlund J (2011) Managing inter-institutional projects: the significance of isochronism, timing norms and temporal misfits. Int J Project Manag 29:480–490

DiMaggio PJ, Powell WW (1983) The iron cage revisited: institutional isomorphism and collective rationality in organizational fields. Am Soc Rev 48:147–160

Engwall M (2003) No project is an island: linking projects to history and context. Res Policy 32:789–808

Granqvist N, Gustafsson R (2016) Temporal institutional work. Acad Manag J 59:1009–1035

Jensen A, Thuesen C, Geraldi J (2016) The projectification of everything: projects as a human condition. Project Manag J 47:21–34

Jepperson RL (1991) Institutions, institutional effects, and institutionalism. In: Powell WW, DiMaggio PJ (Hrsg) The new institutionalism in organizational analysis. University of Chicago Press, Chicago, S 143–163

Kadefors A (1995) Institutions in building projects: Implications for flexibility and change. Scand J Manag 11:395–408

Kamens DH, Meyer JW, Benavot A (1996) Worldwide patterns in academic secondary education curricula. Comp Edu Rev 40:116–138

Kanter RM (1977) Men and women of the corporation. Basic Books, New York

Lundin RA, Söderholm A (1995) A theory of the temporary organization. Scand J Manag 11:437–455

Marini G (2020) Coercive and mimetic isomorphism as outcomes of authority reconfigurations in French and Spanish academic career systems. Policy Rev High Edu X:1–20

Maylor H, Brady T, Cooke-Davies T, Hodgson D (2006) From projectification to programmification. Int J Project Manag 24:663–674

Meyer JW, Rowan B (1977) Institutionalized organizations: formal structures as myth and ceremony. Am Soc Rev 83:340–363

Meyer JW, Scott WR, Deal TE (1983) Institutional and technical sources of organizational structure: explaining the structure of educational institutions. In: Meyer JW (Hrsg) Organizational environments. Sage, Beverly Hill, S 45–67

Meyer JW, Scott WR, Strang D, Creighton AL (1988) Bureaucratization without centralization: changes in the organizational system of U.S. Public Education, 1940–1980. In: Zucker LG (Hrsg) Institutional patterns and organizations: culture and environment. Ballinger, Cambridge, S 139–168

Midler C (1995) „Projectification" of the firm: the Renault case. Scand J Manag 11:363–375

Miterev M, Engwall M, Jerbrant A (2017) Mechanisms of isomorphism in project-based organizations. Project Manag J 48:9–24

Oliver C (1991) Strategic responses to institutional processes. Acad Manag Rev 16:145–179

Parsons T (1960) Structure and process in modern societies. Free Press, Glencoe

Pellegrinelli S (2011) What's in a name: project or programme. Int J Project Manag 29:232–240

Powell WW, DiMaggio PJ (Hrsg) (1991) The new institutionalism in organizational analysis. University of Chicago Press, Chicago

Röbken H (2004) Inside the knowledge factory. Springer Gabler, Wiesbaden

Rowan B (1982) Organizational structure and the institutional environment: the case of public schools. Admin Sci Q 27:196–198

Scott WR (1995) Institutions and organizations. Sage, Thousand Oaks

Scott WR, Meyer JW (1988) Environmental linkages and organizational complexity: public and private schools. In: James T, Levin HM (Hrsg) Comparing public and private schools: vol. I: institutions and organizations. Falmer Press, New York, S 128–160

Senge K (2011) Das Neue am Neo-Institutionalismus. Springer VS, Wiesbaden

Sydow J, Staber U (2002) The institutional embeddedness of project networks: the case of content production in German television. Region Stud 36:215–227

Walgenbach P (1998) Zwischen Showbusiness und Galeere. Zum Einsatz der DIN EN ISO 9000er Normen in Unternehmen. Ind Bezieh 5:135–164

Fazit – Projekte als organisatorische Binnensysteme und der Blick auf den ‚sozialen Faktor'

Marcel Schütz, Pia Lehmkuhl, Heinke Röbken und Etienne Witte

Organisationen gestalten die Art und Weise ihrer Arbeitsverrichtung auch und besonders durch die Binnenform der Projekte, wie sie heute in vielen Unternehmen, Verwaltungen und Einrichtungen aller Art durchgeführt werden. Das vorliegende Buch suchte nach Auskünften hinsichtlich der Frage, wie das klassische instrumentelle Projektmanagement durch eine organisations- und sozialwissenschaftliche Perspektive ergänzt werden kann. Einleitend haben wir darauf hingewiesen, diese Perspektive allerdings nicht als Infragestellung oder gar Aufhebung klassischer Ansätze zu sehen. Im Gegenteil sollte herausgestellt werden, dass die formale klassische Ordnung des Projektmanagements weiterhin die charakteristisch funktionalen Merkmale dieser Arbeits- und Organisationsform darstellt. Eine organisations- und sozialwissenschaftliche Perspektive befasst sich mit der Eigenheit von Organisationen und insbesondere Projekten als soziale Systeme bzw. Unter- oder Binnensysteme, d. h. Ordnungen, die entscheidungsförmig ausgestaltet sind und hinsichtlich ihrer Interaktions- und Führungsstrukturen eine Reihe spezifischer Umstände hervorbringen können.

M. Schütz (✉)
Northern Business School, Hamburg, Deutschland
E-Mail: marcel.schuetz@nbs-hochschule.de

P. Lehmkuhl · H. Röbken
Carl von Ossietzky Universität, Oldenburg, Deutschland
E-Mail: pia.lehmkuhl@uni-oldenburg.de; heinke.roebken@uni-oldenburg.de

E. Witte
BA Business Advice GmbH, Oldenburg, Deutschland
E-Mail: etienne.witte@ba-gmbh.com

Instrumentelle Sicht – der methodische ‚Werkzeugkoffer' der Projektarbeit
Diesen Umständen wurde mithilfe eines thematischen ‚Querflugs' Raum gegeben. Ohne damit Ansprüche auf Vollständigkeit gewährleisten zu können, ging es uns darum, unterschiedliche Optiken herauszuarbeiten, die den sozialen Faktor des Projektmanagements informativ und prägnant unterstreichen können. Bevor die jeweiligen sozialen Dimensionen entfaltet wurden, haben wir daher jener Sicht den Vorrang gegeben, die den originären Bezugspunkt für die weiteren Betrachtungen darstellt: die *Praxis des Projektmanagements aus betriebswirtschaftlicher Sicht*. Bereits in dieser Darstellung zeigte sich, dass ökonomische Prinzipien des Projektmanagements einigen Platz für soziale Facetten aufweisen. Dies betrifft insbesondere den Umgang mit Zeit, Planung und Motivation, wobei hier formale Regelungen Dreh- und Angelpunkt einer betrieblich gesteuerten Perspektive darstellen. Öffnungen gegenüber zu starr wahrgenommenen Korsetten bietet bspw. das agile Projektmanagement, häufig in Mischform mit klassischer linear-sukzessiver Logik (auch genannt ‚Wasserfall-Ansatz'). Aus diesem agilen Konzept lässt sich lernen, dass Strukturvorgaben nicht notwendigerweise in einer unveränderlichen fortlaufenden Entwicklung gelten müssen, sondern gegenüber den jeweiligen sachlichen und organisatorischen Erfordernissen auch angepasst und modifiziert werden können. Damit ist auch das Thema der Interaktion in das Blickfeld gerückt: KundInnen und AuftraggeberInnen sollen frühzeitig und im gesamten Entwicklungsprozess in die Planung und Durchführung einbezogen werden, um höheren Rückhalt und ein präzises Arbeitsergebnis zu erreichen. In gewisser Weise arbeiten sie am Erfolg ihrer Projektaufträge also selbst mit. In einem so gestalteten Setting ergeben sich zwischen Auftrags-, Entwicklungs- und Anwendungsseite neue Möglichkeiten der Arbeitskommunikation.

Die Rolle des Personals im Projekt
Dass Projekte auch einige personelle Besonderheiten aufweisen, darauf wurde anhand verschiedener Ausführungen zur Auswahl und Führung von ExpertInnen und SpezialistInnen hingewiesen. *Projekte sind Personalangelegenheiten* – auch das jedenfalls; und hier ragen insbesondere die Facetten der zeitlichen Befristung, des Arbeitstempos, verschiedener Fluktuationen im Bestand von Projektteams und nicht zuletzt auch das Thema der ExpertInnenführung hervor. Fast notwendigerweise geht die Bildung eines Projektteams mit interdisziplinären Bezügen einher, die nicht von vornherein reibungslos zu erwarten sind. Ganz zentral erweist es sich dabei, dass ExpertInnen und SpezialistInnen im Projektmanagement eine gewisse, teilweise auch ausgeprägtere Berücksichtigung ihrer Autonomie wichtig ist und verschiedene Einfluss- und Entfaltungsbedürfnisse unter motivationalen Gesichtspunkten geachtet werden sollten. Viel scheint gewonnen, wenn ProjektmanagerInnen die personalwirtschaftliche bzw. Führungskomponente ihrer Arbeit nicht nur (wie fast vorauszusetzen) erkennen, sondern auch über die nötige Kapazität verfügen, dahingehend tätig zu werden, d. h. Zeit und Energie auf die Betreuung und individuelle Beeinflussung ihrer MitarbeiterInnen zu verwenden. Organisationen müssen dazu aber den Spielraum für Personalarbeit vor Ort im Projekt erkennen und dürfen die personalbezogene Entwicklung nicht als verzichtbare Nebensache geringschätzen. Moti-

vations- und Führungsprobleme können sich nachgelagert negativ auf den Projekterfolg auswirken, wobei die Leistungs- und Arbeitsmängel gerade in Projekten sehr schnell sichtbar werden dürften, kommt die interpersonelle Koordination gar nicht erst richtig in Gang bzw. stockt sie aufgrund von Interessengegensätzen.

Innovation und Wissensprozesse in Projekten
Nicht nur, dass Projekte immer wieder auch strukturelle Abweichungen vom Regelbetrieb einer Organisation hervorbringen; *Projekte können selbst auch Innovationen nach sich ziehen*. Dies allerdings trifft vor allem auf größere und länger andauernde Projekte zu, da diese als Testläufe oder Experimentaltypen einer Veränderung die Erwartungshaltungen und Vorstellungen in einer Organisation vorausgehend und schrittweise umprägen können. Durch die Verbreiterung der Projektarbeit können aber die Arbeitsstile einer Organisation so beeinflusst werden, dass auch in der Regelorganisation projektnahe oder teilweise projekthafte Vorgehensweisen nützlich Einzug halten und womöglich zur Optimierung der Geschäftsprozesse beitragen. Eine pauschale Erfolgsgarantie für innovatorisches und optimiertes Arbeiten ist indes sicher nicht aus Projekten abzuleiten; dazu sind die jeweiligen Projektszenarien häufig zu unterschiedlich. Lerneffekte können sich durch die projektübergreifende Weitergabe von Wissen einstellen, wobei sowohl formale Maßnahmen (Datenbanken, Protokolle, Handbücher) als auch informale und beiläufige Qualifizierungen hier ihre Beiträge leisten. Auch können Projekte zwar innovativ angelegt sein, dies aber dennoch nicht bedeutend in die Regelorganisation übertragen, da die dortigen Abläufe ggf. eher administrative oder wiederkehrend routinierte Arbeitsschritte aufweisen. Ferner ist zu bedenken, dass projektförmige Arbeitsabläufe stets zwischen dem Anspruch stabiler Ordnung (nur so können Organisationen sich ja dauerhaft ausbilden und erhalten) und kurzfristiger Öffnung bzw. Strukturauflösung stehen. Organisationen müssen sich sowohl ‚aufschließen', um erwünschten Veränderungen einen Weg zu bereiten als auch wieder ‚abschließen', um nicht in beliebig viele Parallelstrukturen zu zerfallen. Das Management zwischen diesen beiden Polen bedarf letztlich einer passenden Verknüpfung der Erwartungen zwischen Regelorganisation und Projektorganisation.

Projekte als organisationskulturelle Ordnungen
Dass Projekte auch kulturelle Eigenheiten aufweisen, dürfte kaum verwunderlich sein. Wichtiger erscheint die Feststellung, was unter diesen *kulturellen Eigenheiten* überhaupt erfasst werden kann. Diesbezüglich haben wir argumentiert, dass die Projektkultur sich allen voran über die nicht-entschiedenen und die nicht-entscheidbaren Organisationsabläufe charakterisieren lässt. Dazu zählen sowohl kleinere und größere Regelabweichungen gegenüber einem bestimmten Verfahren als auch mikropolitische und (s. u. *Netzwerkanalyse*) beziehungsförmige Interaktionen, die dazu dienen, bestimmte Entscheidungen zu lancieren und verschiedene Interessen gegeneinander zu behaupten. Dahingehende Phänomene können aber auch mit dem Begriff der Informalität oder der informalen Ordnung umschrieben werden; der Kultur-Begriff stellt – wie wir hier vorgeschlagen haben – eine pointierte Begriffsbildung dar, die inzwischen in vielen Organisationen vertreten wird.

Kultur oder Informalität im Projekt meint insofern all das Vorgehen, dass eine abweichende, ergänzende bzw. mitlaufende Nebenordnung darstellt, die aber i. d. R. zur Stützung der formalen geeignet ist und aus dieser hervorgegangenen ist. Zu unterscheiden sind von einer solchen ‚informalen Stütze' gleichwohl solche Praktiken, die der Bereicherung und Vorteilsnahme Einzelner dienen. Informalität meint insofern eine Ordnung, die im Wesentliche der Organisation und den Projekten – also ihren Entscheidungen – dient; obwohl sie nicht über Entscheidungen gedeckt ist oder gedeckt werden kann und diesen ggf. auch in Teilen zuwiderläuft.

Projekte als Netzwerkgebilde
In einer weiteren Dimension wurde das *Projektgeschäft als Netzwerkgeschehen* betrachtet. Projekte können nach diesem Ansatz vor allem als relationale Gebilde, also Beziehungsgeflechte mit jeweiligen Kontakt- und Leistungserwartungen betrachtet werden. Statt Projekte nach ihren formalen Merkmalen zu fokussieren, geht es im Ansatz der sozialen Netzwerkanalyse um die Beziehungen der ProjektakteurInnen und ihrer einbezogenen Anspruchsgruppen. Die Theorien und Befunde der Netzwerkforschung widmen sich insbesondere Fragen der Steuerung und Gestaltbarkeit von Beziehungen, wie sie auch im Rahmen von Projekten in verschieden ausgeprägter Form anzutreffen sind. Diskutiert wurden in diesem Zusammenhang Zentralität, Macht und soziales Kapital, mit denen AkteurInnen ihre Möglichkeiten ausnützen bzw. erweitern können. Deutlich wird damit, dass es für Projekte und ihre Mitglieder durchaus einen Unterschied macht, welche Position sie innerhalb des Projekts oder in einem Projektnetzwerk einnehmen und dass es sinnvoll ist, über eine bessere Positionierung nachzudenken, aus der neue strategische Vorteile resultieren können. Zudem macht der Netzwerkansatz darauf aufmerksam, dass Projektnetzwerke durch ihren flexiblen und offenen Charakter nicht notwendigerweise feste Gemeinschaften ausbilden, sondern zum gewissen Grad auch unorganisiert, ungeplant und ungefestigt bleiben. Dies ist nicht selten ein aus der Not geborener Umstand, da es zu personellen Fluktuationen kommt, die eine tiefere kognitive und ideelle Bindung bzw. Formierung der Beteiligten zu einer Gruppe hemmen können.

Zur Verbreitung und Durchsetzung von Projektarbeit
Eine ganz andersartige Perspektive widmete sich der Frage, wie es eigentlich zur beachtlichen Verbreitung der Projektform kommt und welche Umstände und Einwirkungen zu ihrer Globalität beitragen konnten? Das entsprechende Kapitel zur *Institutionalisierung projektierter Ordnungen* sensibilisiert für die gewisse Omnipräsenz der Projektmetapher in der gegenwärtigen Gesellschaft. Projekte, Projektmanagement und Projektmanagementmethoden sind zu einem selbstverständlichen Bestandteil in den verschiedensten Arbeits- und Lebenszusammenhängen geworden und werden zum Teil alltagsprägend übernommen. Eine institutionale Betrachtung richtet den Fokus auf die sozialen Funktionen von Projekten und Projektmanagement. Mit diesen sichern Organisationen auch Legitimität, in dem sie zeitgemäß wahrgenommene Arbeitspraktiken übernehmen, sich bestimmten Effizienzerwartungen in ihren Abläufen stellen und sich z. B. gegenüber KundInnen und

GeschäftspartnerInnen über eine innovativ geltende Projektmethodik legitimieren. Dabei stellt sich wiederum die Frage, ob all diese Bekundungen zeitgemäßer organisatorischer Ordnung tatsächlich stets jene Wirksamkeit und Zweckmäßigkeit entfalten können, die sie versprechen, und ob nicht immerhin punktuell das Projektmanagement selbst eigene Bürokratisierung hervorbringt und durch bestimmte regulatorische Vorgaben Innovation gar nicht immer steigert. Aus diesem Grund kommt es bisweilen – wie überall in Organisationen – zur Entkopplung: Die Projektstandards werden in der Umsetzungspraxis leicht flexibilisiert, während in Darstellung zu Werbe- oder Legitimierungszwecken eine genaue und stets schrittgemäß durchdachte Konzipierung vertreten wird. Einige Hinweise, wie auf institutionalisierte Erwartungen, Pflichten und wahrgenommene Zwänge im Projektmanagement von Seiten der Beteiligten strategisch reagiert werden kann und welche alternativen Handlungsmöglichkeiten existieren, wurden aufgezeigt.

Eine problematische und unangenehme Erfahrung des Projektgeschäfts kann darin bestehen, dass auch die besten Pläne nicht so glatt aufgehen, wie man sich es womöglich vorstellen möchte. Unerwartete Störungen, Verfahrensfehler, bautechnische Mängel, zeitliche Verzögerungen, Unter- und Überschätzung einer Lage – die Liste der mehr oder weniger überraschenden Querschüsse ist Legion. Für eine sozialwissenschaftliche Perspektive steht die Frage im Vordergrund, inwieweit überhaupt durch Pläne und Kalkulationen sichere Prognosen des künftigen Arbeitsfortschritts erreicht werden können. Zugespitzt formuliert sind Projekte selbst Prognosen oder Modelle, anhand derer man sich auf eine bestimmte Zielerreichung verlassen will und darauf hinarbeitet, zu einigermaßen durchdachten, zeitlich und kapazitär beherrschbaren Lösungen zu gelangen. Diese Rechnung ist aber ohne den Blick auf organisatorische Risiken nicht zu machen. Insofern hat es sich herumgesprochen, dass man das Projektmanagement über weite Strecken als Management von Risiken begreifen kann. ManagerInnen in Projekten müssen Risiken händeln, d. h. sie sollten in der Lage sein, gefährliche Störmomente frühzeitig zu erkennen und mit operativen Maßnahmen kleinzuhalten oder ganz zu eliminieren. Allerdings liegen auch in einem solchen Risikocontrolling einige Tücken: Man benötigt zuerst einmal ein Verständnis davon, welchen Risiken man gegenübersteht und wie man sie handwerklich bewältigen kann. Insofern ist eine gewisse Unvorhersehbarkeit, das buchstäbliche Restrisiko, noch vor bzw. neben gewissen systematischen Vorstellungen von Risiken, zu bedenken.

Wichtige Entscheidungsprämissen in der Projektarbeit
Wie eingangs vertreten, verstehen wir unseren alternativen Rundflug durch das Projektmanagement als eine Ergänzung, die je nach Interesse und Bedarf beitragsweise vertieft und mit anderen Beiträgen im Buch in Bezug gesetzt werden kann. Das heißt: Institutionelle Effekte können zunächst ohne personelle Aspekte verstanden werden; für das Interesse an organisationskulturellen Fragen ist nicht erst ein bestimmter Netzwerkbegriff erforderlich. Dennoch sind wir der Auffassung, dass es lohnen dürfte, eine übergreifende Klammer, einen gemeinsamen Bezugspunkt besonders herauszustellen. Wir möchten dies abschließend mithilfe des Modells der *Entscheidungsprämissen* vorschlagen – wie wir es

in Kap. 2 mit einem breiteren Konzept der Projektorganisation bereits dargestellt haben. Wie einleitend ausgeführt wurde, stellen Entscheidungsprämissen sozusagen die strukturelle Grundordnung einer jeden Organisation dar, damit mittelbar auch die der Projekte, die in diesen veranstaltet werden. Vorgestellt wurden die drei Grundprämissen *Programm*, *Kommunikation* und *Personal*.

Die elementare Ordnung einer Organisation besteht in der Formulierung von *Programmen*; kurz gesagt, in den Zwecken, den Regeln, der Art und Weise, wie die Organisation ihre Arbeit definiert und nach welchen auch wettbewerblichen Aspekten sie ihr Tun ausrichtet. Mit Projekten werden die Ausgangs- oder Hauptprogramme (also Vorgaben und Ziele) aus der Regelorganisation in ein separates betriebliches Binnensystem überführt. Gerade im Blick auf das klassische Projektmanagement (lineares bzw. Wasserfallmodell) zeigt sich, dass organisatorisch geübte Praktiken bürokratischer Ordnung auch in Projekte übertragen werden, bevor sie – etwa durch neuere Ansätze wie der Agilität – eine Auflockerung und Erweiterung erfahren. Auch kann gesehen werden, dass organisationskulturelle Erwartungen und Prozesse im Wissens- und Informationswesen einer Organisation in die Projektform hineingelangen, wobei auch dort sodann eigenförmige Innovationen bzw. Änderungen entstehen können.

Im Blick auf die Prämisse der *Kommunikation* treten der Netzwerkansatz und die Aspekte der Störung und Risiken prägnanter hervor. Netzwerke stellen vorrangig eine Ausprägung der Kommunikation dar. Während die etablierte, hauptsächliche Kommunikationsprämisse einer Organisation in deren Hierarchien zu sehen ist, verknüpfen spezifisch netzwerkförmige Kommunikationen verschiedene involvierte Stellen auch in einer nicht direkt hierarchischen Weise. Allerdings ist hier Realismus geboten: Organisationen mögen nach ihrer Selbstbeschreibung Projekte als nichthierarchisch oder schwach-hierarchisch konditioniert begreifen. In der Praxis ihrer strukturellen Eingliederung allerdings sind sie mit vielen hierarchisch bedingten Abhängigkeiten konfrontiert. Netzwerkerwartungen können auch eine Art Ersatzhierarchie hervorbringen; dergestalt nämlich, dass nun auf informalem Wege eigentlich disziplinarische Weisungen formuliert werden. Über die Kooperation, Einwilligung und Einbindung kommen die Beteiligten in Verpflichtungen, die ihnen eine sogar noch höhere Treue und Gefolgschaft abverlangen können als über die reine formale Hierarchie. Der Grund dafür liegt insbesondere in zusätzlichen professionalen und fachlichen Erwartungen; also in der Art und Weise, wie mit Bezug auf die Reputation und Seriosität einer Person Leistungen eingefordert werden. Neben der Netzwerkperspektive fällt der Aspekt Störung/Risiko hinsichtlich der Kommunikationsprämisse dadurch ins Gewicht, dass unerwünschte Effekte bzw. Mängel in einem Projekt häufig durch missverständliche bzw. ungenügende Abstimmungs- und Koordinationsabläufe zustande kommen. Hinter dem vielmals beklagten ‚Schlechtkommunizieren' verbergen sich nicht selten unzulängliche Kommunikationswege, die Überschneidungen, Parallelarbeiten und unklare Erwartungsbildungen zur Folge haben. Ungünstigerweise treten diese Unzulänglichkeiten nicht selten erst dann hervor, wenn die Entwicklung eines Arbeitsprozesses bereits relativ weit fortgeschritten ist und der Eindruck entsteht, dass viel investierte Energie letztlich verschwendet bzw. nicht genügend effektiv eingesetzt wurde.

Dem Risikomanagement folgt dann ein Krisenmanagement, das insbesondere zum Anziehen kommunikativer Abläufe führt: Es werden mehr und engere Termine definiert, die Ergebniserwartung wird präzisiert und durch gegenseitiges Kontrollieren und Abstimmen werden, so immerhin die Hoffnung, erneute Fehlleistungen bzw. Umwege vermindert.

Schließlich kommt im Projektgeschäft der *Personal*-Prämisse hohe, in verschiedener Hinsicht vielleicht sogar *die* erfolgskritische Bedeutung zu. Wie dargelegt wurde, ist die Personal-Prämisse im Projekt verschiedenen Restriktionen unterworfen. Durch die Zunahme von Projekten wird der Personal-Faktor weiter präsent bzw. es gibt Anlass zu der Annahme, dass ExpertInnen und SpezialistInnen in Zukunft noch mehr auch über Wohl und Wehe von Projekten mitentscheiden werden. Durch die weitere Normalisierung von Projektgeschäft auch im Regelbetrieb können die Ansprüche an die Qualifikation der dort tätigen MitarbeiterInnen steigen. Möglicherweise ergeben sich organisatorische Umstände, in denen es zum permanenten ‚Switchen' zwischen Projekt und Regelbetrieb kommt, soweit gar, bis diese Unterscheidung selbst eher künstlich wird. Dies ist vor allem in innovatorischen Organisationsbereichen, in Start-ups und anderweitig alternativeren Organisationsstrukturen zu beobachten. Das bedeutet allerdings nicht, dass hierdurch die hierarchische Ordnung aufgelöst wird, sondern lediglich, dass sich über Projektstrukturen neue Formen der Verknüpfung von Projekt, Linie und Qualifikationen des Personals einstellen können, die insgesamt auf eine Verfeinerung bestehender regulatorischer Abläufe hinauslaufen. Eine solche Verfeinerung kann darin gesehen werden, dass MitarbeiterInnen höhere Autonomie für ihren Arbeitsprozess erhalten, im Gegenzug aber auch eine genauer definierte Verantwortung für die jeweilige Aufgabe übernehmen müssen. Die weitergehende Verschränkung von Projekt- und Regelbetrieb lässt auch Einflüsse auf das kollegiale Gefüge erwarten. Schließlich kommt es ggf. zur Umverteilung von Befugnissen und Zugängen und hinsichtlich der Möglichkeiten der MitarbeiterInnen, das individuelle Leistungspotenzial im Rahmen neuer ‚Bühnen' der Zusammenarbeit zu zeigen und zu entfalten.

Ausblick
Die hier entfalteten Thesen, Ansätze und Vorschläge einer sozial- und organisationswissenschaftlich konturierten Annäherung bleiben unabgeschlossen; sie haben sich der Fortschreibung der Wirklichkeit im Projektmanagement zu stellen, das durch neue Schlagworte und Steuerungskonzepte wie ‚Industrie 4.0' oder ‚New Work' zunehmend von einem lebhaften Ideenwettbewerb geprägt wird. Der rasante digitale und technische Fortschritt, intelligente Rechen- und Verarbeitungssysteme und die fortschreitende Globalisierung und Entgrenzung der Märkte sorgen beim Projektemachen für hohen Takt und Druck. Gleichwohl deutet die bisherige Entwicklung des Projektmanagements insgesamt auf einen eher konservativen Verlauf: Neue Impulse zur Optimierung von Projekten wurden aufgegriffen, radikale Umbrüche hingegen blieben aus. Seine markanteste Prägung hat das Projektmanagement in der agilen Erweiterung erfahren. Auch dies hat jedoch nicht zu einer Aufhebung aller klassischen Vorstellungen geführt. Ansätze im Themenkreis neuer Organisations- und Arbeitsmodelle blieben in unserer Einführung daher auch weitgehend

unausgearbeitet. Sie haben schlicht noch nicht die Nachhaltigkeit und Verbreitung erreicht, dass sie zu einer Relativierung des Projektemachens insgesamt, geschweige zu einem grundlegenden Paradigmenwechsel geführt hätten. Der gewisse Konservativismus des Projektmanagements spiegelt sich also auch im vorliegenden Buch. Die weitere Entwicklung wird zeigen, wie sich klassisches und agiles Projektmanagement behaupten werden und welche Rolle der auf vielfache Weise bedeutend anzunehmende *soziale Faktor* bei alledem spielt.

The manufacturer's authorised representative in the EU is Springer Nature Customer Service Centre GmbH, Europaplatz 3, 69115 Heidelberg, Germany. If you have any concerns regarding our products, please contact ProductSafety@springernature.com

Printed and bound by CPI Group (UK) Ltd, Croydon, CR0 4YY

25/03/2026

02078182-0015